KÖLN KRIMI

11

im Emons Verlag Köln
herausgegeben von Thomas Maier

Dieses Buch ist ein Roman. Handlungen und Personen sind frei erfunden. Ähnlichkeiten mit lebenden oder toten Personen sind rein zufällig.

Peter Meisenberg

Haie

Emons Verlag Köln

© Hermann-Josef Emons Verlag
Alle Rechte vorbehalten
Umschlaggestaltung: Atelier Schaller, Köln
Umschlagzeichnung: Heribert Stragholz
Umschlaglithografie: HDL Repro-Service GmbH, Köln
Satzerstellung mit WordPerfect Textverarbeitung
Satzbelichtung: Stadtrevue Verlag GmbH, Köln
Druck und Bindung: Clausen & Bosse GmbH, Leck
Printed in Germany 1995

ISBN 3-924491-66-6

Für Fritz

1.

Heavens Tears. Heavens Tears. Heavens Tears. Unter ihrer Schädeldecke drehte sich ein unendlicher *Loop*. Eigentlich müßte sie abheben. Sich wie ein Hubschrauberrotor im 80er Beat kreisend über ihren Kopf erheben. Kreisen, kreisen, kreisen. Abschweben. Lu blinzelte nach oben. Was in den Augenhöhlen schmerzte. Da kreiste keine Schädeldecke. Scheiße. Entweder zuviel *E* oder mit dem letzten Trip war etwas nicht in Ordnung gewesen. Scheiße! Wo sind deine Beine? Auch das, das Gehen, funktionierte nicht mehr. *Heavens Tears. Heavens Tears. Heavens Tears.* Das montone ta-ta-tat-ta-ta-ta-ta-ta von *Cosmic Baby, Trance Dance* vom Feinsten, steckte ihr noch so in den Gliedern, jeder Sehne, jedem Band, jedem Muskel, daß jetzt, als sie versuchte, geradeauszugehen, auch ihre Beine zu kreisen begannen, als wenn sie aus Gummi wären, unter ihr nachgaben, ohne daß sie etwas dagegen unternehmen konnte. Scheiße. Entweder zuviel *E* oder mit dem letzten Trip war etwas nicht in Ordnung gewesen. Scheiße!

Lu torkelte, merkte, daß es immer der gleiche, einzige Gedanke war, der im Rest ihres Hirns seinen *Loop* zog. Du mußt da raus. Du willst nach Hause. Lu klammerte sich an einem Verkehrsschild fest, verhinderte so, daß sie stürzte. Du mußt da raus. Du willst nach Hause. Warum eigentlich? Warum willst du nach Hause? Der *Rave* ist noch lange nicht zu Ende. Hinter ihr loderte das Eisstadion. Angestrahlt von zwei Milliarden weißer, blauer, pinkfarbener Scheinwerfer. Drinnen zweitausend *Raver* im *Trance Dance.* Kölns erster Mayday. Tanzen. Tanzen. Tanzen. Freitag nacht im Gloria. Ganz exklusiver *Rave*. War sie schon mit dabei. Hatte richtig gekostet. Tanzen. Tanzen. Tanzen. Bis zum Samstag morgen. Dann gleich rüber, morgens um sieben, da hatte nur 'ne ordentliche Portion *Acid* geholfen, in den Alten Wartesaal. Bis Samstag abend um zehn. Hatte auch gekostet. Die Trips, ohne die

Trips steht kein Mensch einen Mayday durch, und das Ticket. Dann die Samstag nacht im Neuschwanstein. Chill! Tanzen. Tanzen. Tanzen. Warum willst du jetzt nach Hause? Die Party ist erst morgen früh zu Ende! *Heavens Tears. Heavens Tears. Heavens Tears.*

»Also, wenn Sie mich fragen«, sagte Ossendorf in den Telefonhörer, »ich find das reichlich überflüssig, einen Umweg...«

»Ich frag Sie aber nicht«, kam es zurück. Ossendorf sog Luft ein. Daß er auf solche Idioten wie diesen Henseleit angewiesen war! Aber er brauchte den Idioten nun mal. Also Zähne zusammenbeißen. Und es noch mal versuchen.

»Das kann aber auch in die Hose gehen, Doktor! Sie machen sich unglaubwürdig! Wenn Sie sich morgen noch mal für den Eisstadion-Ausbau stark machen, ihn dann übermorgen im Finanzausschuß torpedieren – was soll man Ihnen denn da glauben?«

»Lassen Sie mich nur machen. Ich mach *meine* Arbeit und Sie machen Ihre. – Wie steht's denn überhaupt mit Ihren Leuten?«

»Noch gibt's in *Ihrer* Fraktion keinen Beschluß für die Megahalle...«

»Wie gesagt«, jetzt klang Henseleit ernsthaft eingeschnappt, steuerte auf das Ende des Gesprächs zu: »Das ist *mein* Job. Und Sie können sich darauf verlassen, daß ich den mache.«

»Gut«, sagte Ossendorf. Jetzt muß du vor dem Idioten noch'n Knicks machen! »Sie kriegen Ihre Stimmen von der CDU. Da können Sie drauf bauen.«

»Dann wünsche ich noch einen schönen Abend. Vielmehr eine gute Nacht.« Henseleit legte auf.

Ossendorf wog noch ein paar Augenblicke lang den Telefonhörer in der Hand, legte dann auch auf. Das Doppelspiel in den Ausschüssen, das Henseleit offensichtlich plante, beunruhigte ihn. Diese eitlen Spielereien des Fetten konnten das ganze Projekt gefährden. Zumindest in die Länge ziehen. Und Zeitverzögerungen, jetzt, das war das letzte, was er gebrauchen konnte.

Etwas zerstreut klaubte er die Unterlagen für die Verhandlung, die er morgen mit Capek führen würde, vom Schreibtisch – der Grund dafür, daß er so spät noch in die KEC-Geschäftsstelle gekommen war –, steckte sie in die Goldpfeil-Tasche, machte das Licht im Präsidentenbüro aus und schloß ab.

Als er auf den Parkplatz kam, lag der im beinahe taghellen Licht weißer, blauer und pinkfarbener Scheinwerfer. Er sah zum Eisstadion. Eine dumpf grollende, rhythmisch wummernde Musik wehte von dort herüber. Die Halle, das ganze Gelände, war hell erleuchtet. Ossendorf schüttelte den Kopf, stieg in den 928er, startete und vergaß, das Licht einzuschalten.

Scheiße. Entweder zuviel *E* oder mit dem letzten Trip war etwas nicht in Ordnung gewesen. Scheiße! Lu drehte sich um ihre Hände, die das eisig-glitschige Metall des Verkehrsschildes umklammert hielten, drehte sich einmal um den Pfosten, ging dabei in die Knie. Du mußt da raus! Sie atmete so tief ein, wie sie konnte. Einmal. Noch einmal. Das monotone ta-ta-tat-ta-ta-ta-ta-ta von *Cosmic Baby* versickerte, rann aus ihrem Hirn irgendwohin, in irgend etwas Tieferliegendes. Durch den Hals? Und wohin dann? In den Magen? In den Darm? In die Gebärmutter? Ta-ta-ta-ta... Lu konnte es stoppen. Weil ihr einfiel, weshalb sie abgehauen war. Warum sie nach Hause wollte. Die Klette! Dieser madenhafte Typ mit der Pudelmütze überm glattrasierten Schädel, und dann noch, um seine Häßlichkeit zu krönen, mit einem Ziegenbart! Hatte sich zwei Tage und Nächte an sie rangehängt. Sie zugelabert. Konnte nicht oft genug abstrullen, daß er eigentlich auf *Gabber* stand – zweihundert und mehr beats! – und nicht auf *Trance*. Warum war er dann hier? Quasselte ständig davon, er sei *Fanzine*-Schreiber, bei *House Attack*, DJ im *Bunker*, in Berlin. Sollte sie un-be-dingt mal mitkommen. Nächstes Wochenende unbedingt. Oder zu einem *Rave* mit *Hard Attack* oder *Sperminator* nach Rotterdam. Irre chill! Dabei hätte er längst merken müssen, daß Lu solche Typen wie ihn niemals als chill bezeichnen würde. Aber er hatte nicht locker gelassen. Bis Lu die Nase voll hatte. Und abgehauen war. Und außerdem war ihr schlecht geworden. Richtig kotzschlecht. Lu atmete noch einmal, zweimal, dreimal so tief ein, wie sie konnte. Richtete sich am Pfosten wieder auf. Es war wirklich genug. Taxi! Das montone ta-ta-ta-ta-ta-ta von *Cosmic Baby* loopte wie eine sich einringelnde Natter, verglühte dabei, irgendwo unterhalb ihres Magens. Taxi! Fast alles unter Kontrolle. Lu löste ihre Hände vom glitschig-kalten Pfosten, konnte stehen, versuchte ein paar Schritte. Fast alles unter Kontrolle. Der Loop unterhalb ihres Magens zog den Schwanz ein. Ihre Schädeldecke setzte sanft und glatt wieder auf ihrem Hirn auf. Sie konnte gehen. Alles unter Kontrolle. Lu überquerte die Lentstraße und lief in die kalte, glatte, lange Schnauze des 928er, der, ohne Licht, kalt, glatt, lang, geräuschlos und schwarz die Straße herunterschoß, bremste, aber zu spät bremste.

2.

Die dumpfe, klanglose, keinen einzigen Hall eines einzigen Schrittes wiedergebende Lautlosigkeit des Altenheims sprang in Reiß' Ohr, als habe er sich beim Eintreten Ohropax hineingestopft. Wie fast jeden Morgen. Jeden Morgen um viertel vor sieben. Seit sechs Jahren und zwei Monaten. Reiß hatte lange gebraucht, bis er eine Erklärung für dieses Phänomen seiner schlagartigen Taubheit beim Betreten des Hospizes gefunden hatte. Es waren nicht die Teppichböden, die überall, auch auf den Klos, selbst in den Badezimmern den Boden bedeckten. Nicht die stumpfen Grastapeten. Es war auch nicht die tatsächliche Stille, die im Gebäude herrschte wie eine Göttin des Todes. Wenn er wirklich wollte, das hatte er ausprobiert, wenn er wirklich wollte, konnte er hören. Leises Geschirrklappern. Leise Fetzen aus dem Morgenmagazin, wenn er das Zimmer der Oberin passierte. Leise Klospülungen. Leises Rauschen aus Wasserhähnen. Leises Wimmern. Leises Stöhnen. Leises Seufzen. Leises Schreien. Leises Glucksen. Leises Blubbern. Leises, sinnloses Geblubber Seniler. Aber – aber das war nur die eine Hälfte der Erklärung: er *wollte* das alles nicht hören. Die andere Hälfte bestand aus einer gewagten Mutmaßung, einer hypothetischen Konstruktion. Sich-schön-reden oder so was hätten die im Kommissariat vielleicht dazu gesagt. Reiß hatte es als so etwas wie eine Anpassung an die Situation seiner Mutter gedeutet. Ein Nachempfinden ihrer Taubheit. Obwohl seine Mutter keineswegs taub war. Sie konnte, das sagten ihm seit Jahren alle, die Ärzte, die Schwestern, die Zivis, sie konnte durchaus hören. Alles hören. Und verstehen. Jedes Wort. Sie konnte nur nicht reden. Kein Wort mehr sprechen. Nur noch die Lippen bewegen. Aber dermaßen unkontrolliert, beinahe spastisch tat sie das, daß es fast unmöglich war, ihre Lippenbewegungen zu deuten, ihr Worte, geschweige Sätze abzulesen. Sie war also stumm. Der wer weiß wievielte Schlag. Nicht taub. Eine wirkliche Anpassung an ihre Situation hätte für Reiß darin bestanden, ebenfalls stumm zu werden, wenn er sie besuchte. Aber das durfte er nicht. Hatten ihm die Ärzte, Schwestern, Zivis gesagt. Sie braucht Kommunikation, hatten sie gesagt. Kommunikation! Nun gut, redete er. Obwohl er am liebsten stumm geworden wäre, jedesmal, morgens um viertel vor sieben, wenn er ins Hospiz kam. Aber das ging nicht. Sie braucht ja Kommunikation. Statt stumm wurde Reiß taub. Aber was reden? Reiß hatte nie mit seiner Mutter geredet, so lange er in seinem Erwachsenenleben zurückdenken konnte. Ihr nie etwas mitzuteilen gehabt, was ihn selbst betraf. Sie hatte ihn immer auszuhorchen versucht. Er aber war stumm geblieben. Seit er sechzehn oder siebzehn war. Jetzt *mußte* er reden. Eine halbe Stunde lang reden. Von viertel vor sieben bis viertel nach sieben. Jeden Morgen. Was reden? Über Anna, die Schwester. Daß es ihr gut ging. Trotz der Scheidung. Daß es den Kindern gut ging. Prima sogar. Trotz der Scheidung. Daß Nina, die kleinste, jetzt im Kindergarten war. Eine Entlastung für Anna. Du weißt ja, sie kümmert sich um alles, macht sich ständig Sorgen, hat immer so viel zu tun. Deswegen kann sie ja auch nicht so oft zu dir. Die Mutter starrte ihn an, vollkommene Ausdruckslosigkeit, gab mit keinem einzigen Zucken eines einzigen Gesichtsmuskels zu erkennen, daß sie ihn verstand. Geschweige, daß sie ihm glaubte. Denn Anna besuchte sie nie. Reiß log weiter. Erfand kleine Schulgeschichten, erfand Streiche, die Philip und David, die beiden Söhne Annas, erlebt oder ausgeheckt hatten. Erzählte von kleinen Wunden, die sie sich beim Toben zugezogen hatten und wie lustig heute die Wundpflaster seien. Mit kleinen Tierchen, Entchen, Bärchen drauf. Bunte Heftplaster, stell dir vor, nur für Kinder! Reiß wußte, daß sie wußte, ahnte zumindest, daß sie ahnte, daß dies alles Lügengeschichten waren. Daß er Anna und die Kinder seit anderthalb Jahren überhaupt nicht mehr gesehen hatte. Weil er keine Lust hatte, mit diesem Chaos, in dem seine Schwester lebte, in Berührung zu kommen. Dem ewig schlammigen, immer mehr verfallenden, immer mehr von Brennnesseln und wildem

Holunder überwucherten alternativen Bauernhof in der Mucher Gegend. Den ewig alternativen Latzhosen und Pferdeschwänzen, die Kräutertee trinkend in ihrer Küche hockten. Den ewig rotznäsigen, in zweierlei Socken, ungeflickten Hosen steckenden, verwahrlosten Kindern. Ihren ewig neuen, jetzt aber wahnsinnig radikal ernst gemeinten Auswanderungsplänen, heute Nicaragua, mitten im Dschungel, morgen Maine, USA, total kalt, auch im Sommer, aber gemütlich, dann Irland, gleich am Shannon, zugegeben, naß, zumindest im Winter, aber du weißt ja, ansonsten sehr mild, der Golfstrom. Wovon Reiß nie etwas erzählte und wovon er hoffte, daß seine Mutter es weder wußte noch ahnte, wovon er hoffte, daß sie es vergessen haben würde, war, daß er ihre kleine Zusatzrente eben dieser ihrer Tochter, seiner Schwester, der chaotischen Anna, überwies. Er verschwieg es, weil er befürchtete, daß, wenn er es ihr sagte, sie wieder anfangen würde zu sprechen. Und jetzt, sagte Reiß und sah auf seine Uhr – dreizehn nach sieben –, jetzt muß ich zum Dienst, Mama. Hab diese Woche Tagschicht, du weißt schon, Bereitschaft, muß die neuen Fälle aufnehmen. Und das sind nach dem Wochenende immer'n paar mehr. Die laufen dann montags auf. Da muß ich pünktlich sein. Da gibt's immer 'ne Menge zu tun. Also dann, bis morgen, Mama.

3.

»Der Krieg ist ein Stoß entgegengesetzter Kräfte aufeinander. Woraus folgt, daß die stärkste die andere nicht bloß vernichtet, sondern in ihrer Bewegung mit fortreißt.« Schön, wie er uns mit dieser scheinbar mechanistischen Logik aufs Glatteis führt! Echter Dialektiker! Am Schluß kommt er auf etwas ganz anderes hinaus als auf das, was er uns am Anfang nahelegt. Leuchtet jedem ein: um die größte Wirkung auf den Feind zu erzielen, muß ich für den Stoß gegen ihn ein Höchstmaß meiner Kräfte aufbieten: »Die gleichzeitige Anwendung *aller* für einen Stoß bestimmten Kräfte muß als ein Urgesetz des Krieges erscheinen.« Erscheinen! Ha!

Das ist es, was sie auch erwarten. Genau das. Daß ich alles auffahre, was ich habe. Nein! Henseleit machte eine unkontrollierte und weit ausholende Bewegung seines kurzen, dicken Armes gegen den tiefen Oktoberhimmel. Das Kapitel von der »Vereinigung der Kräfte in der Zeit« war ihm während des ganzen Vormittages nicht aus dem Kopf gegangen. Wie fast jeden Morgen hatte er sich um halb sieben beim ersten Kaffee, noch vor dem Aktenstudium, mit Clausewitz beschäftigt. Pro Tag ein Clausewitzscher Gedanke! Mit dem pflegte er dann bis zum Abend zu spielen, ihn auf seine Anwendbarkeit in diesem Krieg hier, dem Krieg, den er führte, zu prüfen. Und das Wahnsinnige an Clausewitz ist ja: er *ist* anwendbar! Immer noch und immer wieder!

Henseleit betrat den Spanischen Bau des Rathauses, kurzer Blick auf den schläfrigen, blauuniformierten Pförtner an seinem ewig kahlen Schreibtisch links in der Eingangshalle. Der nickte ihm zu. Wieder nur Nicken. Wenn der Oberbürgermeister, der Oberstadtdirektor oder einer der Fraktionsvorsitzenden vorbeikamen, hoben die Pförtner beim Nicken ein paar Millimeter ihren Arsch aus dem Sessel. Manchmal auch bei Ausschußvorsitzenden. Wenn sie wußten, daß sie auf dem Weg nach oben waren. Seitdem er dieses Ziel hatte: den Sieg in diesem Krieg, beobachtete er die Pförtner genau. Ihre Ärsche. Ob sie sie hochhoben. Wenn sie sie auch bei ihm hochhoben, dann war davon auszugehen, daß er auf dem Weg war. Und er war auf dem Weg! Sie wußten es nur noch nicht. Niemand wußte es. Nicht genau. Vielleicht ahnten sie etwas. Mehr aber nicht. Und das war gut so.

Wie immer, wenn er zum ersten Stock hochging, verharrte Henseleit ein paar Sekunden vor dem groben Mosaik an der Kopfwand der Eingangshalle. Es stellte eine bäurische Europa auf einem klobigen Stier dar. Im Hintergrund, aber so präsent, daß nahegelegt wurde, Köln wäre das Zentrum Europas, der Dom. Obwohl er sich über die Lächerlichkeit dieser Vorstellung vollkommen im klaren war, liebte Henseleit diese Vision. Natürlich in einem ganz anderen als in diesem plumpen lokalpratiotischen Sinne. Zuerst Köln. Dann Bonn. Oder Berlin. Dann die Hardthöhe. Oder wie das in Berlin heißen würde. Schritt für Schritt, Sieg um Sieg in diesem Krieg.

Auf dem Flur vorm Sitzungszimmer wartete Bock auf ihn, der wichtigste Mann der Schwarzen im Sportausschuß. Den Binder immer so eng um den Hals gezwirbelt, als unternähme er jeden Morgen beim Blick in den Spiegel einen Selbstmordversuch mittels Strangulation. Kein Wunder bei seiner Fisch-Visage. Henseleit und Bock trafen sich hier immer ein paar Minuten vor Beginn der Sitzung, scheinbarer Small talk, tatsächlich checkten sie sich ab, prüften, ob sie in diesem oder jenem Punkt Händchen halten oder sich die Fäuste zeigen sollten. Vielleicht hatte Bock ähnliches vor wie er. Was er durchaus respektieren würde. Ganz abgesehen davon, daß die Schwarzen in Köln auf absehbare Zeit keine Chance bekommen würden. Aber wenn es einmal so weit wäre, wenn *er* einmal so weit wäre, dann würde er sie brauchen, und er brauchte sie jetzt schon. Vor allem in den Ausschüssen. Konnte wegen der bescheuerten d'Hondtschen Regel nirgendwo auf eine tatsächliche Mehrheit zurückgreifen. Mußte immer paktieren. Selbst gegen die eigenen Genossen. Und dann doch lieber mit den stärksten Bataillonen als beispielsweise mit diesen violetten Rucksäcken, Weltverbesserern, Ökopäderasten. Obwohl die auch für kurzfristiges Kuscheln, den einen oder anderen Quickie nicht zu verachten waren. Auf jeden Fall waren sie billig. Für ein paar Kindergartenplätze oder das Versprechen, fünfzig Quadratmeter Teer- oder Betondecke zu entsiegeln, konnte man schon einiges von ihnen bekommen.

»Ich denke, die FDP stellt heute das Ding zum Antrag«, sagte Bock schwergewichtig und bedeutungsschwanger, so, als hätte er einen ganzen Geheimdienstapparat in Gang setzen müssen, um an diese Information zu kommen.

»Gut«, sagte Henseleit leichthin. Er wußte natürlich schon längst Bescheid. Hatte das schließlich mit der FDP selbst abgesprochen, sie überhaupt dazu bewogen.

»Aber wir stimmen dagegen«, dröhnte Bock. »Geschlossen. Dann haben wir's vom Tisch. Ist nicht meine persönliche Meinung, klar, das weißt du. Aber in der Fraktion haben sich die Sparer durchgesetzt.«

Henseleit zuckte die Schultern. Halbes Bedauern. Aber genau so lief es richtig. Die Koordinierung mit der FDP war längst gelaufen. Er würde mit seinen Leuten und der FDP für den Ausbau des Eisstadions stimmen und natürlich für die Bewerbung der Stadt zur Eishockey-Weltmeisterschaft. Ganz klar, wozu ist der Sportausschuß da? Wozu macht er, Henseleit, seit Jahren bei jeder

»Lustigen Sporthalle«, bei jedem Heimspiel des KEC in den Play-off-Runden dabei, wozu macht Henseleit sich seit Jahren für die »Sportstadt Köln« stark? Das ist Henseleit der Öffentlichkeit – und natürlich seinem Image – einfach schuldig. Im Finanzausschuß, dessen Vorsitzender Henseleit war, würde er dagegen stimmen. Aber das wußte Bock noch nicht. Das wußte noch niemand.

»Hast du die Vorlage wegen der Trainerstelle bekommen?« wechselte Bock das Thema. Jetzt nicht mehr dröhnend, aber auch ein schleimig-bittstellerisches Schnurren mannhaft vermeidend.

»Ja, hab ich. Ich denke, das geht von uns aus in Ordnung.«

Das war Bocks ganz persönliches Anliegen. Und den Gefallen tat ihm Henseleit natürlich. Das versprach Punkte auf Bocks Schuldenkonto. Lächerliche zwanzigtausend Mark! Aber für Bock war es viel. Bock war im Vorstand des SC 05 Lustheide, eines drittklassigen Fußballvereins. Der SC 05 Lustheide hatte den Antrag auf den einmaligen Zuschuß wegen der Einrichtung einer neuen Trainerstelle eingereicht, die notwendig geworden war, um ein paar vielversprechende Talente von der Abwanderung in einen anderen Verein abzuhalten.

Im Sitzungszimmer ging Henseleit zum Pressetisch am Fenster, flüsterte Fuchs, dem Sportredakteur von der *Rundschau*, zu, daß mit dieser Sitzung die Totalrenovierung des Eisstadions stände. Klärte dann mit Heuser von der FDP die Reihenfolge ihrer Wortmeldungen zum Thema Eisstadion. Und was Heuser zu sagen haben würde. Henseleit hatte ihm für den Vortrag im Ausschuß den finanziellen Aspekt des Themas mitsamt der nach unten getürkten Kalkulationen überlassen – die hatte er ihm auf zwei DIN A-4-Seiten vor ein paar Tagen zugesteckt. Timing. Verteilung der Kräfte bei der Vorbereitung des Angriffs. Konzentration der Kräfte in der Schlacht. Aber es war noch nicht *die* Schlacht.

Mit fünf Minuten Verspätung erschien die Kilian, das platinblonde Haar straff zurückgebunden, großflächige Goldrandbrille, engsitzendes rotes Kostüm, schwarze Strümpfe. Imagegeile Schüssel. Seitdem sie den Vorsitz hatte, sah sie aus wie eine Parfumverkäuferin bei Karstadt. Spielte Golf. Als sie in der Gewerkschaft noch für Bildungsarbeit zuständig war, konnte man sie nicht von einer handgestrickten Kindergärtnerin unterscheiden. Sie donnerte ihre prallvolle Aktentasche auf ihren Stuhl, öffnete sie, zog ein paar Unterlagen heraus, stellte den Aktenkoffer auf den Boden und setzte sich dann. Pseudodynamisches Getue. Die Fraktion hatte ihr den Sportausschuß gegeben, um sie nicht zur Geschäftsführerin machen zu müssen. Auch sie führte den Krieg. Aber sie war zu leicht zu durchschauen, konnte ihre Gier nicht verbergen, ihren Eifer, redete zu viel. Allein schon dieser hartlippige Schnabelmund! Sie hatte keine Chance. Henseleit graute vor der Vorstellung, sie einmal in etwas einweihen, sie benutzen zu müssen.

Die Kilian spulte in Rekordtempo die Tagesordnung herunter. Bis auf den Tribünenausbau der Radrennbahn, der zur Beratung zurück in die Fraktionen gegeben wurde, alles Lappalien. Henseleit blickte über die an der Wand hängenden Schwarzweiß-Porträts von Frings, Adenauer, Böll, Millowitsch, Nes-Ziegler, Burauen. Bei Peter Ludwig mußte er wieder an Clausewitz denken. »Tausend schießen noch einmal soviel als fünfhundert; gegen tausend aber treffen auch mehr Kugeln als gegen fünfhundert!« Kurz: die Anwendung zu großer Kräfte im Gefecht kann durchaus Nachteile haben. Clausewitz bleibt da natürlich zunächst in der mechanischen Vorstellung, wie sie die geschlossenen Formationen einer Feldschacht nahelegen. Aber psychologisch ist nun auch vollkommen einleuchtend: je mehr Kräfte ich ins Feld führe, umso größer die Gefahr, daß ich sie verschleiße. Clausewitz spricht nicht dagegen, mit Übermacht anzufahren, wenn man die Kräfte hat. Er warnt bloß vor dem Glauben, mit einer Übermacht sei die Schlacht schon gewonnen. Ungemein klug. Ein Gedanke, der Schautzer nie kommen würde. Schautzer glaubte an seine überlegene Stärke. Und dieser Glaube machte ihn blind für die Gefahr, die ihm von ihm, von Henseleit, drohte. Und deshalb würde er Schautzer bezwingen können. Vernichten. Zwei Wochen noch, wenn er die Megahalle durchgepaukt haben würde, höchstens zwei Wochen noch, dann würde er den Fraktionsvorsitz haben.

Dann war das Eisstadion dran.

Heuser stellte den Antrag: Bewerbung der Stadt um die Eishockey-Weltmeisterschaft 1998. Erstens. Zweitens: Ausbau des Eisstadions mit einer Beteiligung der Stadt von drei Millionen. Begründete den Antrag mit ein paar Schlagworten: Köln, Sportstadt Nummer Eins! Was ist noch dran an diesem hehren Anspruch? Überhaupt nichts! Agrippabad, Schwimmstadion, Sporthalle und vor allem das Eisstadion sind vergammelt. Dann fuhr er die Zahlen auf, die Henseleit ihm besorgt hatte: vierzehn Millionen würde die Modernisierung und Ausweitung des Eisstadions um zweitausend Zuschauerplätze kosten. Drei Millionen trüge der KEC dazu bei, eine Summe, die dessen Präsident, Ossendorf, verbindlich zugesagt habe. Jeweils vier Millionen kämen von Bund und Land, da lägen auch bereits Zusagen vor. Blieben drei Millionen für die Stadt. Ein Klacks, der aus den Überschüssen des Liegenschaftsetats zu decken sei.

»Was sagt denn die Verwaltung dazu?« fragte Bock.

»Kann die Verwaltung etwas dazu sagen?« die Kilian sah Steinicke, den Beigeordneten ihr gegenüber, an. Beharrte darauf, daß sie hier den Vorsitz hatte. Kämpfte um jeden Millimeter. Karrieregeile Gurke.

Steinicke rückte seine Halbbrille herunter, schob ein paar Papiere vor sich zurecht. Henseleit erkannte den Kostenvoranschlag des Generalunternehmers, den er ihm empfohlen hatte, die Kalkulation, von der auch Heusers Zahlen stammten. Im wesentlichen bestätigte Steinicke Heusers Finanzierungsplan. Mit der Einschränkung allerdings, daß die Bundes- und Landeszuschüsse erst dann zu erwarten seien, wenn die Stadt tatsächlich den Zuschlag für die Weltmeisterschaft erhalten habe.

»Herr Henseleit?« sagte die Kilian.

Henseleit brauchte kein Manuskript. Noch nicht einmal einen Stichwortzettel. Eindringlich, fast beschwörend sah er nacheinander jedes der dreizehn Ausschußmitglieder an, dann blieb sein Blick bei Fuchs am Pressetisch hängen. Für den war das bestimmt, was er sagen würde. Jeder in der Stadt sollte wissen, daß er für den Kölner Sport die Lanze gebrochen hatte. Für den Eishockeysport. Für ein modernes Eisstadion. Und wenn er den Antrag im Finanzausschuß torpedierte, dann würde das nichts weiter als die ohnmächtige Kapitulation vor den Sachzwängen sein. Bedauerlich. Aber unvermeidbar. Er würde alles versucht haben. Alles. Und man würde es ihm hoch anrechnen, dieses Sich-in-die-Bresche-Schlagen, diese Aufopferung

Er begann mit den Subventionen für die Kultur: Freie Theater, Laienspielscharen, Folkloregruppen, Museen, Sammlungen, Hunderttausende da und Aberhunderttausende von Mark hier, zig Millionen! Alles wichtige Dinge. Kultur liegt der Stadt am Herzen. Und das ist gut so. Und dann erzählte er von einem Besuch im Müngersdorfer Schwimmstadion. Von seinem Erschrecken über das Aussehen der Kinder: übergewichtig, verfettet, bewegungsunfähig. Habe man sich so die zukünftigen Kulturträger der Stadt vorzustellen? Er machte eine Pause, um das Bild dieser Abertausenden von kurzsichtigen fetten Kaulquappen, die sich träge über Museums- und Theatergänge schlängelten, wirken zu lassen. »Sport«, sagte Henseleit, »Sport ist Kultur für viele! Da dürften doch vier Millionen für eine Stadt nicht zu viel sein, die es sich leisten kann, ihr Sprechtheater mit fünfzig Millionen zu subventionieren!« Wobei er das Wort »Sprechtheater« so prononcierte, wie es Göbbels mit dem Wort »Quasselbude« getan haben mochte.

Die Genossen und die von der FDP klatschten mit der flachen Rechten ein paar Mal auf den Tisch. Auch die Härling-Frisch von den Schwarzen. Bocks »geschlossene Abstimmung« war dahin. So muß es laufen. Der Antrag war durch und ging jetzt in den Finanzausschuß.

Das war natürlich etwas, was man nicht bei Clausewitz finden konnte. Das Spiel mit den Ausschüssen. Er, Henseleit, beherrsche diese Klaviatur. Saßen seine Leute nicht in nahezu allen Ausschüssen? Sicherte er, Henseleit, sich nicht mit seiner Mitgliedschaft im Sportausschuß die Gefolgschaft der alle Parteien übergreifenden Sportfraktion? War er, Henseleit, nicht Vorsitzender des Finanzausschusses? Des wichtigsten? – Ohne dieses Instrumentarium ist man verloren in diesem Krieg. Das hat Schautzer nicht begriffen. Setzt auf den Oberstadtdirektor und den Hauptausschuß. Glaubt, durch die Exklusivität und Macht des Hauptausschusses alles im Griff zu haben. So läuft das vielleicht in der Provinz. Aber nicht hier. Nicht, wenn Henseleit diesen Krieg führt.

Während die Kilian den Tagesordnungspunkt »Verschiedenes« abspulte und Vereinsquerelen in der Runde hin- und hergeschoben wurden, wanderte Henseleits Blick noch einmal die Ahnengalerie der Ehrenbürger ab. Bei Adenauers knöchernem Schädel dachte er an dessen Versuch, das ZDF im Handstreich als Staatsfernsehen zu etablieren. Ein äußerst plumpes Manöver. Viel zu leicht zu durchschauen. Und prompt gescheitert, mit Hohn überschüttet. Es ist nicht nur die bloße Intrige, die zum Sieg in diesem Krieg führt. Es ist die Konzentration überlegener Kräfte. Was ihn auf Clausewitz zurückbrachte: die Gefahr, die von der Anwendung zu großer Kräfte im Gefecht drohen kann, diese Gefahr reicht nur so weit, sagt Clausewitz, wie die Unordnung, die Krise reicht, die jedes Gefecht – auch beim Sieger – mit sich bringt. Die Krise. Im Finanzausschuß morgen früh würde es sich zeigen.

4.

Die Treppe hinunter in den Keller war hell erleuchtet. Verchromte schalenförmige Art deco-Wandleuchten auf jedem Meter. Handläufe aus Edelstahl rechts und links, handpoliert. Die Treppenstufen und die Wände lasiertes Terrakotta. Luxus. Wahrscheinlich pissen sie oben im Restaurant-Klo in Marmorbecken. So einen Kellerabgang hatte Reiß noch nie gesehen. Und er war in viele Keller heruntergestiegen. Der Luxus erschien ihm überflüssig. Überflüssig für ein Restaurant. Neureiches Getue. Typisch für Ossendorf: »Nur vom allerfeinsten!« Er erinnerte sich an ein Restaurant in Bologna, wo er einmal mit Laura gegessen hatte. Es war mittags gewesen. Sie hatten ein normales Touristen-Lokal betreten. Es war menschenleer. Ein Kellner kam und führte sie eine Treppe hinunter, in einen Keller. Einen Keller mit groben, weiß getünchten Wänden, weiße Tischtücher auf den Tischen, weißes Geschirr, die Kellner in Weiß. Weiß und kühl. Nichts lenkte vom Essen ab. Das Essen auf den weißen Tellern war das einzig Farbige in dem Restaurant gewesen, das einzige, was den Blick anzog. Und die Gäste taten nichts als essen. Es hatte eine konzentrierte, fast unheimliche Stille in diesem Restaurant geherrscht.

»Hier unten!«

Der Streifenpolizist hatte auf der untersten Treppenstufe auf ihn gewartet, sah ihm entgegen. Die Mütze in der Hand. Das Haar schimmerte feucht, als wenn er geschwitzt hätte.

»Morgen«, sagte Reiß, blieb stehen, sah am Polizisten vorbei herunter auf die Leiche. »Wer ist der Finder?«

»Ist oben im Restaurant. Hat 'nen Schock oder so, trinkt Kaffee.«

»Wer?« wiederholte Reiß.

»Die Putzfrau. Philippinin oder so. Spricht kaum deutsch. Kollege ist bei ihr, versucht sie zu beruhigen.«

Das beflissene Protokoll-Stakkato des anderen ging Reiß auf die Nerven. Komisch. Wieso bist du so nervös? Gereizt. Obwohl du vollkommen klar bist. Und das seit fünf Tagen. Viereinhalb genaugenommen. Egal. Reiß zwängte sich an dem Uniformierten vorbei, ging einmal um die Leiche herum, stellte seinen Koffer zu ihren Füßen ab. Einen Schuh – lila Pumps – hatte sie noch an, der andere lag neben dem linken Fuß, der Strumpf über der Wade war aufgerissen, Reiß bemerkte deutliche Leichenflecken. Er blickte kurz herunter, das Gesicht war nicht zu erkennen, brünettes, langes Haar verdeckte es, dann sah er wieder zu dem Beamten herüber.

»Hat sie auch angerufen?«

»Wer?«

»Die Putzfrau, Mann. 'ne Leiche hab ich bisher noch nicht telefonieren gesehen.«

»Weiß ich nicht. Muß ich bei der Leitstelle nachfragen. Kommt dann in unseren Bericht.«

»Wird da auch drinstehen, wann sie sie gefunden hat?«

»9 Uhr dreißig zirka. Da fängt sie an. Putzen. Ihre Putzklamotten stehen oben in einer Nische hinter der Kellertür. Die Tür war auf. Licht war an. Da hat sie sie gesehen.«

Reiß nickte kurz. Dann ging er in die Knie, schob das Haar zur Seite.

Die Frau war Anfang, höchstens Mitte dreißig. Der leicht geöffnete, blaulippige Mund, die gebleckten Zähne entstellten sie, ließen sie alt erscheinen. Ein Auge war halb geöffnet, das andere zu, geschwollen. Reiß schob das Lid hoch. Starke Gefäßzeichnungen auf der Bindehaut. Er drehte den Kopf. Die Unterseite war bereits violett gefärbt. Die liegt schon eine ganze Weile.

»Ist das die Auffindesituation?«

»Im Prinzip schon«, sagte der Uniformierte. Er hatte sich auf dem Treppenabsatz nicht von der Stelle gerührt, Reiß zugeschaut. »Notarzt hat sie bloß einmal rumgedreht. Aber so etwa lag sie schon da, als wir kamen.«

Reiß schob das Haar weiter zur Seite, so, daß er ihren Hals sehen konnte. Nichts. Keine sichtbaren Hautveränderungen. Nur die Schwellungen, die bei der verdrehten Lage des Kopfes zu erwarten gewesen waren.

»Ach hier: Totenschein«, sagte der Polizist, machte einen Schritt die letzte Treppenstufe herunter und reichte Reiß das Papier. Reiß nahm es.

»Könnten Sie vielleicht mal einen Artikel verwenden?«

»Artikel?«

»*Der* Totenschein!«, sagte Reiß. Der andere sah blöde zu ihm herab. Hatte nicht kapiert.

Reiß sah das Kreuzchen neben der Rubrik »Todesursache ungeklärt«, dann riß er die zugefalzte Innenlasche des Totenscheins auf, in der die Ärzte eine Kurzdiagnose vermerken, das, was sie nach dem ersten Augenschein als Todesursache vermuten.

»Treppensturz!«, murmelte Reiß. Der andere hatte das Verächtliche in seiner Stimme mitbekommen, wurde neugierig, beugte sich jetzt auch über die Tote.

»Hat er gesagt. Glauben Sie's nicht?«

Reiß sah ihn an. Ein Bauernjunge. Dem schweren, singenden Akzent nach könnte er aus der Bonner Gegend kommen. Vorgebirge. Hatte Mühe, seinen Schnurrbart zu züchten. Waren nicht mehr als ein paar dünne blonde Härchen.

»Ich meine, wenn der Blödmann so schlau ist und weiß, woran sie gestorben ist, weshalb kreuzt er dann da vorne ›Todesursache ungeklärt‹ an? Ich hätte lieber noch Kaffee getrunken ...« Reiß brach ab. Er hatte keine Lust, mit dem anderen zu sprechen.

Der stelzte jetzt auch um die Tote herum, setzte Kennermiene auf.

»Wer hat sie identifiziert?« fragte Reiß.

»Putzfrau. Tote ist wohl die Geschäftsführerin von dem Laden hier.«

Reiß richtete sich auf. »Ja«, sagte er. Er wollte, daß der andere ging, ihn hier unten arbeiten ließ. Überlegen ließ. Er brauchte Zeit. Vielleicht war das hier ja eine Chance. Seine Chance. Seit fünfzehn Jahren war er Ossendorf nicht so nahe gekommen wie jetzt, hier, in diesem Augenblick. Und wenn das hier keine Chance war, ihn anzugreifen, dann gab es überhaupt keine Chance. Würde es nie mehr eine geben.

»Soll ich Leichenfuhrwesen anrufen?« fragte der Polizist.
»*Das* Leichenfuhrwesen«, sagte Reiß. »Nein, noch nicht. Warten Sie oben ein paar Minuten, bis ich hier fertig bin.«
Der andere trat noch einen Augenblick von einem aufs andere Bein, dann ging er. Reiß nahm die Polaroid-Kamera aus dem Koffer, sah sich um.
Die Treppe führte hinunter in einen Keller-Vorraum, auf dessen Boden jetzt die Tote lag. Reiß zählte sechzehn Treppenstufen. Zwanzig, dreißig Zentimeter von der letzten Stufe entfernt lag die Tote. Auch im Kellervorraum überall Terrakotta-Fliesen, verchromte Leuchten. Vom Vorraum gingen zwei Türen ab. Eine hölzerne – unlackiertes, massives exotisches Holz. Die andere eine Stahltür, offensichtlich führte sie in den Kühlraum. Neben beiden Türrahmen waren Thermometer und andere Instrumente in die Wand eingelassen, darüber Warnleuchten. Die Holztür ging also in den Weinkeller. Wahrscheinlich hatte sie in einen der beiden Keller gewollt. Wenn's ein Treppensturz war.
Reiß ging zur Treppe, befühlte die Fliesen, tastete sich, mit den Fingerspitzen über die Fliesen streichend, bis nach oben, zum Kellereingang vor. Im Kopf arbeitete er schon am Bericht. Gedächtnis reaktivieren. Früher hatte er sich am Fundort Notizen gemacht. Was notwendig gewesen war. Allein schon zwischen Einsatzort und Rückkehr ins Präsidium hatten sechs, sieben, acht lange Züge aus dem zwischen den Knien eingeklemmten Flachmann gelegen. Früher! Als wenn das schon ewig her wäre.
Dann ging er wieder in die Knie. Er drehte die Frau auf den Rücken. Der Körper war steif, die Leichenstarre fortgeschritten. Lag also mindestens fünf oder sechs Stunden. Beim Umdrehen verschob sich die Bluse der Frau, ein seidiges, mattes Reibgeräusch, als ob sie sich bewegt hätte.
Am Anfang hatte ihn das manchmal erschreckt: die Geräusche, die Leichen verursachen. Das Rülpsen, wenn man sie zur Seite dreht und dabei Luft aus den Lungen über die Stimmbänder fährt. Das hölzerne Plumpsen der leblosen Gliedmaßen, wenn man sie hochgenommen hat und wieder fallen läßt. Das Knistern ihrer Kleidung. Manche furzen auch noch. Das alles hatte schon lange nichts Schockierendes mehr für ihn. Er hatte Hunderte von Leichen untersucht. Er konnte mittlerweile bei einer solchen Untersuchung sogar an etwas anderes denken.

Beispielsweise an den unglaublichen Zufall, der ihn mit dieser Toten hier zusammengebracht hatte. Mit Ossendorf! Und an seine, Reiß' Chance.

Die linke Hand war geöffnet. Reiß drehte sie herum, betrachtete die Fingernägel. Keine Kampfspuren, die Nägel waren sauber. Dann nahm er die zur Faust geballte Rechte, versuchte sie zu öffnen. Sie war hart. Er müßte vermutlich ein paar Finger brechen, um die Hand zu öffnen. Aber er sah, daß sie nichts in der Hand hielt, und ließ sie los. Dann zog er die Leiche zur Seite. Er fand den Schlüsselbund da, wo sie mit dem Bauch auf den Fliesen gelegen hatte. Er probierte die Schlüssel an den Schlössern der beiden Türen aus. Sie paßten. Er wippte den Schlüsselbund ein paar Mal in der Hand, sah nach oben, wo die Tür offen stand. Glaubte, dort eine Bewegung wahrgenommen zu haben. Aber niemand war zu sehen. Er steckte die Schlüssel ein und machte sich erneut an den Leichnam, zog ihn zuerst auf seinen alten Platz zurück und schob ihn dann einen Meter von der ursprünglichen Lage am Treppenabsatz weg in den Vorraum hinein. Er trat einen Schritt zurück, betrachtete die neue Lage der Toten. Dann fotografierte er, ging in die Hocke, im Vordergrund die Tote, dahinter die Treppe. Er stieg die Treppe hoch, fotografierte von oben, die Treppenstufen im Vordergrund. Dann den Kopf, so, daß der verrenkte Hals und das geschwollene Auge zu erkennen waren. Er legte den Apparat und die Fotos auf den Koffer, begann, die schwarze Seidenbluse der Toten aufzuknöpfen.

»Sie ziehen sie doch nicht etwa aus?«

Er hatte sie nicht kommen gehört. Reiß blickte auf. Bisher kannte er sie nur von Fotos. Immer mit lachendem, weit aufgerissenem Mund, so, daß man ihre makellosen Zähne sehen konnte. Alle zweiunddreißig. Sie waren auch in Wirklichkeit makellos. Das konnte man erkennen, auch wenn sie jetzt nicht lachte. Im Gegenteil. Sie starrte ihn kalt an. Erstaunlich. Sie sieht wesentlich besser aus als auf den *Express*-Fotos. Überhaupt nicht die aufgedrehte und zugeschminkte Puppe, die er sich bisher immer vorgestellt hatte.

»Doch, das werde ich tun«, sagte Reiß. »Ich werde sie jetzt ausziehen.«

Trotzdem nahm er die Hand von der Toten, blieb aber in der Hocke, blickte zu ihr auf. Sie kam ganz die Treppe herunter, zog sich dabei den Lammfellmantel enger um den Leib, als fröre es hier unten.

»Ossendorf«, sagte sie, warf einen kurzen Blick auf das Gesicht der Toten, dann sah sie ihn an. Sie ließ sich nicht anmerken, wie der Anblick der Leiche auf sie wirkte.

»Ach ja. Die Inhaberin.«

»Mein Mann ist der Besitzer.« Sie betonte es so, als wolle sie zum Ausdruck bringen, daß sie mit alldem hier nichts zu tun habe. »Er war nicht zu Hause, als eben der Anruf kam. Deshalb bin ich hier.«

»Tja«, sagte Reiß. »Es ist bestimmt besser, Sie warten oben. Ich muß jetzt hier meine Arbeit machen.« Sie rührte sich nicht.

»Welche Arbeit? Wer sind Sie überhaupt?«

»Reiß, Kriminalpolizei. Ich untersuche diese Sache.«

»Kriminalpolizei, um Herrgottswillen. Loretta sagte mir, Geraldine sei die Kellertreppe heruntergestürzt. Was hat denn die Kriminalpolizei damit zu tun?«

Reiß erhob sich aus der Hocke, stand jetzt neben ihr. Sie war so groß wie er. Kam vielleicht durch die Haare. Sie hatte eine blonde Mähnenfrisur, über der Stirn hochgebürstet. Wirklich unglaublich. Denn an ihr störte ihn das nicht. Sonst sah er immer nur den Verschnitt abgefeierter Dallas-Stars, wenn ihm solche Haar-Mobs, Tollen, Mähnen begegneten.

»Es ist so: wenn jemand tot gefunden wird, dann kommt ein Arzt und der Arzt stellt den Totenschein aus. Und wenn der Arzt schreibt, daß die Todesursache ungeklärt ist oder daß ein unnatürlicher Tod vorliegt, dann kommen wir und klären, was da los war.«

Sie sah ihn unwillig an. Sagte nichts.

»Das kommt in so einer Stadt wie Köln zwei, dreimal am Tag vor. Routine. Wir untersuchen den Toten, stellen fest, ob Fremdverschulden vorliegt und das ist es. Routine.«

»Routine«, sagte sie.

»Ja. Routine.«

5.

Sie lag auf dem Bauch. So, wie er von ihr abgelassen hatte. Er lag jetzt neben ihr, betrachtete ihren Rücken, die weichen Wölbungen der Muskulatur. Sie atmete flach. Kaum merklich hob und senkte sich ihr Oberkörper. Während er immer noch keuchte, zu Atem kommen mußte. Er konnte noch nicht aufstehen, wollte es auch nicht. Nicht aus Höflichkeit Silvi gegenüber. So etwas hätte sie auch nicht erwartet. Das ganze Geräuschuniversum des morgendlichen Ficks toste noch in ihm, ihr Heulen, Grunzen, das Aufeinanderklatschen schweißnasser Körperflächen. Er mußte es verebben lassen, sich davon erholen. Er sah auf ihren Hintern – im Grunde ein überdimensioniertes, glockenförmiges Monstrum. Es war ein Phänomen. Eine physische Abhängigkeit, Sucht. Er konnte sich nicht daran erinnern, so etwas jemals zuvor erlebt zu haben. Daß ein solches Übermaß an Hingabe einen so überwältigenden und vor allem: einen immer wiederkehrenden Reiz auf ihn ausübte. Es lag keineswegs an der Tatsache, daß er sie aushielt und sie somit für ihn verfügbar war. Gerade eine solche Verfügbarkeit hätte ihn – zumindest auf Dauer gesehen – unempfänglich gemacht. Sie machte sich ihm keineswegs verfügbar. Wahrscheinlich war es genau das. Sie *war* spröde, kühl, unantastbar. Und das war kein Theater, was sie ihm vorspielte. Obwohl er wußte, daß sie ihm gehörte, hatte er nie das Gefühl gehabt, sie tatsächlich zu besitzen. Es war, als müsse er jedes Mal aufs Neue alle Kräfte daran setzen, sie zu erhandeln. Und dann, im Bett, manchmal schon im Restaurant, wenn sie ihm in einem Tonfall, den man gebraucht, um sich über die Suppe zu mokieren, sagte, daß sie jetzt gerne seinen Schwanz in ihren Mund nehmen würde, dann diese Totalkapitulation, diese absolute Willfährigkeit. Jede Berührung, jeder Stoß von ihm potenzierte ihre weiche Hingabe, die im Schmelzen gleichzeitig ungeheure adhäsive Kräfte freisetzte, ihn immer weiter in sie hineinzuziehen schien und ihm ein geradezu ozeanisches Besitzgefühl verschaffte, das unendliche Auskosten eines Sieges.

Ossendorf stand auf und begann sich anzuziehen. Er hatte sich vorgenommen, kein Wort mit ihr zu reden, bis er aus der Tür heraus war. Er war sich nicht ganz darüber im klaren, daß sein Vorsatz zu schweigen aus einer Art Trotz rührte. Trotz wäre ihm lächerlich vorgekommen. Zumal gegenüber einer Frau, die sein Geschöpf war. Sein Geschöpf! Er verspürte jetzt lediglich Widerwillen, sich mit ihr auf eine andere Weise von Kommunikation als die des Fickens einzulassen. Genug, daß er eben seine beschämende Abhängigkeit davon erahnt hatte. Kein Wort!

»Was ist das für Geld in deinem Koffer?«

Sie hatte das Gesicht nicht aus dem Kissen genommen, zur Seite gesprochen. Ossendorf konnte lediglich ihr Haar sehen.

»Du warst an meiner Tasche?«

»Es ist eine Riesenmenge. – Hunderttausend?«

»Seit wann schnüffelst du in meinen Sachen herum? Wieso machst du das?«

»Hab nicht geschnüffelt. Der Koffer war schließlich auf und unter deinen Hemden konnte man das Geld sehen.«

Sie sprach im patzigen Ton einer Pubertierenden. Immer noch den Kopf im Kissen. Ossendorf zog ein Krawattenende durch den Button-down-Kragen seines Hemdes, ohne die Kragenknöpfe zu öffnen. Auf einen solchen Dialog hatte er erst recht keine Lust.

»Ist das Schwarzgeld?«

Du meine Güte! Sie sprach das aus, als handle es sich um etwas Verbotenes, Unanständiges. Er antwortete nicht. Knotete die Krawatte und sah dabei in einen kleinen ovalen, silbergerahmten Spiegel. Antikes Stück. Hatte sie telefonisch auf der Zürcher Thurn-und-Taxis-Auktion ersteigern lassen. Von seinem Geld. Immerhin absetzbar.

»Was machst du mit dem Geld? Läßt du es waschen?«

Ossendorf streifte sein Jackett über und nahm seine Tasche.

»Nein, ich kaufe damit jemanden.«

Hinterm Frankfurter Kreuz lichtete sich der Verkehr auf der Autobahn. Er konnte hundert, hundertzwanzig fahren. Bei Mannheim stellte er den Tempomat auf hundertsechzig. Das war die

Geschwindigkeit, bei der er am besten nachdenken konnte. Ossendorf mochte nicht fliegen. Nicht, weil er Angst hätte oder die endlosen Warteschleifen ihn nervös machten. Er brauchte die langen Autofahrten. Zumal, wo der sportliche Ehrgeiz dahin war und er die Automatik-Version des 928er fuhr. Das ermöglichte ihm eine gleichermaßen kontemplative wie konzentrierte Meditation. Immer beim Fahren war er auf die besten Ideen gekommen.

Das Telefon in der Mittelkonsole summte. Ossendorf nahm ab. Es war Schneider, der Leiter seiner Finanz- und Steuerabteilung.

»Das neue Förderprogramm vom Wohnungsbauministerium ist raus!« In Schneiders Stimme lag Triumph, so, als hätte er selbst die Verordnung unterschrieben.

»Und?«

»Sensationell! Ist so gut wie alles beim alten geblieben!«

»Zahlen!«, sagte Ossendorf.

»Also, alle Bauvorhaben drüben immer noch fünfzig Prozent absetzbar. Sofort oder auf fünf Jahre verteilt. Dazu zweiprozentige jährliche lineare Abschreibung. Alle Verluste – Mindervermietung undsoweiter – können auch abgeschrieben werden. Und das Sahnehäubchen, die fünf Jahre Sonderabschreibung von zehn Prozent bleiben auch!«

»Das ist mehr, als ich bisher kalkuliert hatte.«

»Das können Sie laut sagen.«

Ossendorf schwieg. Schneider ebenfalls. Hatte gemerkt, daß er sich vergaloppiert hatte. Es klang so etwas wie Genugtuung über einen prognostischen Fehler Ossendorfs in seinem letzten Satz mit. Schadenfreude. Etwas, das, wie jeder wußte, Ossendorf auf den Tod nicht ausstehen konnte.

»Meine Entwürfe für die neuen Prospekte liegen bei Harbig. Gehen Sie hin und tragen Sie mit dem zusammen die neuen Zahlen ein. Ich hätte gerne, daß das heute abend fertig ist.«

Ossendorf legte auf.

Das könnte ein neuer Durchbruch werden. Noch zweieinhalb Monate bis zum Jahresende. Bis dahin müßte der Vertrieb auf Hochtouren zu bringen sein. Ansonsten war alles seit langem vorbereitet.

Er hatte damit gerechnet, wenn auch nicht in dem Umfang, mit der Verlängerung des warmen Steuersegens für Ostinvestitionen. Obwohl es nach dem Wechsel im Bundesbauministerium eine richtige Schlammschlacht darum gegeben, der Front der Neidhammel der Schaum vorm Maul gestanden hatte. »Steuergeschenke für die Besserverdienenden!« Ossendorf grinste. Er hatte aufs richtige Pferd gesetzt. Seine Tochterfirmen in Sachsen und Thüringen hatten seit einem halben Jahr die Verträge mit Bauträgern, Kommunen und den Treuhand-Nachfolge-Gesellschaften unterschriftsreif in den Schubladen liegen. Und jetzt, kurz vor Jahresende, würden die Investoren wie die Piranhas über die Steuersparmodelle herfallen, gefräßig, unersättlich. Gierig würden sie seine Übertewerung mitschlucken. Der alte Trick. Hauptsache Steuerersparnis, egal, was es kostet. Sie würden sich den Schrott, den er ihnen in Leipzig oder in Dresden zum Kauf anbot, noch nicht einmal ansehen. Blind unterschreiben.

Trotzdem kam er nicht in Stimmung. Die Gewinne im Osten – wenn es denn so liefe, wie es laufen sollte –, würden gerade ausreichen, um die Verluste der OHAK, seiner Hauptgesellschaft, zu stopfen. Nach betriebswirtschaftlichen Gesichtspunkten hätte er die OHAK längst schon dicht machen müssen. Aber an ihr hing sein Prestige, sein Kölner Prestige. OHAK steht für Ossendorf, Ossendorf steht für den KEC, Ossendorf ist die OHAK, der KEC ist die OHAK, die OHAK der KEC und so weiter. Aber Geld, richtiges Geld war mit dem Vertrieb, der OHAK, im Augenblick nicht zu machen. Geld, richtiges Geld versprach im Augenblick allein die Megahalle. Aber das würde dauern. Wenn Henseleit es in der SPD durchhätte, mußte es noch im Rat durch. Da konnte er dran drehen, hatte er bereits dran gedreht. Gut. Wenn es im Rat durch war, kam die eigentliche Klippe. Das Liegenschaftsamt! Durfte er gar nicht dran denken. Blöd sind die ja auch nicht. Wahrscheinlich ein Riesenfehler, da Höschler einzuspannen. Passiert ist passiert. Er mußte unbedingt noch einmal Henseleit anrufen. Vortasten, ob der da schon irgendwelche Witterung aufgenommen hatte.

Wieder das Telefon. Diesmal Hasselmann vom KEC-Vorstand.
»Und, hat er angebissen?«
»Nein. Ich war noch nicht da.«
»Aber du wolltest doch ...«
»Gestern abend ist mir was dazwischengekommen. Ich bin nachher mit ihm verabredet, in einer Stunde bin ich in Freiburg. Danach geb ich Bescheid.«

»Dazwischengekommen!« Hasselmann lachte mit kennerischem Schmatzen. Meint, er wüßte über alles Bescheid. Ossendorf drückte die Unterbrecher-Taste des Telefons und legte dann erst den Hörer in die Halterung zurück. Hasselmann war der Ekelhafteste, den er im Vorstand zu ertragen hatte. Bierselige Kumpelhaftigkeit. Wie im Karnevalsverein.

Die dritte, linke Spur war jetzt frei. Ossendorf schaltete den Tempomat ab, beschleunigte, konzentrierte sich aufs Fahren. Zweihundertzehn. Zweihundertzwanzig. Bremsen. Einen halben Kilometer vor ihm scherte ein spoilerbewehrter 3er BMW aus der Mittelspur kurz nach links aus, obwohl es niemanden gab, den er hätte überholen können, ging wieder auf die Mittelspur. Lauerstellung. Herausforderung. Ossendorf ging vom Gas, ließ sich zurückfallen. Das waren seine Spielchen nicht mehr. Brauchte er nicht mehr. Er war noch nicht einmal sauer auf den Arsch.

Das Telefon summte wieder. Es war die Schneitberger, seine Sekretärin.

»Es ist etwas ganz Furchtbares passiert!«

»Staatsanwaltschaft?«

»Nein.« Ossendorf meinte, ein unterdrücktes Schluchzen zu hören.

»Frau Lebien – Geraldine.« Jetzt heulte sie tatsächlich.

»Herrgott noch mal. Reiß dich zusammen. Was ist mit ihr?«

Schlucken. Schnaufen. Schniefen. Ossendorf hielt den Hörer vom Ohr weg.

»Sie ist tot.«

In Freiburg steuerte er den nächstbesten Imbiß an. Sein erster Gedanke war gewesen, die Lebien habe sich umgebracht, als die Schneitberger was von Kripo stotterte. Das war ihm unmittelbar auf den Magen geschlagen. Allein die Vorstellung, in welcher Geschwindigkeit das publik geworden wäre. Hätte noch nicht mal in den *Express* kommen müssen. Trotzdem hätten es alle gewußt und es wäre ein erneuter Schlag unter die Gürtellinie gewesen. Gerade jetzt, wo er auf dem besten Wege war, durch die Präsidentschaft, vor allem durch den Freiburger Coup, sein Image zu liften. Er schlang eine kalte Frikadelle herunter, goß eine Cola hinterher.

Bevor er wieder ins Auto stieg, strich er mit zwei Fingern über die leichte Delle in der Haube, gleich neben dem Porsche-Wappen, die ihm die neongrüne aufgedrehte Punkgöre gestern Nacht da reingemacht hatte. Das auch noch! Daß ihm auch noch solche Fehler unterliefen. Vergessen, das Licht einzuschalten wegen der blödsinnigen Beleuchtung rings ums Eisstadion. Hatte sie einfach nicht gesehen, die blöde Kuh, war ihm glatt vor den Wagen geknallt. Aber wenigstens war das eine Sache, die mit fünfhundert Mark erledigt werden konnte. Gibt's überhaupt nicht mehr sonst, Probleme, die mit ein paar hundert Mark zu bewältigen sind. Es sei denn, sie hat sich die Autonummer gemerkt. Aber vollgedröhnt wie die war! Morgen würde er den Wagen in die Werkstatt bringen, dann war der Fall erledigt.

Capek reagierte so, wie er es vorausgesehen hatte. Saß einen Tick zu lässig an der Bar des Novotel und schluckte an einem Orangensaft. Glaubte, er sei es, der den Deal mache. Was in gewisser Weise ja auch zutraf. Er würde kassieren, sicher. Aber damit war er ein Objekt. Eine Ware. Sie sprachen englisch. Capek war erst vor zwei Tagen aus Prag gekommen – auf Kosten des Freiburger EHC. Die hatten ihn auch mit viel Mühe und einigem Geld von Plastica Nitra in der Slowakei losgeeist. Aber es gab noch keine definitiven Verträge. Das war der Punkt. Und Capek war ein absoluter Weltklasse-Verteidiger. Es war eine einmalige Chance, ihn relativ billig und ohne zeitaufwendige und umständliche Verhandlungen – eine Vorarbeit, die die Freiburger geleistet hatten –, zu bekommen. Es würde anschließend natürlich einen gewaltigen Krach mit dem EHC und natürlich auch mit dem Verband geben. Das hatte Ossendorf einkalkuliert. Würde er mit leben können.

Capek ließ sich die finanziellen Details des Vertrages, den Ossendorf vor ihn auf den Tresen gelegt hatte, erklären. Jahresgehalt, Prämien. Okay, sagte Ossendorf, das sei der offizielle Teil – official part, tax-no-free, you know what I mean? Capek grinste zurück. Dann kniff er die Augen zusammen, die Karikatur eines Poker-Spielers. Ossendorf zeigte nicht, daß ihn das amüsierte. Er wartete. Der andere sollte zuerst eine Hausnummer nennen. Capek starrte ihn ein paar Sekunden an. Dann zog er eine Schnute, so, als überlege er, was er wert sei, als mache er sich jetzt erst Gedanken über die Summe. »Hundredandfifty«, sagte er dann, ziemlich gedehnt, Spielraum lassend. Ossendorf zog seine Tasche vom Nachbarhocker, legte sie sich auf die Knie, klappte sie auf, lüftete die beiden funkelnagelneuen Van Laack-Hemden und zeigte Capek das Geld. »Hundred«, sagte er. Er klappte die Tasche zu. Betrachtete sie einen Augenblick lang. Ein Geschenk von Ines. Schwarzes Leder, Gold-Pfeil. Eine lächerliche Marke. Obwohl sie zweieinhalb gekostet hatte. Dann lächelte er Capek an. »You can take the money. The shirts and the suitcase too.«

6.

Viereinhalb Tage. Fast fünf. Am Donnerstag morgen sind es sieben. Eine Woche. Die erste Woche. Am Wochenende wieder Joggen. Zuerst Joggen, eine Woche lang. Dann Krafttraining. Dann Krafttraining *und* Joggen. Magnesium. Vitamine. Und Wasser! Drei Liter Wasser am Tag.

Es war zwölf Uhr Mittags. Auf dem Flur hörte Reiß die anderen zum Aufzug wandern. Er war immer einer der ersten in der Kantine gewesen. Hatte am Tresen schon vier, fünf Kölsch gekippt, bevor das 1. K. reinkam und sie ihn angrinsten. Dann hatte er sich zu ihnen an den Tisch gesetzt und beim Essen Wasser getrunken.

Reiß schob den Stuhl vom Schreibtisch und ging in die Teeküche, holte sich eine Flasche Mineralwasser aus dem Kasten. Schumacher hatte ihn am Montag morgen dabei gesehen, wie er, den ersten von drei Kästen geschultert, die er im Laufe der Woche konsumierte hatte, über den Flur ging. Schumacher hatte nicht gegrinst. Hatte nur die linke Augenbraue hochgezogen, gegrüßt und war dann im Geschäftszimmer verschwunden. Schumacher hatte auch nie etwas gesagt, noch nicht einmal angedeutet. Schumacher hatte ihm nur seit über zwei Jahren keine Kommission mehr gegeben. Hatte Leute bevorzugt, die jünger, weniger erfahren waren. Selbst in heiklen Fallen. Und obwohl einiges dabei schief gelaufen war, hatte Schumacher nie auf ihn zurückgegriffen, hatte sich lieber Verstärkung aus einem anderen Kommissariat geholt. Das hatte natürlich damit zu tun, daß Schumacher genau über sein Problem orientiert war. Mit Sicherheit auch Ottersbach, den Leiter K, informiert hatte, – ohne dessen Billigung wäre es überhaupt nicht möglich gewesen, ihn so systematisch zu übergehen. Bei dem Personalmangel. Es war aber nicht bloß das. Sein Problem. Wahrscheinlich war Schumacher froh gewesen, nach seinem letzten Totalausfall endlich einen handfesten Grund zu haben, ihn zu deckeln. Als eine Streife ihn im Rheinufertunnel aufgegriffen hatte. Nackt bis auf die Unterhose. Mit einer klaffenden Wunde am Kopf und nicht in der Lage zu sagen, wer er war. Schumacher hatte sich ihm immer unterlegen gefühlt. Schumacher gehörte zu den Leuten, die ihr Leben lang nicht damit fertig werden, kein Abitur zu haben. Lachhaft. Protzte ständig mit Allgemeinwissen, Bildungsschrott, zitierte manchmal sogar Ovid in Lateinisch! Und dann er: der einzige im Kommissariat mit Jurastudium. Wenn auch ohne das zweite Examen. Völlig wertlos eigentlich.

Abgesehen davon, daß sich das auf Dauer ohnehin nicht durchführen ließ, ihn weiter kleinzumachen. Er würde ihnen keinen Grund mehr liefern. Fast fünf Tage.

Reiß goß ein großes Longdrink-Glas voll Mineralwasser, kippte es. Ein zweites. Er versuchte, nicht schmecken zu müssen. Ließ das Wasser, möglichst ohne zu schlucken, die Kehle herunterlaufen. Ein drittes, nur halbvoll. Die Flasche war leer. Nummer zwei. Er blickte kurz aus dem Fenster der Teeküche. An klaren Tagen konnte man von hier aus Groß St. Martin sehen, fast so wie auf einer Luftpostkarte. Ganz nah erschien dann der romanische Bau inmitten der Altstadtdächer. Reiß mochte die Altstadt nicht. Aber dieser kleine Ausschnitt aus dem Teeküchenfenster im zwölften Stock des Präsidiums, so hatte er sich immer vorgestellt, könnte es im Mittelalter ausgesehen haben. Vor vier-, fünfhundert Jahren. Manchmal hatte er es sich vorgestellt – sich auf einem Flug zurück in die Zeit. Aber heute ließ feuchter Herbstdunst keine Sicht auf die Kirche zu.

Im Büro rief er Altgeld an. Das dritte Mal an diesem Morgen. Die beiden ersten Male war er in Sitzungen gewesen. Jetzt war auch im Gericht Mittagszeit. Altgeld ging selbst dran. Zuerst kurz angebunden. Wahrscheinlich auch auf dem Weg in die Kantine. Die beste Zeit, um Staatsanwälte oder Haftrichter auf dem Fuß zu erwischen, auf dem sie schnell »ja« zu etwas sagen und unterschreiben, was sie sich, wenn sie nicht unter dem Druck ständen, den ein leerer Magen verursacht, zweimal überlegen oder ablehnen würden.

»Es geht um eine Leichensache, heute morgen. Geraldine Lebien. Die Geschäftsführerin vom Picciono, so ein Edelrestaurant auf der Pfeilstraße...«

»Kenne ich.«

»Das sieht auf den ersten Blick wie ein Treppensturz aus. Die Treppe zum Weinkeller herunter. Gestern Nacht. Wann sie zuletzt gesehen wurde, das erfahre ich erst heute nachmittag oder am Abend, wenn ich die Kellner und Köche...«

»Haben Sie eigentlich eine Ahnung, was das heißt: Picciono? Merkwürdiger Name. Italienisch?«

»Wahrscheinlich.«

»Ich war jetzt ein paar Mal da, wollte immer danach fragen und hab's jedesmal vergessen.«

»Ich weiß es auch nicht. Wenn Sie wollen, krieg ich es für Sie raus.«

»Ganz hervorragend übrigens. Man ißt vorzüglich da, kann ich nur empfehlen. Wirklich.«

»Ja. Das sagt man.«

»Was war das noch mal für ein Buchstabe? Sind Sie sicher, daß ich dran bin?«

»L. Lebien.«

»Tja.«

Das war eine Provokation gewesen. Kein Kriminalbeamter würde seinen Staatsanwalt anrufen, ohne sich vorher zu vergewissern, daß das sein Fall, er dem Alphabet nach »dran« ist. Selbst im Vollrausch nicht. Eine bösartige Anspielung. Schumachers Intrigen. Hatte Altgeld wohl ein paar Stories gesteckt. Wenn's jetzt nicht um diese Geschichte hier ginge, hätte Reiß sich über die herablassende, beleidigende Voreingenommenheit Altgelds geärgert. Jetzt konnte sie ihm nur recht sein.

»Treppensturz also«, sagte Altgeld, fast schon abschließend, uninteressiert.

»Treppensturz, ja. Könnte durchaus sein. Könnte aber auch nicht sein.«

»Aha?« Das klang zurückhaltend. Sehr zurückhaltend. Aber Reiß spürte, daß er auf dem richtigen Weg war. Bei Hardenbicker, dem zweiten für Tötungsdelikte zuständigen Staatsanwalt, wäre er anders verfahren, hätte er überhaupt nicht zu taktieren brauchen. Hardenbicker war ein scharfer Hund, der hinter jeder zweiten Leichensache Fremdverschulden witterte. Altgeld war dagegen ängstlich. Eigentlich eher bequem, faul.

»Es gibt da ein paar Merkwürdigkeiten. Jetzt, wo ich über dem Bericht sitze, fällt mir das erst auf.«

»Was wäre?«

»Zuallererst«, sagte Reiß, »gibt es überhaupt keinen objektiven Grund, weshalb sie diese Treppe runtergefallen sein sollte. Die Treppe ist in einwandfreiem Zustand. Keine Rutschgefahr. Ausgezeichnet ausgeleuchtet.«

»War sie das auch, als sie runterfiel?«

»Die Putzfrau – Finderin – sagte, das Licht brannte, als sie sie fand.«

Ein, zwei Sekunden Schweigen. Reiß stellte sich vor, wie Altgeld die Haare seines Kinnbartes zwirbelte und sich dabei überlegte, wie er ihn abwimmeln könnte. Dieser Bart verlieh Altgeld etwas Verschrobenes. Reiß mußte immer an diesen meckernden Ostpfarrer, Eppelmann oder wie der hieß, denken, wenn er mit Altgeld zu tun hatte. Nur daß Altgeld sanfte Augen, lange Wimpern hatte. Verschlafen. Nicht dieses verbohrt Stechende wie bei diesem Ost-Pfarrer. Aber die gleiche ziegenhafte Tonlage der Stimme.

»Zweitens«, sagte Reiß, »lag sie mehr als anderthalb Meter vom Treppenabsatz entfernt. Ungewöhnlich. Da hätte sie oben eigentlich Anlauf nehmen müssen, um so weit zu kommen. Auch eine Tatsache, die ich am Fundort zuerst nicht richtig gewürdigt habe.«

»Spuren von Gewaltanwendung? Kampf?« Das klang jetzt deutlich interessiert, wachsam. Altgeld hatte den ersten, entscheidenden Fakt geschluckt. Er hatte ihn.

»Nein. Zumindest habe ich bei der Untersuchung nichts finden können. Keine Hämatome. Fingernägel frei. – Aber der Hals ist gebrochen. Wahrscheinlich auch Stirnbeinbruch überm linken Auge. Also, wenn ich mir's jetzt recht überlege: für einen einfachen Treppensturz ein bißchen viel ... «

Eine Sekunde lang, während der Altgeld schwieg und zu überlegen schien, befürchtete Reiß, er hätte es übertrieben, hätte die Trottelrolle überzogen. Aber dann krächzte Altgeld, laut.

»Das fällt Ihnen also jetzt erst auf!«

Reiß antwortete nicht. Was Altgeld als Betretenheit auslegen mußte.

»Und Sie haben die Leiche abtransportieren lassen! Meine Güte! Das stinkt doch zum Himmel! Das hätte Ihnen doch alles am Fundort schon zu denken geben müssen!«

Reiß räusperte sich. Dann, mit der einer solchen Zurechtweisung entsprechenden belegten Stimme:

»Vielleicht noch etwas. Eine Kleinigkeit. Klärt sich vielleicht heute abend, wenn ich mit dem anderen Personal gesprochen habe. Wenn sie wirklich in den Weinkeller oder in den Kühlraum wollte, dann hätte sie die entsprechenden Schlüssel dabeihaben müssen. Die Türen sind verschlossen. Hatte sie aber nicht. Keine Schlüssel.«

»Ohhh!« Altgeld stöhnte. Entwaffnet angesichts solcher bodenlosen Dämlichkeit.

»Tja«, sagte Reiß, personifiziertes Schuldbewußtsein, und dachte an die Schlüssel, wie er sie, in zwei Tempotaschentücher und eine *Stadt-Anzeiger*-Seite verpackt, auf der Severinstraße in einer Mülltonne hatte verschwinden lassen.

»Mein Antrag auf Obduktion geht heute noch raus«, sagte Altgeld. Er klang jetzt entschlossen, bestimmt. »Sie können in der Gerichtsmedizin schon mal Bescheid geben. Die sollen so bald wie möglich anfangen. Und sagen Sie Schumacher, er soll sofort eine MK einsetzen. – Nein! Lassen Sie's. Ich ruf ihn selber an.«

Altgeld hatte aufgelegt.

Reiß wog den verstummten Hörer in der Hand. Dann legte er auf. Das war also die Eröffnung gewesen. Jetzt, wo es begonnen hatte, wunderte er sich, wie kaltschnäuzig er es angefangen hatte, wunderte sich, wie abgebrüht er lügen, verdrehen, entstellen und sich selbst zu diesem Zweck zum Affen machen lassen, den Idioten spielen konnte. Spielen! Ja. Vielleicht ist es ein Spiel. Ein Spiel, das er eigentlich nicht verlieren konnte. Er brauchte bloß, wenn's schiefging, weiter den Trottel zu mimen. Hauptsache war jetzt, mit im Spiel zu bleiben. Klar, daß Schumacher ihn nicht zum Leiter der Mordkommission bestellen würde. Aber er würde das wichtigste Mitglied der Kommission sein, als derjenige, der Fundort und Leiche als erster untersucht hatte. Alles andere würde sich zeigen.

Reiß nahm den Telefonhörer wieder auf, wählte die Nummer Kaysers, eines Justizangestellten bei der Staatsanwaltschaft für Wirtschaftsstrafsachen. Kayser schuldete ihm noch einen Gefallen, mindestens einen. Reiß hatte ihm mehrmals Akten zukommen lassen, die als Verschlußsache galten. Jetzt zapfte er das Schuldenkonto an. Er mußte sich über Ossendorf auf den neuesten Stand bringen.

7.

Am liebsten wäre er gleich wieder hinausgegangen. So hatte er Gummi Grün nicht in Erinnerung. Der Laden war nach seiner Verdrängung vom Neumarkt auf die Richmodisstraße schon auf die Hälfte der Ladenfläche geschrumpft. Jetzt, seit dem durch die Passagen-Bauten ringsum und die sechsfach höheren Mieten erzwungenen Umbau, war er geradezu winzig geworden. Ein einziger, halbdunkler, rechteckiger Raum. Keine Nebenräume mehr, keine Nischen wie früher auf dem Neumarkt, in denen er unbeobachtet sein Material hätte befühlen, zwischen den Händen, an seiner Wange hätte reiben, oder – das hatte er allerdings nur einmal riskiert – mit seiner Zunge hätte belecken können.

Trotzdem machte er nicht sofort kehrt. Ein Ständer mit einer Reihe von Plastikfolien-Rollen war gleich gegenüber dem Eingang postiert. Er *mußte* darauf zugehen. Mußte sie berühren. Gleichgültig, ob ihm jemand dabei zusah. Henseleit trat an den Ständer, griff nach einer glänzenden weißen Folie, rieb sie zwischen den Fingern. Sie hatte auf der Rückseite eine Stoffstruktur, war rauh. Ungeeignet! Er ließ sie los, griff nach einem dünneren Material.

»Sie wünschen bitte?«

Die Verkäuferin hatte einen ordinären kölschen Tonfall. Abweisend. Als wolle sie ihn schnell loswerden. Henseleit rieb an der dünnen Folie, es fühlte sich besser an, aber nicht ideal. Bei weitem nicht ideal.

»Suchen Sie etwas Bestimmtes?«

Er hatte sich keine Gedanken darüber gemacht, was er auf solche Fragen hätte antworten können. Er hatte einfach nicht damit gerechnet. Er ließ die Folie los, sah die Verkäuferin an. Und erschrak. Er glaubte Abscheu in ihrem Blick, Verachtung zu erkennen. Sie mußte etwas ahnen!

Henseleit trat einen Schritt vom Ständer zurück, straffte sich, wandte den Blick von der dürren Ziege ab – wahrscheinlich tablettensüchtig, Kettenraucherin oder sonst was –, blickte sich im Laden um.

»Tja. Meine Frau – meine Frau braucht ein Wachstuch. Für den Küchentisch.«

»Wachstücher jibt et nich mehr.«

Sie glaubte ihm kein Wort! Sie wußte Bescheid. Wahrscheinlich kannte sie solche Kundschaft. Henseleit drehte den Kopf zum Ausgang. Aber er hätte sich vollends entlarvt, wäre er jetzt einfach hinausgelaufen.

»Ich meine eine einfache, schlichte Plastikfolie, die man zum Beispiel als Tischdecke für einen Küchentisch benutzen kann.«

»Perlon oder PVC?«

»*Perlon?*«

Das wäre hochinteressant! Auf die Idee war er bisher noch nicht gekommen. Perlon!

»Könnte ich mal ...?«

Sie rührte sich keinen Millimeter. Starrte ihn nach wie vor voller Mißtrauen an. Henseleit riß sich zusammen. Es war vollkommen unmöglich, daß sie etwas ahnte! Absurd. Komplette Einbildung. Er atmete tief ein, dann langsam wieder aus, jedoch so, daß sie es nicht sehen konnte. Endlich trat sie zur Seite und wies auf einen weiteren Ständer mit Plastikfolien-Rollen. Henseleit ging darauf zu. Die Verkäuferin folgte ihm, ließ keine anderthalb Schritt Zwischenraum zwischen sich und ihm. Er merkte, wie sich sein Unterhemd voll Schweiß sog.

»Die zwei da!« sagte die Verkäuferin und wies mit einem Zeigefinger, auf dessen Nagel ein paar abblätternde Reste von hellrotem Nagellack zu erkennen waren, auf zwei Rollen. Henseleits Rechte schoß nach vorne, angelockt vom seidigen Schimmern des ihm unbekannten Materials, seiner feinen Facettenstruktur. Es fühlte sich an wie die Bauchseite einer kleinen Eidechse. Kühl und weich, samtig-trocken, ein wenig pergamenten, wenn man nur leicht darüberrieb, aber geschmeidig, sich zur Glätte dehnend, gab es stärkerem Druck nach. Perlon!

»Für auf den Tisch können Sie dat aber verjessen! Dat is zu dünn.«

»Ja? Glauben Sie?« Henseleit zog die Hand zurück. Hatte sich wieder im Griff.

Die Verkäuferin antwortete nicht. Starrte ihn an.

»Tja.« Es war schwer, den Blick von der Rolle zu lösen, jetzt Desinteresse vorzutäuschen. »Jedenfalls weiß ich jetzt ein bißchen besser Bescheid. Dankesehr.«

Er brauchte fast den ganzen Weg von der Richmodisstraße zurück zum Rathaus, um seine Gedanken von der kühlen, seidigen Struktur der Perlon-Folie frei zu machen. Wieder einmal half ihm Clausewitz, über dessen schwierigen Gedanken zu Spannung und Ruhe im kriegerischen Akt er in der Frühe gebrütet hatte und an dem er sich nun für das Kommende, die Fraktionssitzung, rüstete. Wirr, ungeordnet war ihm dieser Abschnitt zunächst erschienen. Die Begriffe unscharf, nicht klar genug voneinander geschieden. Er hatte eine geschlagene Stunde dazu gebraucht, dessen Dialektik freizulegen, das Entscheidende für sich anwendbar zu machen. Und das Entscheidende ist, daß Ruhe im Krieg keineswegs mit Stillstand zu verwechseln ist. In der Ruhe, während des scheinbaren Gleichgewichtes zwischen den gegnerischen Kräften, bereitet sich die kommende Bewegung vor, entscheidet sich deren Stoßrichtung. Alle Vorbereitungen, die der Feldherr während der Gefechtsruhe trifft, sind von wesentlich größerer Bedeutung für den Ausgang der Schlacht als die, die er vornimmt, wenn das nächste Gefecht bereits im Gange ist. »Die Kanonade von Valmy hat mehr entschieden als die Schlacht bei Hochkirch.«

Instinktiv, als wäre Clausewitz' Genie bereits auf ihn übergegangen, hatte er danach gehandelt. Während Schautzer den Sonntag abend beim Geburtstagsempfang des Oberbürgermeisters Hände geschüttelt, mit Jean Pütz alkoholfreie Cocktails geschlürft und mit Frau Schreinemakers Tango getanzt hatte – Henseleit schauderte bei der Vorstellung, er selbst hätte deren spitzes, klebriges Gepiepse live ertragen müssen – hatte er, Henseleit, seine Vorbereitungen getroffen. Hatte den Lindenthaler Ortsverein beharkt, anschließend mit Prietzel, dem Chef der Linken, bis zum

Umfallen gesoffen, und er hatte ihn schließlich gewonnen. Was ihr beim Saufen ausgehandeltes Abkommen wert war, das würde sich jetzt zeigen.

Auf der Treppe zum ersten Stock des Spanischen Baus kam ihm Pfeiffer entgegen, einer seiner Leute in der Fraktion. Hatte auf ihn gewartet, war nervös, sein lächerlich spitzes Kinnbärtchen, das er sich in seiner Juso-Zeit gezüchtet hatte, um auszusehen wie Trotzki, zitterte.

»Menschenskindwowarstdu!? Kein Mensch weiß Bescheid. Wir wissen überhaupt nicht, was läuft, ob das stimmt, daß du das Eisstadion im Finanzausschuß abgeschossen hast, Menschenskind!«

Henseleit warf einen Blick nach oben – die Fraktionsmitglieder standen im Flur vor dem großen Sitzungssaal in Gruppen zusammen, redeten, teilweise aufgeregt, aufeinander ein, Schautzer konnte er nirgends erkennen – dann nahm er Pfeiffer am Arm, führte ihn ein paar Stufen die Treppe wieder hinunter. Er fühlte sich gut. Der kleine Ausflug zu Gummi Grün nach der Sitzung des Finanzausschusses hatte ihm den Kopf frei gemacht, neue Kräfte mobilisiert.

»Wir haben Prietzel!«, sagte er.

»Nicht wahr!«

»Tja.« Henseleit versuchte, sein Grinsen nicht allzu selbstgefällig erscheinen zu lassen. Überheblichkeit war etwas, das er sich gegenüber seiner Gefolgschaft absolut nicht leisten sollte. Jetzt noch nicht.

»Aber es hat mehr als ein paar Kölsch gekostet.«

»Kann ich mir vorstellen.« Pfeiffer brach ab, ließ das, was er vielleicht noch sagen wollte, unausgesprochen. Als ob eine böse Vorahnung ihm den Mund verschlossen hätte. Abwartend sah er zu Henseleit, der eine Stufe über ihm stehengeblieben war, um auf gleicher Höhe mit Pfeiffer reden zu können.

Henseleit tat es jetzt leid, den Punkt angeschnitten zu haben. In der Tat hatte er Pfeiffer geopfert. Dessen Job als Prokurist bei der KVB den Linken angeboten. Neben fünf anderen Ämtern: Europaparlament, ein Bundestagsmandat, zwei Landtagsmandate, die Position des Personaldezernenten. Und eben den KVB-Job. Er mußte für Pfeiffer etwas Neues auftun. Was, wußte er noch nicht.

Aber es war im Augenblick klüger, dieses Thema nicht anzuschneiden.

»Jedenfalls«, sagte Henseleit, »ziehen sie gleich mit: Neubesetzung im Hauptausschuß, – ich rein, Arentz raus. Und Antrag auf Wiederaufnahme der Verhandlungen mit den Megahalle-Bauträgern.«

»'n dickes Paket«, sagte Pfeiffer, der natürlich mehr über das erfahren wollte, was das gekostet, was Henseleit Prietzels Leuten dafür versprochen hatte.

Die Kilian kam die Treppe hoch, schleppte ihre schwere Aktentasche und suchte dabei gegen die Gesetze der Schwerkraft ihren kerzengeraden Gang beizubehalten, setzte ein kaltes Begrüßungslächeln auf, gerade so etwas wie ein Wiedererkennen andeutend. Und trotzdem konnte es nicht ganz ihre Neugierde verbergen. Die Torpedierung des Eisstadion-Umbaus im Finanzausschuß war das Signal gewesen, daß etwas im Gange war.

»Es ist der Durchbruch!« flüsterte Henseleit Pfeiffer ins Ohr.

Auch Schautzer, der die Fraktionssitzung leitete, wußte, daß ihm etwas blühte. Alle 45 Fraktionsmitglieder waren gekommen. Eine Entscheidung stand bevor, der Umsturz lag in der Luft. Jeder wollte auf seinem Posten sein. Schautzer hielt den Kopf über einen Stoß Papiere gesenkt, blätterte willkürlich darin, zog sich dann die Tagesordnung heran, kritzelte mit einem Bleistift darin herum. Kurzer Blick zu Henseleit, der das nutzte, um sich demonstrativ zurückzulehnen, Gelassenheit zur Schau zu stellen. Schnell senkte Schautzer wieder den Blick.

Er blieb bei der vorgesehenen Tagesordnung. Obwohl er die beiden Anträge, die die Elsner ihm in Henseleits Auftrag fristgerecht drei Stunden vor Sitzungsbeginn gegeben hatte, hätte vorziehen können. Können, aber nicht müssen. Wollte damit Stärke demonstrieren, zeigen, daß er in Ruhe Henseleits lächerliches Anpissen abzuwarten gedachte. Trotzdem machte er Tempo bei der Abhandlung der einzelnen Punkte. Lediglich bei der Besetzung des Direktorenpostens an der neuen Brücker Gesamtschule kam es zu längeren Wortbeiträgen. Das Steckenpferd der Linken. Beim letzten Deal mit ihnen, der ihm bis heute die Mehrheit in der Fraktion verschaffte, hatte ihnen Schautzer das Schuldezernat zugestanden, aber dann den Fehler gemacht, die Vorhaben Schöffkes, des neuen Schuldezernenten, zu boykottieren. Das hatte die Linken wieder vom Schautzer-Flügel abrücken lassen. Einer der Gründe, weshalb sie jetzt bei ihm, bei Henseleit, ihr Heil suchten.

Dann war der Eisstadion-Umbau dran. Die Kilian hatte sich zu Wort gemeldet, versuchte ihre Stimme schneidend klingen zu lassen, hatte sie aber nicht ganz unter Kontrolle, so, daß sie vor wütendem Eifer manchmal kiekste.

»Dann hätten wir doch gar zu gerne gewußt, was für schwerwiegende Gründe dich zu deinem hundertachtzig-Grad-Schwenk bewogen haben. Und dazu, einen eindeutigen Fraktionsbeschluß zu unterlaufen. Das ist doch phänomenal!« Sie wandte sich von Henseleit ab, machte eine halbe Körperdrehung, ließ ihren Blick kurz kreisen. »Am Montag beantragst du im Sportausschuß den Umbau. Heute, vierundzwanzig Stunden später – vierundzwanzig! – im Finanzausschuß, verweigerst du die Mittel dazu. Ich meine, da besteht doch dringender Klärungsbedarf.«

»Karl?« Es gelang Schautzer, seine Aufforderung an Henseleit von jeglichem drohenden Unterton freizuhalten.

Henseleit erhob sich von seinem Stuhl, fixierte die Kilian. Er hielt seine Stimme leise, was eigentlich nicht notwendig gewesen wäre. Sie hörten ihm alle zu.

»Tut mir leid, Herta, daß dich das Ganze in Verwirrung gestürzt hat. Aber es *ist* auch ein bißchen kompliziert.« Das letzte hatte er in einem Tonfall gesagt, als traue er der Kilian gerade noch das kleine Einmaleins zu. Dann wandte er seinen Blick von ihr ab, nicht, ohne ihr vorher den Anflug eines mitleidigen Lächelns gezeigt zu haben, sah Pfeiffer an, dann Prietzel, dann Schöffke, schließlich, als er weitersprach, blickte er auf Hartmann. Hartmann war einer von Schautzers Leuten. Aber Schautzer hatte ihn bisher nur ganz unzureichend versorgt. Ein Job im mittleren GEW-Management, mit dem Hartmann keineswegs zufrieden war. Unzufriedenheit macht weich, macht käuflich. Hartmann war sein, war Henseleits Kandidat.

»Es ist vollkommen richtig, daß wir am Freitag im Sportausschuß nach einem Fraktionsbeschluß vom siebten März für den Ausbau des Eisstadions gestimmt haben. Wie es die Geschäftsordnung vorsieht, wurde der entsprechende Antrag heute vorm Finanzausschuß geprüft. Und da haben wir dagegen gestimmt.« Er machte eine Pause. Blickte wieder auf Hartmann, etwas wehmütig, so, als dächte er beim Sprechen über dessen miesen 80.000-Marks-Job und die Möglichkeit nach, ihm bei den GEW einen Vorstandsposten zu verschaffen.

»Allerdings.« Jetzt sah er gegen die Decke, als wolle er vermeiden, irgendeinen Bestimmten anzusprechen. »Allerdings sind wir am Montag von vollkommen falschen Zahlen ausgegangen. Wir haben uns hinters Licht führen lassen. Von vierzehn Millionen war gestern die Rede. Von drei Millionen, die die Stadt dazu beizutragen hätte. Diese – Zahlen – sind – Quatsch!«

Die Kilian stieß einen spitzen Schrei aus, dann so etwas wie »Unverschämtheit«, es folgte ein kurzer Tumult in ihrer unmittelbaren Umgebung.

Henseleit wartete das Verebben des Gezischels ab, fuhr dann fort, beließ es weiter bei einer gedämpften, fast leisen Stimmlage. Geduldig, als habe er es mit Klippschülern zu tun, machte er die Rechnung auf, die ihn als Vorsitzenden des Finanzausschusses zu diesem eigenmächtigen, die Fraktion übergehenden Entschluß geführt hatte. Zahlen, die er sich mühevoll in der Nacht von Montag auf Dienstag, während andere den Schlaf der Gerechten schliefen, hatte besorgen müssen. Nicht vierzehn, mehr als dreißig Millionen würde der Eisstadion-Umbau verschlingen! Dreißig! Der Anteil der Stadt würde bei weit über sieben Millionen liegen. Ganz abgesehen davon, daß die Lentstraße umgebaut, eine Parkpalette bereitgestellt werden müßte. Ganz abgesehen von den Folgekosten von anderthalb Millionen jährlich. Alles in allem eine Summe, die zu verantworten er – und der Finanzausschuß erst recht nicht, auf gar keinen Fall, – die zu verantworten ganz und gar unmöglich gewesen wäre.

Das und vor allem aber auch der Ton, in dem er es sagte, der Ton des Entscheidungs- und Verantwortungsträgers, der bestimmte, leicht unterkühlte, der Ton desjenigen, der bald den Laden hier schmeißen wird, der Ton eines Chefs, das war die Kampfansage gewesen. Das Gefecht, nein, kein Gefecht, die Schlacht war eröffnet. Raunen unter den Schautzer-Leuten. Die aus Prietzels Mannschaft blickten sich bedeutungsvoll an. In den Gesichtern seiner eigenen Gefolgsleute sah er Bänglichkeit, Angst vor der Entscheidung. Aber das focht ihn nicht an. Obwohl er sich jetzt überlegte, ob dieser umständliche Weg nicht tatsächlich überflüssig gewesen war. Das Scheingefecht um das Eisstadion erschien ihm jetzt, wo die Eröffnung stattgefunden hatte, wie ein billiges kleines Boulevardstück. Auf der anderen Seite hatte es natürlich einen hohen symbolischen Wert. Zumindest hatte es allen gezeigt, wie virtuos er auf der Klaviatur zu spielen verstand. Und bloßes Ablenkungsmanöver war es auch nicht gewesen. Der Eisstadion-Umbau war der Brocken, den Schautzer der Sportfraktion hingeworfen hatte, um sie über seinen Boykott der Megahalle hinwegzutrösten. Er, Henseleit, hatte sich geweigert, diesen Brocken zu schlucken. Nicht, weil er etwas mit den Sportidioten gemein gehabt hätte – aber das behielt er für sich. Er wollte die Megahalle.

Und er würde sie bekommen! Und wenn er Schautzer heute zwingen könnte, die Beratungen darüber im Hauptausschuß wieder aufzunehmen, dann wäre das ein Stoß in Schautzers Rücken, ein Stoß, der ihn die Reputation kosten würde, ein nahezu tödlicher Stoß!

»Wir schaffen es nicht!«

Henseleit fühlte die Elsner neben sich, sie drängte sich an ihn wie eine schutzsuchende, noch nicht flügge Krähe, sah ängstlich zu Schautzer hinüber, der sich mit zwei, drei seiner Leute beriet.

»Natürlich schaffen wir es«, sagte Henseleit und widerstand der Versuchung, von ihr abzurücken. »Sie haben keine Zeit mehr, sich etwas auszudenken. Und vor allem haben sie die Hosen voll. Das mindert das Denkvermögen.«

8.

Reiß setzte den Dienst-Sierra vorm Minoriten-Kloster ins absolute Halteverbot. Da kam's jetzt auch nicht mehr drauf an. Er hatte keine Lust, kilometerlang so durch die Stadt zu laufen. Gleich um die Ecke, auf der Hohe Straße, gab es haufenweise Schuhgeschäfte.

Er klappte die Wagentür auf, schwang die Beine heraus, beugte sich zu seinen Füßen herunter, zog die feuchten und stinkenden

Socken aus und warf sie in den Rinnstein. Dann stieg er aus und marschierte barfuß auf die Hohe Straße zu.

Das war das erste Mal, daß ihm so etwas passierte. All die Jahre, in denen er so voll am Tatort war, daß er kaum gerade aus den Augen hatte sehen können, war ihm so was nicht passiert. Ausgerechnet jetzt! Reiß registrierte den entgeisterten Blick einer Dame in einem silbergrauen Alpakamantel auf seine nackten Füße. Sie blieb stehen, rückte ihre Brille zurecht, starrte auf seine Füße. Reiß ging weiter, als wenn nichts wäre. Obwohl seine Füße auf dem nassen Pflaster schon nach ein paar Schritten froren. Egal. Wenigstens werden sie naß und stinken nicht mehr, wenn du im Schuhgeschäft bist. Latschst in Leichenwasser! Mit beiden Schuhen voll rein!

Direkt nach seinem Telefonat mit Kayser hatte er noch einmal rausgemußt. Zur zweiten Leichensache an diesem Tag. Sie erledigten im Kommissariat die ganze Arbeit heute mit einer Notmannschaft von drei Mann. Der Rest war auf Betriebsausflug an der Ahr. Reiß hatte sich freiwillig für die Stallwache gemeldet. Als er zu der Leichensache in der Palanterstraße rausmußte, hatte ihn Engstfeld im Geschäftszimmer gewarnt, er solle eine Gasmaske mitnehmen, wahrscheinlich wäre es ein Schwarzer. So nannten sie die Toten, die ein paar Wochen gelegen haben. Die Haut ist dann ledrig, schwarz. Als er auf der Palanterstraße zur Wohnung hochstieg, warteten die Streifenbeamten im Treppenhaus auf ihn. Das war immer ein sicheres Zeichen. Die sind solche Gerüche nicht gewohnt. In der Wohnung herrschte tatsächlich ein bestialischer Gestank. Nicht bloß von der Leiche. Unsägliche Mengen an Müll, teils in Plastiktüten verpackt, zum großen Teil aber einfach so, halbmeterhoch über den Fußboden verteilt, türmten sich überall in der Wohnung. Alles im Zustand fortgeschrittener Verwesung. Der Tote lag rücklings auf einer Couch, nackt. Ein alter Mann. Er war noch nicht schwarz. Vielleicht zwei Wochen alt, die Leiche. Bauch und Hoden aufgebläht. Reiß hatte ihn sich aus einem halben Meter Entfernung angesehen, nichts bemerkt, was auf äußere Gewaltanwendung schließen ließ. Dann hatte er sich Einmalhandschuhe aus dem Koffer genommen und versucht, die Leiche auf den Bauch zu drehen. Dabei war es geschehen. Das Leichenwasser war durch die Couch durchgesickert und hatte eine Lache auf dem Fußboden gebildet. Reiß hatte sie nicht gesehen, weil der Boden mit leeren Cola- und Heringsdosen bedeckt war. Als er den Müll mit den Füßen zur Seite schob, stand er mit beiden Füßen in der dickflüssigen, klebrigen gelben Brühe.

Das Bepi war so voll, daß man glauben konnte, jemand habe das Gerücht kursieren lassen, Struve oder Pleitgen oder Neven hätten heute hier einen Tisch bestellt. Reiß mußte sich gegen die Menge, die auf der vergeblichen Suche nach einem freien Platz durch den engen Schlauch zum Eingang zurückströmte, einen Weg bahnen. Bei jedem Schritt schmerzten ihn die Füße. Die neuen Schuhe saßen noch nicht richtig. Wahrscheinlich hatte er Blasen an beiden Fersen.

Er fand Satorius an dessen Stammplatz, an dem Tisch gleich neben dem Toilettenabgang. Satorius behauptete, es mache ihm nichts, vor dem Klo zu sitzen. Erstens seien Fressen und Scheißen Korrelate ein und derselben Funktion. Und zweitens hätte der Tisch den unschätzbaren Vorteil, daß jemand anderes sich erst dann daran setze, wenn alle anderen schon besetzt seien. Und das käme doch schon einer Reservierung für ihn gleich. So brauche er sich nicht neben irgendwelchen Pöbel zu quetschen. Für einen Klatschkolumnisten leistete sich Satorius eine ungewöhnlich offen zur Schau gestellte Menschenverachtung. Oder der jahrelange Job beim *Express* hatte ihn zum Misanthropen gemacht. Jetzt war er nicht allein an seinem Tisch. Zwei Männer und eine junge Frau hatten sich dazugesetzt, aßen Spaghetti. Das Mädchen vielleicht zweiundzwanzig, dick geschminkter roter Schmollmund, zu dem die Augen nicht paßten. Sanfte Kalbsaugen hätte man erwarten können, einen Schlafzimmerblick. Aber ihre Augen waren flink, wach, beweglich. Also stimmt der Mund nicht, dachte Reiß. Falsches Versprechen. Die Männer versuchten, ihre schlaffen Physiognomien mit allerlei Firlefanz zu kaschieren. Der eine mit einem überdimensionalen Schnurrbart, der andere mit einer affigen Nickelbrille und langem grauen Walle-Haar. Als Satorius Reiß sah, rückte er ein Stück von den anderen weg und zog seinen Mantel von einem noch freien Stuhl.

»Setz dich!«

Reiß setzte sich. Als Satorius seinen skeptischen Blick auf die anderen am Tisch sah, machte er eine wegwerfende Handbewegung.

»Die stören uns nicht. Aufgeblasene Wichtigtuer. Die glauben, sie hätten das Fernsehen erfunden, weil sie vor zwanzig Jahren ein paar Dokumentarfilme gemacht haben.«

Die beiden Männer sahen kurz von ihren Spaghettitellern auf, dann weg, Richtung Eingang, so, als erwarteten sie von dort noch jemanden. Das Mädchen dagegen blickte Satorius neugierig an. Das brachte ihn in Fahrt.

»Und dann wollte sie keiner mehr haben mit ihrem Sozialkitsch. Mußten sich einklagen. Kannst du dir das vorstellen: *Einklagen?* Auf einen lausigen Job einklagen!? – Und seitdem blasen sie sich auf und furzen im WDR ihre Sessel mit ihrem 68er Mief zu. – Nach elf im Dritten. Einschaltquote Null Komma Null Null ichweißnichtwas.«

Ein Grinsen erschien um die Mundwinkel des Mädchens, verschwand aber gleich wieder. Sie wandte ihren Blick von Satorius ab und machte sich über ihre Spaghetti her.

Ein Kellner kam. Reiß bestellte Wasser, Satorius einen halben Liter Weißwein. Den zweiten offensichtlich. Die Karaffe vor ihm war fast leer. Satorius soff kontrolliert. Oder er glaubte, die Kontrolle zu haben.

»Bist du trocken jetzt?«

»Ich versuch's mal«, sagte Reiß.

»Nonsens! Erstens schaffst du's sowieso nicht. Und zweitens, wenn du's mal einen Monat lang geschafft hast, dann fragst du dich, wozu du überhaupt lebst. Die Wirklichkeit, sag ich dir, die Wirklichkeit ist nämlich eine Halluzination, die aus dem Mangel an Alkohol entsteht.«

»Möglich.«

Satorius sah ihn einen Augenblick lang an. Zumindest in seine Richtung. Was nie genau zu bestimmen war. Satorius schielte hinter dicken Brillengläsern extrem nach außen. Sein rechtes Auge war auf die Tischnachbarn, sein linkes auf Reiß gerichtet. Dann goß er den Rest Wein aus der Karaffe in sein Glas, hob es an den Mund, schlürfte. Reiß kannte Satorius noch aus dessen Zeit als Polizeireporter, hatte ihm damals ein paar Mal Gefälligkeiten erwiesen. Ihn bei Mordsachen Fundorte fotografieren lassen, obwohl der Erkennungsdienst schon bei der Arbeit war. Eine Zeitlang hatten sie auch gemeinsam gezecht, bei Schmidtchen oder in der Kleinen Glocke, und Satorius hatte ihn dabei mit seinen

Schmutz- und Bettgeschichten aus der Schickeria eingedeckt, mit Widerwärtigkeiten, Unappetitlichem, Intrigen. Er kannte jeden und wußte alles. Vielleicht hatte ihn das so verbittert: daß er alles über sie wußte und in seiner Kolumne »Cologne intim« nur über ihre Festbankette, Flitterwochen, Abmagerungskuren und bestenfalls ihre neuen Liebhaber berichten durfte.

»Die tote Tussi im Picciono – nichts für mich«, sagte Satorius, der natürlich schon Bescheid wußte. »Leichen fallen nicht in mein Ressort.«

»Hm«, machte Reiß. Der Kellner brachte das Wasser und den Wein. Reiß goß sein Glas voll, trank es mit zwei, drei gierigen Zügen leer.

»Oder ist da was hinter?«

»Der Laden gehört Ossendorf«, sagte Reiß.

»Wem sagst du das? Trotzdem nichts für mich. Obwohl: wußtest du, daß der die Alte geknallt hat?«

»Welche?«

»Die Tote, Mensch! Diese Lebien. Die war zuerst bloß Kellnerin in dem Laden. Und wahrscheinlich, damit er dran konnte, hat Ossendorf sie zur Geschäftsführerin gemacht. Oder umgekehrt: sie hat ihn erst drangelassen, als sie den Job hatte. Jedenfalls war der 'ne Zeitlang irre heiß auf die Schnalle.«

»'ne Zeitlang?«

»Keine Ahnung, ob er sie zuletzt noch gefickt hat. Vielleicht, vielleicht auch nicht. Kann sein, daß die ihn ab und zu noch drangelassen hat. Obwohl, ich hab sie kürzlich beim Emi-Empfang mit 'nem Sony-Typen zusammengesehen, scheint was richtig Herziges zu sein. Und Ossendorf hat, glaub ich, auch was Neues am Laufen. 'n Model oder sowas, in Frankfurt, glaub ich. Bezahlt ihr da 'n Appartement.« Reiß sagte nichts. Satorius musterte ihn. »Wenn du's genau wissen willst, frag Mondorf, der ist Obmann beim KEC, Ossendorfs bester Kumpel.«

»Kenn ich nicht«, sagte Reiß.

»Okay, okay. Ich bring's raus für dich.«

»Ja?«

Das war ihm eher als Aufforderung als wie eine Frage herausgekommen. Satorius musterte ihn noch eindringlicher als bisher. Dann grinste er, was sein durch eine Zangengeburt ohnehin reichlich schiefes Gesicht vollends aus der Fassung brachte.

»Du meinst, da steckt mehr drin? Nicht bloß die Treppe runtergefallen?«

»Pfff.« Reiß hob die Augenbrauen und zog die Schultern hoch.

»Was du nicht sagst.«

»Ich hab gar nichts gesagt. Die Leiche wird obduziert, untersucht. Danach wissen wir mehr. Bisher läuft das ganz normal. Überhaupt nichts Besonderes.«

Satorius ließ erkennen, daß er das genaue Gegenteil von dem glaubte, was Reiß ihm gesagt hatte. Er nahm sein Glas, trank es aus, goß aus der Karaffe nach, stellte sie fest zurück auf den Tisch, so, als habe er das Kapitel abgeschlossen.

»Ist ja pikant«, sagte er. »Wo du und Ossendorf doch ...« Er ließ den Rest in der Schwebe, weil er sah, daß Reiß' Miene sich verschloß. Doch sein linkes Auge fixierte weiterhin Reiß. Bis ein bösartiger Mutwille darin aufglomm. »Wo ihr doch Freunde wart?«

»Nein. Freunde nie.«

»Ach jaaa ...« Satorius tat so, als käme ihm jetzt erst die Erinnerung. Aber er kam nicht weiter. Die beiden Männer und das Mädchen am Tisch waren inzwischen aufgestanden, zur Garderobe neben der Toilettentür gegangen, hatten ihre Mäntel genommen und gingen jetzt am Tisch vorbei, Richtung Ausgang. Der mit Nickelbrille und Walle-Haar machte nach ein paar Schritten kehrt, beugte sich kurz zu Satorius herunter.

»Arschgesicht!«

Bevor Satorius etwas entgegnen konnte, war er weg. Satorius grinste Reiß an, so, als habe er gerade einen Riesentreffer gelandet.

Reiß fuhr zur Luxemburger Straße. Am Eingang des Parkdecks neben dem backsteinernen Justizhochhaus wartete Kayser mit einem großen Karton auf ihn. Reiß stieg aus, stellte den Karton mit einem halben Dutzend Aktenordnern in den Kofferraum, sagte Kayser, daß er sie morgen um die gleiche Zeit zurückhätte und fuhr dann zurück ins Präsidium. Am Nachmittag telefonierte er, kriegte im Picciono den Oberkellner ans Telefon. Der hatte in der Nacht von Sonntag auf Montag Dienst gehabt. Reiß sagte ihm, er brauche eine Liste aller Gäste, die an dem Abend im Lokal waren. Dann fragte er den Oberkellner nach dem Freund der Lebien, dem Sony-Typen, von dem Satorius gesprochen hatte.

Der Oberkellner wußte den Namen – Werner Minkenberg – und die Telefonnummern. Drei. Eine private, eine Handy-Nummer und die Büronummer. »Haben Sie 'nen Rechner im Hirn?« sagte Reiß. »Ein gutes Gedächtnis ist eine der Voraussetzungen in meinem Beruf«, sagte der Oberkellner. Eine Schwuchtel. »Dann wird die Gästeliste hoffentlich komplett sein?« »Ich werde mir Mühe geben«, sagte der Oberkellner. »In drei Stunden hol ich sie mir ab«, sagte Reiß, drückte auf die Gabel und wählte die Privatnummer Minkenbergs. Der ging gleich ans Telefon, hatte Zeit, sagte, er sei völlig fertig, wolle das gleich alles hinter sich bringen, und kam eine Stunde später ins Kommissariat. Engstfeld assistierte beim zeugenschaftlichen Verhör, tippte das Protokoll. Es ergab nichts. Minkenberg hatte ein glaubhaftes Alibi, hatte die Nacht von Sonntag auf Montag im Krankenhaus neben seinem sterbenden Vater gesessen. Das war gut, sehr gut, das brachte Ossendorf ins Spiel. Den Rest des Nachmittags arbeitete Reiß an der Leichensache des Alten in der Palanterstraße. Um halb sieben war der Todesermittlungsbericht fertig getippt. Er legte ihn in Schumachers Fach im leeren Geschäftszimmer, fuhr am Picciono vorbei, holte sich die Gästeliste – siebenundvierzig Namen hatte der Oberkellner notiert, mit den Uhrzeiten, von wann bis wann sie sich im Lokal aufgehalten hatten. »Unglaublich«, sagte Reiß. Der Oberkellner zog die linke Augenbraue hoch und rang sich ein geschmeicheltes Lächeln ab. Reiß fuhr nach Hause.

9.

Die Gangschaltung an Hellas Dienstrad war seit zwei Wochen im Arsch. Nur noch der dritte Gang funktionierte. Aber Hella hatte keine Zeit, absolut keine Zeit, sich darum zu kümmern. Also mußte sie wie ein Pferd in die Pedale. Und jetzt auch noch den Anstieg zur Deutzer Brücke hoch! Hellas Beinbewegungen wurden von Umdrehung zu Umdrehung langsamer, sie spürte, wie ihre Oberschenkelmuskeln hart wurden. Hella stieg aus dem

Sattel hoch. Den Anblick würde sie niemandem – niemandem! – bieten, hier auf der Brücke abzusteigen und zu schieben wie eine alte Frau.

Und außerdem hatte sie keine Zeit, absolut keine Zeit. Den Frauenhausausschuß um 14 Uhr konnte sie ausnahmsweise sausen lassen. Zur Fraktionssitzung um 15 Uhr 30 könnte sie wieder zurücksein, absolutes Muß war die Sinti e.V.-Vollversammlung um 18 Uhr. Spätestens bis dahin mußte ihre Mission bei den Shoshonen beendet sein. Der Gedanke, in einer Mission, einer so wichtigen Mission unterwegs zu sein, beflügelte Hellas mühsame Tretbewegungen, und sie stieg noch ein Stück höher aus dem Sattel.

Die Shoshonen hatte sie schon eine ganze Weile mit Sympathie verfolgt. Nicht nur mit der Sympathie, die Hella allen Randgruppen, Ausgeflippten, Underdogs, allen Mißhandelten, Entwürdigten, Verfemten, Geknechteten, Unterdrückten, selbst den Sich-selbst-Unterdrückenden – wir alle sind Opfer! – entgegenzubringen sich zur Aufgabe gestellt hatte. Es war eine eher private Sympathie. Obwohl: privat ist Quatsch! Für Hella existierte die Unterscheidung zwischen privat und politisch nicht. Hatte noch nie existiert. Nicht bei der KPD-ML vor zwanzig Jahren und seitdem erst recht nicht, nicht bei der VVN, nicht, als sie sich vorm EL-DE-Haus anketten ließ, so lange, bis ein Museum daraus gemacht wurde, nicht in der Ali-ist-mein-Freund-Initiative, nicht im Kurdenkomittee, nicht bei den Grünen, nicht bei der Sinti e.V.

Hella erreichte keuchend den Zenit der Deutzer Brücke und konnte es bis zum anderen Rheinufer rollen lassen. Zehn Jahre hatte sie sich um die Integration der Türken gekümmert. Bis zur Aufopferung gekümmert. Tausende von Beschwerden, Eingaben bei den Behörden. Dutzende von Sit-ins vorm Rathaus. Verhaftung als Eierwerferin. Organisation von zig Protestmärschen, Demos gegen Türken-Haß. Gekümmert, aufgeopfert hatte sie sich bis zur Selbstverleugnung! War am Ende nicht mehr von einer Türkin zu unterscheiden gewesen. Hatte sich die Haare zuerst schwarz färben lassen – kein Henna! schwarz! tiefschwarz! – und ging schließlich nie ohne Kopftuch aus. Und was war der Erfolg dieser Hingabe gewesen? Zu Dutzenden hatten sie bei ihr vor der Tür gestanden, ihr Telefon stundenlang blockiert. Und wofür? Um sich von ihr Urlaubsanträge, Krankenhausabrechnungen,

Kindergeldanträge, Arbeitsamtsanträge, Kurzarbeitergeldanträge, Aushilfslohnquittungen, Zahnersatzformulare, Sozialhilfeanträge ausfüllen zu lassen. War das politisch gewesen?

Wie von selbst gondelte Hellas Dienstrad die Deutzer Brücke hinunter und dann noch ein Stück, ohne daß sie zu treten brauchte, die Siegburger Straße entlang, rheinaufwärts. Hella hatte sich von den Türken abgeseilt, sich kurzfristig mit der ökologischen Fraktion des SSK eingelassen und die Platanen – hundertjährige Platanen! – am Kaiser-Wilhelm-Ring besetzt. Was ebenso erfolglos verlief wie ihr Türken-Engagement. Die Bäume wurden ausnahmslos gefällt. Erreicht hatte Hella allerdings etwas. Etwas sehr Politisches. Sieben Tage und sieben Nächte hatte sie, mitten im Winter, in einer Hängematte in der Krone einer der hundertjährigen Platanen auf dem Kaiser-Wilhelm-Ring verbracht. Ohne ein einziges Mal herunterzusteigen, etwa, um ihre Notdurft zu verrichten. Wie sie das angestellt hatte, darüber kursierte eine Menge von Gerüchten. Was diese Aktion jedenfalls zur Folge hatte, war, daß Hella der Liebling der lokalen Medien geworden war, das Aushängeschild, Sprachrohr, die Plakatwand, die Litfaßsäule, das Megaphon, der Lautsprecher für alle nur denkbaren und auch undenkbaren Randgruppen, Ausländergruppen mitsamt ihren Problemen. Keine Meldung über heroindealende Kurden, töchtermüttertantenverprügelnde Türkenväter, abschiebebedrohte bosnische Waisen, stehlende Zigeunerkinder gab's im *Express*, der *Rundschau* oder in der »Aktuellen Stunde«, ohne daß nicht auch Hella dazu befragt wurde oder sich zu Wort melden und ein, zwei alleserklärende und die wahren Schuldigen beim Namen nennende Sätze dazu abliefern durfte.

Hella bog rechts ab, überquerte die alte Drehbrücke, bog links ein und radelte die Poller Wiesen entlang, den Rhein und das Schokoladenmuseum im Blick, auf die Südbrücke zu. In ihrer Eigenschaft als Anwältin und Schutzpatronin der Entrechteten, Geknechteten, Unterdrückten, Verfolgten, Gedemütigten und Entwürdigten Kölns, als Mutter Theresa der ethnischen Minderheiten hatte Hella sich schließlich und fast ausschließlich – ihren Verpflichtungen in der Ratsfraktion der Grünen kam sie natürlich auch noch nach – der Zigeuner angenommen. Als erstes in der Öffentlichkeit den durch und durch belasteten Ausdruck »Zigeuner« abgeschafft und durch die korrekteren und differenzierten

Bezeichnungen Sinti und Roma ersetzt. Selbst in Polzeiberichten darf es dank Hellas unerbittlicher Sprachregulierung nicht mehr Zigeuner heißen, heißt es nunmehr »ethnische Minderheiten«.

Aber was war aus Hellas Sinti/Roma-Engagegement geworden? Einmal davon abgesehen, daß sie nunmehr mit Zöpfen, Ohrringen, bauschig-gerüschten, farbenprächtigen Röcken und Kleidern einer echten Sinti-Frau zum Verwechseln ähnlich sah? Die Sinti standen zu Dutzenden bei ihr vor der Tür, blockierten ihr Telefon. Und wofür? Um sich von ihr Kindergeldanträge, Arbeitsamtsanträge, Sozialhilfeanträge ausfüllen, Mahnbescheide, polizieiliche Vorladungen, Verhörprotokolle, Abschiebebefehle erklären zu lassen. War das politisch?

Kurz vor der Südbrücke, am Ende des Deutzer Hafens, bog Hella in einen kleinen Feldweg nach links ein, überquerte die Siegburger Straße, ließ ein paar Häuser auf einer Stichstraße hinter sich, radelte dann noch ein paar Meter zwischen dichten, verwilderten Hecken hindurch und war am Ziel.

Hella stieg von ihrem Dienstrad. Ihr schien es, als habe dieser Ort hier eine besondere Aura, als sei die Luft hier dünner als sonstwo in der Stadt, als verberge sich hinter den meterhohen Hecken ein Zauber. Dort, wo einmal ein schmiedeeisernes, grün gestrichenes Törchen in die Schrebergartenkolonie »Rheingold« geführt hatte – die Reste davon verrosteten in einem Gebüsch nebenan –, erhob sich jetzt ein Totempfahl, geschnitzte, bunt bemalte Masken, Zähne, Krallen, Klauen, Schnäbel, ineinandergeschlungene Arme, Beine, Vogelgesichter, Totenköpfe türmten sich bis in sechs Meter Höhe; oben thronte ein hakennasiger, bunter Vogel mit bitterböser Miene und ausgebreiteten Schwingen. Hella schob ihr Dienstrad und blickte sich, ehrfürchtig und staunend, um.

Von der geometrischen Ordnung der Schrebergärten war nichts mehr zu erkennen. Alle Zäune, Hecken, Beete, auch die Gartenhäuschen waren verschwunden. Aus der »Rheingold«-Kolonie war ein riesiger, verwilderter Park geworden. Zwischen den alten Obstbäumen wucherte Gras, an dem gescheckte kleine Indianerponys knabberten, die Vorderbeine angehobbelt, so daß sie sich nur schrittchenweise bewegen konnten, zwei struppige Hunde streiften um Hellas Beine, hinter einem Gebüsch hörte Hella Kindergekicher, sah dann auch drei, vier Kinder in buntbemalten

Lederkostümen, Federn in den schulterlangen Haaren, perlenbestickte Mokassins an den Füßen, einem Ponyfohlen nachlaufen. Dann öffnete sich der Obstbaumwald, und Hella schob ihr Dienstrad auf eine Lichtung. Primitive Wigwams aus bohnenstangenähnlichen Holzknüppeln und Büffelhäuten standen neben einem aus rohen Fichtenstämmen gezimmerten irokesischen Langhaus, in der Mitte eine Feuerstelle, umlagert von anderthalb, zwei Dutzend Frauen, Kindern, einigen wenigen Männern, alle in Indianerkostümen. Etwas abseits vom Indianerdorf ragte stolz ein Tipi, drei, vier Meter hoch, ein kostbares Lederzelt, rundum geschmückt mit bunten Zeichnungen, die Jagdszenen darstellten. Davor saß ein sehr großer, kräftiger, vielleicht fünfzigjähriger Mann, das lange schwarze Haar zu einem dicken Pferdeschwanz im Nacken verknotet, den mächtigen und würdevoll aufgerichteten Oberkörper mit einer Büffeldecke umhüllt und ansonsten nur mit einem Lendenschurz bekleidet, der allerdings aus feinstem, mit Perlen bestickten Antilopenleder war. Er sog an seinem Calumet, paffte kleine Rauchkringel aus dem Mund und sah Hella mit reserviertem Interesse entgegen.

»Du wells mich op dr Arm nemme!«, sagte Hiawatha, nachdem Hella dem Häuptling die seinen Jagdgründen drohende Gefahr versucht hatte klarzumachen. Klarzumachen, daß hier, in diese Idylle, in diesen Heiligen Ort der Shoshonen bald schon die Bulldozer, Bagger, Kräne, Raupen eindringen, die Siedlung der Ersten Shoshonen Kölns innerhalb eines Jahres in eine gewaltige Baustelle, innerhalb von zwei Jahren in eine riesige Sporthalle, die Megahalle verwandeln könnten.

»Du wells mich verarsche«, variierte der Sachem der Shoshonen seine brummig und mißtrauisch vorgetragene Skepsis gegenüber Hellas leicht hysterisch klingenden Kassandrarufen. Hiawatha hieß früher, als er noch der Vorsitzende der »Rheingold-Schrebergärtner e.V.« war, Heinz Klingohr und hatte trotz seiner Metamorphose die alten Sprachgewohnheiten nicht abgelegt. Er sprach die Art von kölnischem Dialekt, wie ihn nur die früher vom Volksmund so genannten – und gefürchteten – »Aldermaatskrade« zu sprechen imstande sind. Und das durchgangig. Hiawatha war des Hochdeutschen nicht mächtig oder wollte es vielleicht auch nicht sein. Außerdem hatte Hiawatha die Angewohnheit, ausnahmslos jeden zu duzen.

»Nein, will ich nicht«, piepste Hella. Zumindest kam ihr ihre eigene Stimme ziemlich piepsig vor. Sie fühlte sich dem vor ihr im Schneidersitz gelassen thronenden Sachem gegenüber wie ein Backfisch, war unruhig, nervös, erregt, spürte eine selten erlebte Hitze in sich aufsteigen, seitdem sie Hiawathas linkes Ei gesehen hatte. Es lugte unter seinem Lendenschurz hervor, hing lässig und scheinbar teilnahmslos an daumendicken Strängen, ein gewaltiges, fast birnengroßes, mit einem stachligen Gestrüpp in Pferdehaarstärke bepflanztes Männerei.

»Nein, will ich nicht«, wiederholte Hella und ihre Stimme kam ihr nun, da sie es geschafft hatte, den Blick von Hiawathas linkem Ei zu lösen, etwas gefestigter vor. Sie konzentrierte sich auf die Sache. Die politische Sache. »Es ist richtig«, sagte Hella, »es ist noch nicht beschlossen. Aber es liegt seit zwei Jahren in den Schubladen. In den Schubladen des Hochbauamtes. In den Schubladen der SPD. Die Pläne, hier eine Riesen-Allzweckhalle, eine Sporthalle, Veranstaltungshalle, das größte Ding dieser Art in ganz Europa zu bauen. Hier...«

»Dat ess *unser* Land!«, dröhnte Hiawatha.

»Es ist zum größten Teil Pachtland. Und gehört der Stadt. Zumindest das Grundstück hier, das Schrebergartengelände. Wenn der Stadtrat beschließt, hier die Megahalle zu bauen, dann enden die Pachtverträge quasi automatisch.«

Der Sachem schwieg, paffte an seinem Calumet und betrachtete ebenso versonnen wie ausführlich Hellas Busen.

»Un wie küsste do drop, dat die dat Ding jetzt baue wolle?«

»Wir haben so unsere Kontakte. Da ist Bewegung in der SPD. Da hat's heute morgen einen Riesenkrach in der Fraktion gegeben. Scheinbar sind die dabei, ihren jetzigen Fraktionsvorsitzenden, den Schautzer, zu kippen. Der Schautzer ist ein Gegner der Megahalle. Hat die Pläne im Hauptausschuß vor einem Jahr gestoppt und hält den Deckel drauf. Aber jetzt...«

»Dat ess mr all zu huh!«, sagte der Häuptling.

»Aber jetzt«, fuhr Hella, die Erfahrung in solcher Art politischer Gespräche hatte, unbeirrt fort, »aber jetzt scheint es so zu sein, daß sich ein Gegner Schautzers, Henseleit, den Fraktionsvorsitz unter den Nagel reißen will. Henseleit hat eine starke rechte Gruppe in der SPD-Fraktion hinter sich. Bisher waren die Henseleit-Leute aber nicht so stark wie die Schautzer-Leute. Weil

Schautzer ein Bündnis mit den Linken in der Fraktion, eine Art Zweckbündnis...«

»Hür op mit dem Quatsch!« Hiawatha zeigte Hella die Innenseite seiner linken Hand.

»Es ist ernst«, sagte Hella. Leise, bescheiden, aber doch beschwörend genug, um wieder die Aufmerksamkeit des Häuptlings zu erlangen. Sie unterdrückte die Versuchung, den Blick wieder auf sein linkes Ei zu senken, sah ihm in die Augen, stellte sich vor, wie ihr wohl lange, schwarze Indianerzöpfe, ein mit Perlen besticktes Hirschkalbleder-Kostüm stehen mochten. »Wir müssen kämpfen!«, flüsterte Hella. »Wir müssen uns wehren!«

Der Sachem sagte nichts. Erhob sich langsam und würdevoll, drehte sich um, schlug das vorm Eingang seines Tipis hängende Hirschfell zur Seite, seine Rechte streckte sich einladend in das Innere des Zelts.

10.

Wenn nur die verfluchten Abende nicht wären! Tagsüber, wenn er mit anderen zu tun hatte, beschäftigt war – Besprechungen, Termine, Autofahren, Telefonieren –, das ging. Dann war's jedenfalls besser zu unterdrücken. Aber die Abende! Nachts! Während der ersten drei Tage überzog ihn ab vier Uhr Nachmittags ein zentimeterdicker Schweißfilm. Die Stirn wurde glühend heiß. Ihm war, als hätte er vierzig, einundvierzig Fieber. Gleichzeitig zog sich ein eisiges Kribbeln von den Lenden aufwärts seinen Rücken hoch. Ein brennendes, unaufschiebbares Verlangen nach IRGEND ETWAS drang von den Innereien, Darm, Magen, Milz vor in sein Hirn.

Er hatte Wasser getrunken. Literweise. Zu Hause dann, vor dem Fernseher, zehn, fünfzehn Tassen Kaffee. Was seinen ungeheuren Schmacht überhaupt nicht stillte. Und nicht die guten Ratschläge, Argumente, Lebensweisheiten, all die durchaus plausiblen, wenn auch nicht eben vernünftigen Gründe wegzuschieben vermochte, die ihm im Abstand von zehn Minuten in den Kopf kamen und ihn davon zu überzeugen suchten, wie lebensfern und lustfeindlich sein Vorhaben war. Welch sinnlosem Verzicht und damit welch bodenloser Sinnlosigkeit überhaupt er sich aussetze! Nur noch ein Glas, nur noch eine Flasche. Jetzt. Nur heute noch mal. Morgen würde er wieder aufhören. Er verbrauchte neunzig Prozent seiner Energie, um sich klar zu machen, daß er sich beinahe auf den eigenen selbstbetrügerischen Leim gekrochen wäre. Vielleicht sollte er doch besser in die AA-Gruppe, von der Robakowski gesprochen hatte. Aber dann sah er bis in den frühen Morgen Boxen oder Kickboxen in den Sportkanälen und danach Horrorschinken oder alte Comedies. Schlief oft nicht, bis es Zeit war, zum Dienst zu fahren.

Das war jetzt besser geworden. Anders. Die Arbeit, sein Projekt halfen ihm. Nein, sie halfen nicht. Umgekehrt. Das Projekt, sein Projekt erschien ihm jetzt als der einzige Grund, nüchtern zu bleiben. Er mußte nüchtern bleiben, um es durchziehen zu können. Fast sechs Tage jetzt. Morgen früh sechs mal vierundzwanzig Stunden! Vor ihm, im vollen Licht der beiden Schreibtischlampen – der einzigen Lampen, die in seiner Wohnung brannten – standen noch drei der Ossendorf-Aktenordner. Vier hatte er durchgearbeitet. Er schob den vor ihm liegenden zur Seite, hob den Telefonhörer ab, wählte Kaysers Privatnummer. Kayser nahm ab.

»Reiß.«

»Hast du schon mal auf die Uhr geguckt? Bin schon am pennen.«

»Ich komm nicht weiter.«

»Meine Güte!«

»Das hat mit deiner Güte nichts zu tun.«

»Womit kommst du nicht weiter?« Genervt gab Kayser ein Stückchen nach.

»Dieser Höschler. Das ist für mich ein dunkler Punkt.«

»Für mich auch.« Kaysers Nachgeben war schon zu Ende.

Reiß schwieg.

»Ich erzähl dir morgen, was ich drüber weiß. Morgen nachmittag. In der Kantine. – Und jetzt leg ich mich wieder hin. Mach's gut.« Kayser legte auf.

Reiß behielt den Hörer in der Hand, blätterte mit der anderen in seinem Adressbuch, fand Satorius' Privatnummer, wählte.

»Ja?« Offensichtlich hatte Satorius bereits mit seiner Absacker-Flasche begonnen. Das »ja« kam unwillig heraus. Er wollte mit seiner Flasche allein sein.

»Hast du was rausgekriegt?«

»Was?« – Ein gebelltes »was«.

»Du wolltest mit Mondorf sprechen, dem KEC-Obmann...«

»Ach ja.«

»Was heißt ›ach ja‹?«

Satorius am anderen Ende nahm einen Schluck, sagte nichts.

»Hast du oder hast du nicht?«

»Was macht mein Mordfall?«

»Es ist kein Mordfall. Noch nicht. Es gibt dazu zwar 'ne Mordkommission, aber die hat heute mittag erst angefangen zu arbeiten. Das dauert, bis die geklärt hat, ob es ein Mordfall war.«

»Und du bist da nicht dabei?«

»Wobei?«

»In der Scheiß-Mordkommission, Mensch!«

»Doch. Aber heute war Betriebsausflug im Kommissariat. Da haben wir mit 'ner Notmannschaft gearbeitet, und ich hatte andere Sachen zu tun.«

»Okay. Wenn du mehr weißt, ruf mich an.«

»Ich ruf dich dann an, wenn du mir sagst, was du von Mondorf erfahren hast. Jetzt.«

»So geht das Spiel nicht.«

»Doch. Genau so geht das Spiel. Du lebst von mir. Nicht ich von dir. Was ich von dir wissen will, krieg ich auch anderswoher. Dauert bloß länger. Aber nur 'n bißchen länger.«

Satorius schien noch einen Schluck zu nehmen. Zu überlegen.

»Bist du immer noch trocken?« Satorius wußte genau, wie er ihn demütigen konnte. Aber der Stich kam bei Reiß nur mit halber Kraft an. Er fühlte sich stärker als der andere, als Satorius, der nichts lieber wollte, als mit seiner Flasche allein zu sein.

»Also?« sagte Reiß.

»Okay. Ich hab mit Mondorf gesprochen. Ossendorf war an dem Abend nicht in Köln, an dem die Picciono-Tussi ins Gras gebissen hat. Hasselmann, einer aus dem KEC-Vorstand, Hasselmann, sagt Mondorf, hat Ossendorf am Montag morgen in seinem Auto angerufen. Da war er auf dem Weg von Frankfurt nach Freiburg wegen 'nes Spielereinkaufs...«

»Du kannst ja noch in richtigen Sätzen sprechen.«
Satorius sagte nichts, nahm noch einen Schluck.
»Heißt das, daß er in der Nacht von Sonntag auf Montag in Frankfurt war?«
»Klar. Bei seiner Schlampe.«
»Dann find doch bitte raus, wie die Schlampe heißt. Name, Adresse undsoweiter.«
»Du ...«
»Ich ruf dich morgen früh an deswegen. So um elf rum. Dann steht die Mordkommsission, und dann kann ich dir vielleicht auch was erzählen.«
»Also doch Mord?« Satorius wirkte jetzt wach, nüchtern, aufmerksam.
»Möglich«, sagte Reiß und legte auf.

So einfach ist das alles nicht. Wenn das wirklich stimmt, gibt sie ihm ein Alibi. Klar, das kann man, wenn man will, kaputtmachen, löchrig machen. Frankfurt-Köln, Köln-Frankfurt sind mit den Wagen, die Ossendorf fährt, keine zwei Stunden. Nachts wahrscheinlich bloß Eineinviertelstunden. Trotzdem. Und dazu kommt noch, was morgen, übermorgen die Jungs von der MK finden – oder nicht finden. Die Obduktion. Eine Menge Unwägbarkeiten. Eigentlich zu viele Unwägbarkeiten. Aber er hatte das Ding einmal in Gang gesetzt und es mußte jetzt durchgezogen werden. Eine andere Chance gab es nicht. Jetzt oder nie. Hauptsache, dabeibleiben. Es ist, um das mal ganz klar und nüchtern zu sehen, die einzige Chance, die du seit fünfzehn Jahren hast. Frei Haus geliefert bekommen hast.
Es gelang ihm nicht, sich über den Gedanken an seinen Ossendorf-Feldzug in etwas einer Euphorie Vergleichbares hineinzusteigern, etwas, was ihn das nun aufkommende Gefühl unerträglicher Entbehrung hätte überbrücken lassen können. Er stand auf, knipste einen Deckenstrahler und zwei Leselampen an. Ging an den Wänden des Raumes entlang. Betrachtete die Bilder. Hunderte von Fotos. Sie zeigten immer nur das gleiche zwanzigjährige Mädchen. Laura im Regenmantel. Laura im Bikini. Laura auf einer Caféterasse. Laura, lachend und das Haar zurückwerfend. Laura auf einem Pferd. Laura auf einem Fahrrad. Laura hinterm Steuer eines VW-Cabrios. Laura, versunken in einem Sessel, ein Buch

lesend. Laura, Hände vorm Gesicht. Laura lachend. Laura lachend, anders lachend. Laura mit böser Grimasse. Laura mit Reiß, Arm in Arm. Laura mit Ossendorf, Arm in Arm. Laura zwischen Reiß und Ossendorf, Arm in Arm in Arm.
Das Telefon summte. Reiß ging zum Schreibtisch und nahm ab.
»Ja, bitte.«
»Herr Reiß?« Es war die Ossendorf.
»Ines Ossendorf. Stör ich Sie?«
»Nein.«
»Ich möchte gerne mit Ihnen sprechen.«
»Jetzt?«
»Nein, nicht am Telefon.«
Reiß sagte nichts. Fixierte ein Foto an der gegenüberliegenden Wand, das Laura unter einem bretonischen Menhir zeigte. Sie zog eine angestrengte Grimasse und tat so, als stütze sie mit ihren beiden Händen den tonnenschweren Steindeckel des Grabes. Oder was immer das gewesen sein mochte.
»Kennen Sie das Bruxelles?«
»Auf der Aachener Straße.«
»Ja. Morgen abend, um acht?«
Reiß antwortete nicht sofort. Überlegte, ob er ihr sagen sollte, daß er dienstlich mit dieser Sache befaßt war und daß das kein Privatgespräch werden könne.
»Gut.«
»Danke. Und gute Nacht.«
Sie legte auf. Reiß bemerkte seine Erektion und wandte sich von dem Bild Lauras ab, das er die ganze Zeit über angestarrt hatte.

11.

Die Stiche kamen flink und präzise, wie von einer Nähmaschine. Kleine Stiche. Rein, durchziehen, raus, rein, durchziehen, raus. Reißfestes Garn. Beide Kanten der Perlonplane doppelt gelegt.

Immerhin würde die Naht ein Gewicht von fünfundachtzig Kilo auszuhalten haben. Und die in Bewegung. Und in welcher Bewegung! Henseleit bewunderte, mit welcher kühlen Gelassenheit und professionellen Sorgfalt und mechanischen Präzision er sich diesem Werk hingeben konnte, ohne dabei ständig an die ungeheure Dimension seiner zukünftigen Bestimmung denken zu müssen. Lediglich dann, wenn er, dabei den Schnitt zur Hilfe nehmend, den er – sein allerengstes Hemd und seine allerengste Hose dazu als Muster benutzend – nach seinen Körpermaßen gefertigt hatte, die Naht umsetzen, eine Kante, eine Falz zu nähen hatte und das mechanische Rein-Durchziehen-Raus unterbrechen mußte, warf er einen Blick auf das Holzgestell. Darin würde er hängen, der maßgeschneiderte Perlonsack. Hängen, pendeln, vibrieren, sich schütteln, hüpfen, sacken ... Henseleit war sich noch unschlüssig, welches Material er für die Aufhängegurte des Perlonsacks verwenden sollte. Dehnbares oder starres Material. Das starre Material würde den Vorteil haben, daß alle Bewegung sich im Perlonsack und nur im Perlonsack abspielen würde. Ja. Starres Material. Auf der anderen Seite, würde er dehnbare Gurte verwenden ...

Das Telefon piepste. Henseleit rührte sich nicht aus seinem Schneidersitz. Er hatte keine Lust im Augenblick, jetzt und hier keine Lust, sich mit dem Politkrempel zu befassen. Das war was anderes. Was ganz anderes. Er hatte lange überlegt, ob er eine Telefonleitung in seinen Hobbykeller legen lassen sollte. Aber dann waren Sachen passiert, Sachen, die er besser unter Kontrolle gehabt hätte, wäre er telefonisch erreichbar gewesen. Seine Mutter war natürlich unfähig, die Nachrichten, die ihn erreichen, auch nur bruchstückhaft zu notieren. Unleserliche Namen, unkorrekte Telefonnummern, verworrene Stichworte.

Das Telefon piepste zum zweiten Mal. Henseleit zog noch zwei, drei Stiche durch, bis zu der Falz, der wichtigsten Falz, der Hodenfalz. Höchst kompliziert. Dann stand er auf. Das Telefon piepste zum dritten Mal.

»Henseleit.«

»Ich muß Sie sprechen!«

»Ach, Sie sind's.« Henseleit war erleichtert, bloß Ossendorf in der Leitung zu haben. Ossendorf war unkompliziert. Da war alles im Gang oder bereits unter Dach und Fach.

»Ich war den ganzen Tag unterwegs und weiß nicht, was gelaufen ist.«

»Es läuft alles vollkommen nach Plan.«

»Erzählen Sie!«

Er glaubt, er sei der Chef. Kommt nicht aus seiner präpotenten Leithammel-Ideologie raus. Fehler. Manchmal muß man sich auch ducken. Andererseits verständlich. Alle um ihn rum legen ihm 'ne Schleimspur vor. Im KEC. In seiner Firma. Selbst die in der CDU. Laß ihn.

»Der Reihe nach?«

»Bitte.«

»Also. Am Montag im Sportausschuß haben wir zuerst mal für die Renovierung des Eisstadions gestimmt. Das haben Sie gelesen?«

»Ja.«

»Übrigens mit einer Stimme Ihrer Leute.«

Ossendorf sagte nichts. Räusperte sich bloß ungeduldig.

»Tja. Und heute morgen ist dieser Antrag dann im Finanzausschuß gekippt worden.« Henseleit konnte einen süffisant-selbstzufriedenen Unterton nicht vermeiden. Aber das war ihm egal. Ossendorf sollte ruhig mitbekommen, daß er sich stark fühlte. Das würde sein Gefühl, daß er ihm etwas schuldig sei, vielleicht ein wenig dämpfen.

»Und was ist mit Ihrer Fraktion?« Ossendorf blieb ungeduldig.

»Da ist der Weg jetzt frei für die Megahalle.« Henseleit ließ blanken Triumph erkennen.

»Sie haben Schautzer im Sack?«

»Ja. So gut wie. Wir haben allerdings nur eine Mehrheit von fünf Stimmen in der Fraktion. Aber mit mehr hatten wir ja auch nicht gerechnet. Im Rat kommt's jetzt auf Ihre Leute an ...«

»Das geht klar.«

»Sind Sie sicher?«

»Hundertprozent. Da schulden mir 'ne Menge Leute viel zu viel, als daß sie gegen die Halle stimmen könnten.«

»Auf der nächsten Ratssitzung stellen wir den Antrag ...«

»Das geht klar. Meine Leute werden dafür stimmen und dann ist die Mehrheit da. Kein Problem ...«

Henseleit hatte den Eindruck, daß Ossendorf noch etwas sagen wollte, es sich dann aber verkniff.

Nachdem er eingehängt hatte, überlegte er, dabei das Holzgerüst anstarrend, in dem der Perlonsack vielleicht schon morgen, übermorgen hängen würde, was sich hinter Ossendorfs Ungeduld verbergen könnte. Vorläufig fiel ihm nichts dazu ein. Er würde sich drum kümmern müssen. Dann nahm er seine Arbeit an dem Perlonsack wieder auf, probierte, ob der Tennisball tatsächlich in die von ihm geschneiderte Ausbuchtung paßte und entschloß sich, als er sah, daß er zu lose darinsitzen würde, die Nähte noch einmal aufzumachen, die Hodenfalz enger zu nähen. Viel enger.

12.

»So. Wir haben drei Leichensachen heute morgen. Fangen wir mal damit an.«

Schumacher, die Wangen noch rosig von der morgendlichen Rasur, zog ein paar dünne Akten zu sich über den Tisch, klappte die beiden obersten kurz auf, sah hinein, klappte sie wieder zu.

»Wer ist denn eigentlich dran?«

Schumacher sah sich im Karee um. Niemand gab zu verstehen, daß er sich angesprochen fühlte. Die meisten sahen ziemlich mitgenommen aus. Der Betriebsausflug gestern war, wie jedes Jahr, nicht mit dem Aussteigen aus dem Bus, der sie von der Ahr zurückgebracht hatte, beendet gewesen. Wahrscheinlich waren die meisten von ihnen sofort rüber ins Piccadilly, der Stammkneipe des halben Präsidiums, und hatten sich bis zur Sperrstunde weiter zulaufen lassen.

Reiß hatte sich früher immer darüber gewundert, daß sie dann trotzdem am nächsten Morgen pünktlich und einigermaßen wiederhergestellt zur Frühbesprechung erschienen. Er hatte das, zumindest in den letzten Jahren, nicht geschafft. Nach dem Absturz im Piccadilly hatte er noch eine Runde durch die halbe Innenstadt hingelegt, war meistens im Hotel Timp gelandet, oft gar nicht vorm Dienst ins Bett gekommen. Merkwürdigerweise erfüllte es ihn jetzt nicht mit Genugtuung, die halbe Truppe mit roten

Flecken im Gesicht und glasigen Augen vor sich hinstarren, fahrig und lustlos in Zeitungen blättern zu sehen. Keine Überlegenheitsgefühle, nicht diese adlige Distanz, die er sonst, wenn er einmal für ein paar Tage ausgesetzt, eine Pause eingelegt hatte, empfunden hatte. Es war ganz anders. Heute morgen waren es sechs Tage, fast eine Woche gewesen. Wahrscheinlich hatte er gestern abend die Entgiftung bereits hinter sich gehabt. Jedenfalls war jetzt dieses unerträgliche, in stündlichen Perioden wiederkehrende Verlangen, das permanente Gefühl von Unbefriedigtsein, vorbei. Von jetzt an würde er in Wochen zählen.

»Mein Güte! Wer hat denn heute Tagesdienst? Guck mal in die Liste, Arno!«

Birgoleit, Schumachers Stellvertreter, der sich bei den allmorgendlichen Dienstbesprechungen immer beflissen neben Schumacher setzte, blätterte im Monatsplan, fuhr mit dem Zeigefinger die Namensliste derjenigen ab, die Tagesdienst, die neu hereinkommenden Fälle zu bearbeiten hatten.

»Hennings«, sagte Birgoleit.

Hennings lehnte am Türrahmen. Im Türbereich hielten sich die Raucher auf, seitdem Rauchen während der Dienstbesprechungen verpönt war. Hennings gab durch ein Schulterzucken zu verstehen, daß er sich angesprochen fühlte. Schumacher ignorierte Hennings ostentative Gleichgültigkeit, hob die beiden obersten Akten ab und schob sie von sich weg.

»Zwei Fensterspringer«, kommentierte er, ohne Hennings dabei anzusehen. »Merheim. Komisch. Im Abstand von anderthalb Stunden.«

»Spät gestartet, der eine«, sagte Robakowski, ohne dabei von seinem *Stadt-Anzeiger* aufzublicken. Ein paar lachten. Auch Schumacher grinste. Die Katerstimmung schien sich zu verflüchtigen.

»Bleibt noch der BTMer hier. Der wievielte in diesem Jahr?«

»Nummer 47«, sagte Birgoleit wie aus der Pistole geschossen.

»Nummer 47! Wer nimmt Nummer 47? Freiwillige!«

Schweigen. Schumacher ließ den Blick kreisen. Kaum jemand sah ihn an. Niemand übernahm gerne freiwillig eine BTM-Leichensache. Drogentote lagen meistens auf irgendwelchen Klos oder Parkbänken und man mußte vor Publikum arbeiten.

»Wenn's sein muß«, sagte schließlich Koch, einer aus dem Hauptkommissars-Kader, aus dem Schumacher die Leiter der

Mordkommissionen auswählte. Auch ein Streber. Wie Birgoleit. Plazierte sich auch jeden Morgen in Schumachers Nähe.

Während er Koch die Akte herüberreichte, sah Schumacher bereits Ebinghaus an.

»Was hat sich im Fall Lebien getan, Axel?«

Ebinghaus zog die Augenbrauen hoch, dann blies er die Backen auf, stieß die Luft heraus und lehnte sich zurück.

»Bewegt sich kaum was.«

Schumacher hatte ihm noch am Montag nachmittag, gleich nach Altgelds Anruf, die Leitung der den Fall der toten Geschäftsführerin bearbeitenden, vierköpfigen Mordkommission gegeben. Der für Reiß günstigste Fall. Ebinghaus war ihm, außer Robakowski, der Sympathischste im Kader. Introvertiert, fleißig ohne emsig zu sein. Ein Beamter. Verbrachte seit Jahren jede freie Minute mit dem Bau einer hölzernen Yacht, die nie fertig wurde und wahrscheinlich auch nicht dazu bestimmt war, jemals fertig zu werden.

»Der ED hat sich gestern den Fundort und die Leiche vorgenommen. Muß ich nachher unten mal hören, was das gebracht hat. Am Montag abend haben wir mit zwei Mann Zeugen vernommen. Das heißt, Robakowski und ich. Kellner, Köche, Putzfrau und so weiter. Ergebnis ist mager. Gestern hat sich bekanntlich nichts getan.«

Schumacher lachte, was auch Koch und Birgoleit sofort zu wissendem Schmunzeln animierte.

»Solange der ED nichts Konkretes liefert«, sagte Ebinghaus, »können wir noch keine Spuren aufmachen. Weil, die Obduktion – der Bericht kam eben –, die Obduktion hat nichts ergeben. Das übliche: könnte, könnte aber auch nicht. Die Halswirbelsäule ist gebrochen, innere Blutungen in dem Bereich. Könnte also vorher gewürgt worden sein, könnte aber auch beim Sturz passiert sein. Also nichts. – Es sei denn, Günter hat was. Der war ja gestern hier.« Ebinghaus sah zu Reiß hinüber.

»Auch nichts Weltbewegendes«, sagte Reiß. Alle taten so, als hätte es den Anschiß Altgelds, der ihm gegolten, den aber Schumacher abbekommen hatte, nicht gegeben. Jeder wußte davon. Sie hielten es für einen der vielen Patzer Reiß', nichts sonderlich Erwähnenswertes. Wobei es ohnehin nicht üblich war, vor versammelter Mannschaft – und bei der morgendlichen Dienstbesprechung war für alle Anwesenheitspflicht – irgendwelche Noten zu verteilen. So etwas machte Schumacher unter vier Augen aus. Und Schumacher hatte ihn in seinem eisigsten Ton von Altgelds Anruf in Kenntnis gesetzt und dann Ebingshaus' Kommission zugeteilt. Wie er es erwartet hatte. Trotz seines nunmehr endgültig zweifelhaften Rufs würde er vorläufig der wichtigste Mann der Kommission sein. Reiß sah zuerst Ebinghaus an, dann Robakowski und Poensgen, die beiden anderen Kommissions-Mitglieder, die seinen Blick erwiderten, bemühte sich um einen geschäftsmäßigen Ton.

»Ich hab jetzt eine Liste der letzten Gäste vom Picciono vom Sonntag abend. Die müßten wir in den nächsten Tagen durchkämmen. Dann hab ich gestern den Freund, Lebensgefährten der Lebien zeugenschaftlich vernommen. Hat 'n einwandfreies Alibi. Zu mehr bin ich nicht gekommen gestern, hatte Stallwache. Aus dem bekannten Grund...«

Jetzt kaum der Anflug eines Lächelns bei Schumacher wegen der Anspielung auf den Betriebsausflug.

»Wer überprüft das?«

Schumacher hatte die Frage nicht an Reiß, sondern an Ebinghaus gerichtet. Was dann doch einer Düpierung gleichkam. Gab vor versammelter Mannschaft zu verstehen, daß er Reiß nicht einmal mehr die Überprüfung eines Alibis zutraute oder anvertrauen mochte. Ebinghaus sagte nichts, gab bloß durch ein Kopfnicken zu verstehen, daß das klargehen würde. Womit er sich halb auf Reiß' Seite gestellt hatte. Reiß versuchte, sich nichts anmerken zu lassen. Diese Suppe hatte er sich selbst eingebrockt. Und er würde sie auslöffeln.

»Des weiteren«, sagte Reiß und versuchte dabei einen möglichst beiläufigen Ton beizubehalten, »hat sich herausgestellt, daß die Lebien bis vor kurzem ein Verhältnis mit dem Besitzer des Ladens hatte. Und daß es zwischen den beiden bis ein paar Tage vor dem Tod der Lebien Streitereien gab.« Er zögerte einen Augenblick, so, als versuche er sich an den Namen zu erinnern. »Ossendorf. Ja, Ossendorf. Den hab ich für morgen zur Vernehmung bestellt.«

Nach der Dienstbesprechung trafen sie sich in Ebinghaus' Büro. Ebinghaus, Poensgen, Robakowski und Reiß. Ebinghaus verteilte die Aufgaben. Poensgen gab er die Aktenführung. Er selbst und

Robakowski würden die vom Oberkellner zusammengestellte Liste der Gäste des Piccino abtelefonieren, die Leute, soweit sie in Frage kamen, zu zeugenschaftlichen Vernehmungen vorladen. Reiß würde mit Ossendorfs Verhör zu tun haben. Die von Schumacher angemahnte Überprüfung des Alibis von Minkenberg, dem Freund der Lebien, erwähnte er mit keinem Wort.

»Du trinkst schon fast 'ne Woche nicht mehr«, sagte Robakowsi, als er mit Reiß alleine im Aufzug war, der sie runter in den ersten Stock, zum Frühstücken in der Kantine brachte.

»Fast«, sagte Reiß.
»Hältst du durch?«
»Ich glaube ja. Fühl mich gut mittlerweile.«
»In die AA-Gruppe gehst du nicht?«
»Da müßte ich drüber sprechen. Und das will ich nicht. Nicht jetzt.«
»Mußt du nicht. Du mußt nicht drüber sprechen. Kannst dir anhören, was die anderen über sich sagen.«
»Aber ich müßte mich vorstellen, hast du gesagt. Sagen wer ich bin und warum ich da bin.«
»Ja. Aber danach brauchst du nichts mehr zu sagen.«

Reiß schwieg und Robakowski schwieg auch. Die Fahrstuhltür öffnete sich. Sie gingen eine Treppe hinunter, auf die Glastür zu, die zum Nebentrakt des Präsidiums führte, in dem sich die Kantine befand.

»Du hängst dich ziemlich in den Lebien-Fall«, sagte Robakowski. Er sagte es mit der gleichen sachlichen Beiläufigkeit, mit der er Reiß' Alkoholproblem angesprochen hatte. Polternde und indiskrete Kumpelhaftigkeit waren Robakowskis Sache nicht. Deswegen waren sie Freunde, oder besser: hätten sie Freunde sein können. Wenn er nicht die letzten Jahre an der Flasche gegangen hätte. Jedenfalls aber verachtete ihn Robakowski deswegen nicht. Was schon eine Menge war. Und im übrigen bewunderte Reiß Robakowski: wieviel Aufmerksamkeit, wieviel Interesse er anderen, auch ihm, Reiß, gegenüber, aufzubringen imstande war. Er konnte das nicht. Nicht mehr. Schon lange nicht mehr.

»Ja?«
»Hab ich den Eindruck. Du tust so, als wenn's Routine wär, aber du hängst dich rein.«

»Wirklich?«
»Hat das was damit zu tun, daß du nicht mehr trinkst? Ich meine, stürzt du dich statt dessen auf Arbeit?«
»Keine Ahnung. Möglich«, sagte Reiß.
»Oder hat das 'n anderen Grund?«
»Kann ich mir nicht vorstellen«, sagte Reiß.

13.

»Tumm-dodo-tumm-dododo-tumm-dodo-tumm-dododo-tumm-dodo...« Lu fummelte an ihrem Walkman, als sie aus dem U-Bahn-Schacht am Reichensperger Platz hochstieg. Drehte die Lautstärke auf, um dem Verkehrslärm der Riehler Straße ihre *Shamen* entgegenzusetzen. Sie überquerte die Riehler Straße, Hunderte von Blinkern rechts und links neben ihr, Hunderte von Auto-Idioten, die unbedingt auf die Zoobrücke wollten, über die Zoobrücke wollten, wohin? Warum? Auf der anderen Straßenseite ging Lu ein Stück mit dem in Richtung Zoobrücke kriechenden, blinkenden Autowurm und bog dann in die Mevissenstraße ein. Im Walkman transformierte sich das breitflächige Synthesizer-Gedummel in ein agressiveres Schlagzeughacken. Lus Schritte wurden elastischer, fast tänzelnd, schwingend, hüpfend. Sie konzentrierte sich auf ihre Mission.

Der geschniegelte Wichser wird Augen machen. Glaubt, mit seinen läppischen Fünfhundert sei er raus. Gekniffen! Glaubt, Lu könne sich keine Autonummern merken! Glaubt, Lu könne nicht zweimalzwei zusammenrechnen, rauskriegen, welcher Kartonwichser hinter der verfickten Gummersbacher Nummer steckt. Daß er in irgendeinem verschissenen Bergischen Landschlößchen wohnt, kein Problem. Daß er aber seine bekackte Firma hier hat! Dahinter muß man erst kommen! Und Lu, Lu kommt dahinter. Lu *ist* dahintergekommen. Wie Lu hinter alles kommt, wenn Lu es will. Weil Lu ein Biest ist, ein Super-Biest!

»Rap-rap-rapraprap-rap-rap-rapraprap-rap ...« Oha! Klar! Klar steht sein Name auf keinem der polierten Messingschilder an dieser polierten Toreinfahrt vor dieser polierten Stadtvilla. Der Typ hat nicht eine, der hat ein halbes Dutzend, ein Dutzend Firmen. Und nirgendwo, nirgendwo sein Name. Und alle gehören ihm. Klar! Es gibt nur eine Klingel! Die stumpfen Augen von vier Videokameras waren auf Lu gerichtet, als sie auf die suppentellergroße bronzene Klingel drückte und sich gleich darauf die halbmeterdicke Eichentür geräuschlos aufschob.

»Herr Ossendorf?« Die halbverhungerte Schaufensterpuppe mit der Halbbrille klang so, als sei sie von Lu furchtbar beleidigt worden. Als könne es absolut nicht wahr sein, daß jemand wie sie, wie Lu, es wagen könnte, diesen Namen überhaupt auszusprechen. Stand hinter ihrem Empfangstresen, so groß wie der vom Interconti, konnte ihren Blick nicht von Lus neongrünen Haaren loseisen.

»Haben Sie einen Termin bei Herrn Ossendorf?«

»Nein. Hab ich nicht. Sagen Sie ihm, die Delle in seinem Porsche steht hier.«

»Die Delle ...?«

»Ja! Die Delle! Geil! Die Delle steht hier. Sagen Sie: die Delle!« Lu kicherte laut, sprach laut, schrie fast, weil ihr noch der Sound der *Shamen* in den Ohren dröhnten.

Die Empfangsdame hatte einen Telefonhörer am Ohr. Flüsterte. »Ist der Herr O. vielleicht kurz mal zu sprechen ...?«

Lu drehte sich um. Die Empfangshalle des Ossendorfschen Imperiums war tapeziert mit großformatigen Farbfotografien Ossendorfs in Silberrahmen. Ossendorf, umringt von Eishockeyspielern. Ossendorf, umringt von noch mehr Eishockeyspielern. Immer wieder: Ossendorf umringt von Eishockeyspielern. Die Spieler in ihren gewaltigen rotweißen Uniformen, ihre gewaltigen Schläger an ihren gewaltigen Fäusten in die Höhe gereckt. Ossendorf im dunklen Anzug, einen gewaltigen silbernen Pokal oder einen gewaltigen goldenen Puck oder einen gewaltigen Blumenstrauß vor die Brust haltend.

»Sie können nach oben gehen. Zweiter Stock. Die Sekretärin von Herrn Ossendorf, Frau Schneitberger, erwartet Sie da ...« Die Halbbrille sprach mit kalter Verachtung und gab sich Mühe, ihre Neugierde zu verbergen.

»Ich will nicht zur Frau Schneetreiben, ich will zu diesem Typ da!« Lu wies mit dem Zeigefinger auf eines der Fotos, fixierte die Halbbrille und blieb stehen.
»Frau Schneitberger wird sie zu Herrn Ossendorf bringen.«

Ossendorf lachte. Kein dröhnend-joviales Lachen, wie Lu es von einem Bonzen wie ihm erwartet hätte. Eher ein verklemmtes Meckern, die Imitation eines Lachens, ein Bauchrednerlachen. Der meint, er müßte lachen, es würde jetzt gut zu seiner beschissenen Bonzen-Rolle passen, wenn er jetzt lachen würde, und dabei ist ihm überhaupt nicht zum Lachen zumute. Dem geht die Muffe.
»Das kann doch nicht dein Ernst sein. Hast du überhaupt 'ne Ahnung, mit wem du sprichst!?«
»Klar, mit dem Typ, der mich übern Haufen gefahren hat und abgehauen ist. Saubere Fahrerflucht. Mit dem Typen, in dessen Scheiß-Porsche immer noch 'ne saubere Delle ist, die sauber zu meinem kaputten Knie paßt. Mit dem Typen...«
»Und wer will so 'ner grünen, verkifften, zugedröhnten Piß- ritze so'n Scheiß glauben?« Ganz schön ordinär, der feine Bon- zenarsch. Und lachen, lachen tut er auch nicht mehr.

Lu lehnte sich zurück, schob die Zunge in die rechte Backen- tasche, wälzte sie, so, als führte sie ein Gänseei im Mund spazieren.
»Erstens«, Lu schnappte sich mit der Rechten den Daumen der Linken: »Erstens: zwei Zeugen. Augenzeugen. Sonntag nacht vorm Eisstadion.« Lu bewunderte sich grenzenlos, mit welcher Eiseskälte sie lügen konnte. »Zweitens«, Lu schnappte sich den linken Zeigefinger: »Zweitens: ärztliches Attest über mein zerdep- pertes Knie, Montag morgen. – Drittens«, Lu schnappte sich den linken Mittelfinger: »Drittens: saubere Polaroidfotos von einer sauberen Delle in dem scheißsauberen Porsche, der hier draußen vor der Tür steht.«

Ossendorf reagierte überhaupt nicht. Verzog keine Miene. Beobachtete Lu. Lu grinste und schob die Zunge in die linke Backentasche.
»Was arbeitest du? Ich meine, wovon lebst du?«
»Das geht Sie 'n Scheiß an. Rücken Sie die Kohle raus und dann tschüssi.«
»Es interessiert mich.«
Lu verdrehte die Augen.

»Meistens als Propagandistin. Wieso?«

»Propagandistin für was?«

»Dreh den Leuten Scheckkarten für die Metro an.«

»Scheckkarten?«

»Ja. Können sie mit in der Metro einkaufen. Ohne cash. Geben sie mehr aus mit, mit so 'nem Scheiß. Vierzig Prozent Umsatzsteigerung. Ganz anderes Kaufverhalten ...«

Ossendorf sah sie an. Schien zu überlegen. »Du bist clever«, sagte er schließlich.

»Klar. Sonst säß ich nicht hier und kriegte von so 'nem Typen wie Ihnen 'n Batzen Kohle.«

Wieder dieses blöde Anstarren, Überlegen. »Was verdienst du als Propagandistin?«

»Nicht genug. Sonst säß ich nicht hier und kriegte von so 'nem Typen wie Ihnen 'n Batzen Kohle.«

Ossendorf sagte nichts. Beobachtete Lu. Kratzte sich den sauber gestutzten Dreitagebart am Kinn. Beobachtete Lu.

»Was ist jetzt?« sagte Lu.

»Wieviel wolltest du?«

»Zehn, hab ich gesagt.«

»Wofür brauchst du das Geld?«

»Geht Sie 'n Scheiß an.«

Ossendorf schwieg. Beobachtete Lu. Kratzte sich noch einmal am Kinn.

»Ich geb dir zwei«, sagte Ossendorf.

Lu stand auf, drehte sich um, ging zur Tür. Ossendorf blieb sitzen. Lu war an der Tür, drückte die Klinke.

»Zwei«, sagte Ossendorf, genauso beiläufig wie beim ersten Mal. »Und einen Job.«

Lu ließ die Klinke los, drehte sich um.

»Einen Job?«

»Einen Job, der zwanzig bringt.«

14.

Als die anderen zur Mittagspause in die Kantine gingen, fuhr Reiß zur Luxemburger Straße.

Bis drei Uhr in der Frühe hatte er über den Akten gesessen, die die Staatsanwaltschaft für Wirtschaftsstrafsachen über Ossendorf gesammelt hatte. Das Verfahren schwebte, detaillierte Ermittlungen waren noch im Gange, eine Anklageschrift noch nicht in Angriff genommen. Deshalb war es schwer gewesen, sich im Aktenwust zurechtzufinden.

Ausgangspunkt der Ermittlungen waren wohl eine Reihe von Anzeigen wegen Betrugs und Unterschlagung gewesen, die parallel zu entsprechenden zivilrechtlichen Verfahren gestellt worden waren. Im wesentlichen ging es da um ein »Erwerbermodell« Ossendorfs. In einer äußerst undurchsichtigen Nacht-und Nebelaktion und dabei auf geheimnisvolle Weise von zwei großen Banken – darunter eine Landeszentralbank – mit Bürgschaften gedeckt, hatte er zum Teil von gewerkschaftseigenen, zum Teil von städtischen Wohnungsbaugesellschaften marode, heruntergewirtschaftete Sozialwohnungsblocks gekauft. Alle auf einen Schlag. Für dreihundert Millionen Mark. Noch am Tag des Kaufs hatte er das ganze Paket für vierhundertfünfzig Millionen an eine Dortmunder Treuhandgesellschaft weiterverkauft. Dann aber übernahm seine eigene Firma, die OHAK, den Vertrieb der einzelnen Wohnungen selbst und verscherbelte sie im Rahmen eines auf Steuerersparnissen beruhenden »Erwerbermodells« für völlig überzogene Preise. Insgesamt für sechshundert Millionen. Nicht die dubiosen Transaktionen der Wohnblocks, auch nicht die wunderbare Wertsteigerung der Schrottimmobilien waren der eigentliche Gegenstand der staatsanwaltschaflichen Untersuchungen. Die richteten sich allein auf Ossendorfs »Erwerbermodell«. Denn zwei Jahre nach dem Kauf der Eigentumswohnungen war die

Finanzierung geplatzt, die Käufer standen vor dem Ruin und sahen sich durch Ossendorf von vorn bis hinten betrogen.

Die Einzelheiten hatten Reiß dann nicht weiter interessiert. Daß Ossendorf ein Schwein war, hatte er schon vorher gewußt. Hatte er schon vor fünfzehn Jahren erfahren. Wenn auch in einem anderen Zusammenhang. Er hatte nur keine Ahnung vom gewaltigen Umfang seiner Geschäfte gehabt. Von der Macht, den Beziehungen, die dahinterstecken mußten. Die Akten hatten ihn aber nicht auf die Spur geführt, die er suchte. Wobei er sich überhaupt nicht im klaren darüber war, welche Spur er eigentlich suchte, was genau er wollte. Er hatte sich an die Ordner gesetzt im Glauben, dort auf irgend etwas zu stoßen, das ihm einen Anhaltspunkt geben, ihn auf eine Idee bringen würde. Eine Verbindung zu den Fäden, die er jetzt in der Hand hielt. Er war enttäuscht worden.

Weil der Tunnel unter der Luxemburger wegen irgendwelcher Bauarbeiten gesperrt war, mußte er fast bis zum Gürtel herunterfahren, um auf die Gegenfahrbahn, stadteinwärts, zu gelangen. Dann passierte er das Justizgebäude, fuhr langsamer, bog rechts ein, hielt den Wagen vor einem eisernen, rechts und links mit Blinklichtern versehenen Rolltor, die Einfahrt für Gefangene oder Verhaftete, die zu Prozessen oder dem Haftrichter oder zur Abnahme eidesstattlicher Erklärungen vorgeführt wurden. Ein uniformierter Justizbeamter kam aus seiner Glaskabine, sah auf Reiß' Wagen, legte den Kopf schief dabei. Reiß zeigte sein Funkgerät durch die Windschutzscheibe. Der Mann ging in seine Kabine zurück. Die Blinklichter begannen zu kreisen und langsam schob sich das Tor zur Seite.

Kayser wartete bereits auf ihn an einem Fensterplatz der nur halb besetzten Justiz-Kantine. Die Mittagszeiten waren hier ebenso früh wie im Präsidium, um eins war für die meisten die Mittagspause zu Ende. Kayser rauchte, obwohl überall »Rauchen Verboten«-Schilder hingen. Drückte eine bis auf den Filter heruntergebrannte Kippe auf dem Unterteller seiner Kaffeetasse aus.

»Wo hast du die Akten?« fragte er, ohne Reiß zu begrüßen.

Reiß ging an ihm vorbei, aufs Fenster zu, sah hinaus. Außer einer sich über das Blickfeld hinaus nach oben erstreckenden roten Backsteinfront und Hunderten von Fenstern gab es nichts zu sehen.

»Im Kofferraum«, sagte er. »Der Wagen steht unten im Hof. Ich dachte, es ist weniger auffällig, als wenn du die Klamotten vom Parkhaus rüberschleppst.«

Kayser nickte. Steckte sich eine neue Zigarette an. Er rauchte Kette. Siebzig, achtzig, hundert Zigaretten am Tag. Ultraleichte. Als er noch Rothhändle geraucht hatte, war er mit dreißig ausgekommen. Reiß setzte sich ihm gegenüber, stützte das Kinn auf seine gefalteten Hände und sah sich im Raum um. Ebenfalls rote Backsteine. Das Ganze machte den Eindruck einer Fabrikhalle.

»Und?« fragte Kayser. »Hat's was gebracht?«

»Hm«, machte Reiß. »Ein bißchen. Obwohl es für mich mehr Fragen aufwirft, als es beantwortet.«

Kayser lachte. Ein übertriebenes Lachen. Er warf sich wiehernd in seinem Stuhl zurück und schüttelte sich.

»Wem erzählst du das? Warum, glaubst du, ermitteln wir seit fast vier Jahren gegen den Typ? – Weil das alles mehr Fragen aufwirft als beantwortet! Da, wo wir nachbohren, stoßen wir auf Mauern.«

Immer dieses *wir*, dachte Reiß. Kayser redet wie der Oberstaatsanwalt. Obwohl er 'ne ziemlich kleine Nummer ist. Bläst sich gerne auf. Irgendwelche Minderwertigkeitskomplexe. Aber egal. Wahrscheinlich machte ihn das gerade so beflissen, so nützlich.

»Ich meinte es anders«, sagte Reiß. »Da, wo die Geschichte für mich interessant wird, bricht sie ab.«

»Und das wäre?«

»Der Geschäftsführer dieser Treuhandgesellschaft – Höschler: was ist mit dem? Gegen den habt ihr auch ermittelt, schon vor vier Jahren. Und dann plötzlich bricht die Akte ab.«

»Das ist einfach«, sagte Kayser. »Das Verfahren wurde sozusagen schon bei den Ermittlungen abgetrennt, zwangsläufig.«

Wieder lachte er wiehernd. Reiß sah keinen Grund, mitzulachen.

»Ich hab den Witz nicht verstanden.«

»Kennst du etwa die Geschichte nicht?«

»Welche Geschichte?«

»Höschler und Ossendorf! Höschler und Ossendorf waren Kumpel, Geschäftspartner. Sie haben zusammen die OHAK aufgezogen.«

»Weiß ich. Deshalb frage ich nach Höschler. Was ist mit dem?«

»Dann – vor der Geschichte hier, das hat damit nichts zu tun – dann wurde gegen Höschler ermittelt. Einmal wegen Steuerhinterziehung, zum anderen wegen Beamtenbestechung. Und zwar wurde gegen Höschler das Verfahren eingeleitet, weil er damals der Geschäftsführer der OHAK war. Wahrscheinlich hat Ossendorf da genau so drin gesteckt wie Höschler. Aber Höschler hatten sie am Kanthaken.«

»Und was ist die Geschichte?«

»Du kennst sie wirklich nicht?«

»Nein.«

Kayser grinste breit, zupfte an seiner Polyester-Krawatte. Alle seine Klamotten sahen aus, als habe er sich in Schale werfen, aber nicht das nötige Geld dazu aufbringen wollen.

»Höschler hatte sich abgesetzt. Dominikanische Republik oder so. Mit allem Kies, den er hier zusammenkratzen konnte. Und wir saßen hier mit unserem Haftbefehl gegen ihn.« Wieder lachte Kayser. Diesmal ging das Lachen in ein astmathisches Husten und Röcheln über.

»Jedenfalls kamen wir nicht an ihn ran. Bis er eines Tages in Frankreich auftauchte. Weshalb, was er da wollte, weiß ich nicht. Auf jeden Fall muß er keinen Schimmer davon gehabt haben, daß da ein Haftbefehl auf ihn wartete und ein Auslieferungsbegehren. Sonst wär er ja nicht hin, nach Frankreich. Kaum ist er da, sitzt er schon in U-Haft. Prima! Alles hier rieb sich die Hände und dachte, das war's. Denkste. Es gab paar Schwierigkeiten mit den Behörden da drüben wegen der Auslieferung, hin und her. Der sitzt also zwei, drei oder vier Wochen da drüben.«

Kayser legte eine Pause ein. Zündete eine neue Zigarette an, sah Reiß dabei an, vergewisserte sich, daß dessen Interesse an seiner Geschichte nicht nachließ. Reiß blickte ihn an, lächelte aufmunternd. Bisher interessierte ihn die Geschichte nicht.

»Und was glaubst du, was passiert?«

Reiß riß in gespielter Erwartung die Augen auf.

»Plötzlich liegt den Franzosen ein anderes, ein spanisches Auslieferungsbegehren vor. Wegen eines Diebstahls!«

»Nein!«, protestierte Reiß schwach.

»Doch! Weil er angeblich in Madrid aus einem Hotelzimmer eine Münzsammlung geklaut hat. Das mußt du dir vorstellen: so einer wie Höschler, paar Millionen unterm Arsch, klaut 'ne Münzsammlung!«

»Stimmte natürlich nicht.«

»Genau!«

Kayser glaubte, er habe Reiß mit seiner raffiniert erzählten Geschichte ganz in den Bann geschlagen. Zögerte noch einen Augenblick, deutete dann mit der Zigarette zwischen Zeige- und Mittelfinger auf Reiß. »Und jetzt kannst du drei Mal raten, was passiert war.«

Reiß versuchte eine ahnungslose Grimasse.

»Ossendorf!« sagte Kayser. »Ossendorf war, während Höschler in Paris im Knast saß, nach Madrid geflogen, hatte Höschler angezeigt wegen des Münz-Diebstahls. Und das Ende war, daß die Franzosen Höschler nach Spanien ausliefern mußten. Weil Eigentumsdelikte bei denen vor Steuersachen rangieren. Ende der Vorstellung. Ossendorf hat natürlich die Anzeige einen Tag, nachdem Höschler in Spanien angekommen war, zurückgezogen.«

Kayser sah Reiß erwartungsvoll an. Und er grinste zufrieden, als Reiß mit einer Miene, in der sich ein Anflug von Enttäuschung mit so etwas wie Bitterkeit mischte, den Kopf schüttelte.

»Daß der für einen anderen was riskiert, – hätte ich nicht gedacht.«

»Riskiert?« protestierte Kayser. »Der hat doch nichts riskiert!«

»Daß er *überhaupt* was getan hat.«

Kayser war jetzt doch enttäuscht über die moderate Reaktion des anderen auf seine Geschichte. »Ganz schön raffinierter Hund, oder?« sagte er.

»Ja. Abgebrüht. Das stimmt«, sagte Reiß müde.

Jetzt war Kayser richtig eingeschnappt. Drückte energisch eine weitere Kippe in der überquellenden Untertasse aus, kniff die Lippen zusammen, verzichtete sogar darauf, sich eine neue Zigarette anzustecken. Reiß sah ihn an. Kayser wich dem Blick aus, drehte die Zigarettenschachtel in der Hand.

»Du hast doch noch was«, sagte Reiß schließlich.

»Ich?«

»Rück schon raus damit!«

Kayser starrte Reiß immer noch sauer an. Dann schlich sich ein Grinsen in seine Mundwinkel. Eigentlich hatte er es Reiß verschwiegen wollen, so wenig wie der sich bemühte, seine Geschichten aus dem Nähkästchen zu goutieren. Aber dann juckte es ihn doch zu sehr, die Geschichte loszuwerden. Nicht, sie unbedingt an Reiß loszuwerden. Sie überhaupt loszuwerden.

»Höschler ist wieder aufgetaucht«, platzte Kayser heraus.

»Ach?«

»Hat wohl die Sache mit dem Finanzamt abgeklärt. Die Hälfte oder Zweidrittel der Steuerschuld bezahlt, hab ich gehört. Und damit ist er raus. Stell dir das vor!«

»Und ihr habt nichts gegen ihn?«

»Woher? Das einzige, was wir hatten, war die Steuerhinterziehung. Und wenn er das geklärt hat...« Kayser machte eine wegwerfende Handbewegung, die er dann in einen geschickten Griff in seine Zigarettenpackung überleitete.

»Und die Beamtenbestechung?«

»Liegt nicht bei uns. Hab auch keine Ahnung, wer das macht.« Kayser zuckte die Schultern, zündete sich eine neue Zigarette an, inhalierte und stieß den Rauch mit aufgeblasenen Backen wieder aus. »Aber da kannst du einen drauf lassen, daß so'n Typ wie Höschler sowas hingebogen kriegt.«

Reiß schwieg eine Weile. Dachte nach.

»Und was macht der? Höschler? Hier?« fragte er schließlich.

Kayser richtete den Zeigefinger seiner freien Hand auf Reiß.

»Das ist der Punkt!«

»Wieso?«

»Weil, da könnten wir zusammenkommen, vielleicht.«

»Ach?«

»Höschler ist wieder im alten Geschäft. Hat 'ne neue Treuhand-Gesellschaft gegründet. Wieder mal 'ne GmbH, klar. Nord-Imo-Treuhand.«

»Und was hab ich damit zu tun? Sollte ich damit zu tun haben?«

»Ich vermute, er arbeitet mit Ossendorf zusammen. Weiß aber nichts. Absolut nichts.«

»Natürlich weißt du was.«

»Höschler hat zwischen Poll und Humboldt-Gremberg jede Menge Land gekauft. Irgendwelches Brachland hinterm Deutzer Friedhof, Ackerland zum Teil, landwirtschaftliche Flächen. Jedenfalls ist das alles nichts wert. Noch nicht mal als Bauerwartungsland ausgewiesen. Totaler Blödsinn. Für'n Immobilienhändler. Da steckt was dahinter, wovon wir noch keinen Schimmer haben. Und ich schätze, wie gesagt, Ossendorf...«

»Weshalb kümmert ihr euch nicht drum?«

»Wieso? Können wir nicht. Liegt überhaupt nichts vor. Selbst wenn wir definitiv wüßten, daß er damit zu tun hat, kämen wir da nicht ran. Ist schließlich kein Straftatbestand. – Und wenn du da mal 'n bißchen bohren würdest, könnte vielleicht auch was für uns dabei abfallen, wenn du verstehst, was ich meine.«

»Hm«, machte Reiß. Eine ziemlich vage Geschichte. Und eine, die ihn eigentlich überhaupt nicht interessierte. Bestenfalls Grundstücksspekulationen.

»Diese Beamtenbestechung, damals, bei Höschler«, sagte er schließlich.

»Ja?«

»Was war das?«

»Irgendein Typ im Liegenschaftsamt, glaub ich.«

»Im Liegenschaftsamt?«

Kayser starrte Reiß an, dann warf er den Kopf zurück, stieß eine Rauchwolke aus.

»Klar! Könnte vielleicht passen. Undurchsichtige Grundstückskäufe. Liegenschaftsamt. Gut!«

»Kriegst du für mich da 'n bißchen was raus?«

Kayser grinste abwartend, zögerte. Warf seine Kippe jetzt in die Kaffeetasse. In der Untertasse war kein Platz mehr.

»Ich?«

»Ja. Wär nett.«

»Nett!« Kayser verdrehte die Augen und griff nach der Zigarettenpackung.

15.

Ein Pulk von fünfzehn, sechzehn Fahrrädern quälte sich am Maritim vorbei gegen einen scharfen Oktoberwind die Auffahrt zur Deutzer Brücke hoch. Vorneweg Siggi auf seiner Dreirad-

Spezialanfertigung für Behinderte, Siggi, der noch nie irgendwo in der Stadt gefehlt hatte, wenn es ein Polit-Abenteuer zu erleben und dabei gleichzeitig auch ein paar Mark zu verdienen gab. Die Zeiten waren schlecht gewesen im letzten Jahr. Siggi hatte sich genötigt gesehen, bei der Kinderstunksitzung die Karten abzureißen und T-Shirts zu verkaufen, bei der *Kinderstunksitzung*! Aber jetzt! Die Shoshonen! Rettet die Shoshonen! Mit spastischer Wildheit, den Kopf schräg zurückgedreht, die Augen, weit aufgerissen, nach vorn, auf die Fahrbahn gerichtet, trat Siggi in die Pedale. Was den Abstand zu Hella und Arno, den beiden nächsten im Fahrrad-Schwadron, noch ein Stück weit vergrößerte.

»Das sind echte Wilde, wirklich echte Wilde!« schrie Hella gegen den Wind an.

»Quatsch«, schrie Arno zurück. Arno von der Drittwelt-Initiative, trug eine peruanische Zipfelmütze aus Alpakawolle und einen Poncho mit mexikanischen Motiven, dazu, trotz des stürmischen Herbstwetters, Sandalen, aus alten Autoreifen in Kolumbien gefertigte Sandalen. »Echte, wirklich echte Wilde, die gibt's höchstens noch am Amazonas!«

»So mein ich das doch nicht!«, schrie Hella gegen den Wind. »Ich meine, die scheißen auf unsere Scheiß-Kultur! Die fischen im Rhein! Jagen auf dem Friedhof Kaninchen! Die scheißen auf den Konsumterror!«

Das war das Stich- und Zauberwort, mit dem Hella Arno hatte locken können, sich mit seiner Drittwelt-Initiative an ihrer »Rettet-die-Shoshonen«-Aktion zu beteiligen. Und als Hella sah, daß das Zauberwort auch dieses Mal seine Wirkung nicht verfehlte, bemerkte, wie Arnos ohnehin nervöse Augenlider erregt auf und zu klappten, wußte sie, er würde bei der Stange bleiben und sie ließ sich zurückfallen. Dabei wurde sie von einer Rotte wilder SSK-Gestalten auf abenteuerlichen Eigenbau-Radkonstruktionen passiert, einem Vorauszug von Hellas Hilfstruppe. Die hatte sie nicht lange zu überzeugen brauchen. Sie trugen bereits Stirnbänder über den verfilzten Haaren, in denen Gänsefedern steckten. Auch Rudi ließ Hella passieren, Rudi, den Kulturreferenten der Grünen. Rudi war ein verfetteter Zyniker, von nichts und niemandem mehr zu überzeugen, geschweige zu begeistern. Er kannte alles schon und wußte von allem immer, wie es ausgehen würde: beschisssen, in die apokalyptische Sinnleere mündend. Hella hatte gar nicht erst versucht, Rudi für die »Rettet-die-Shoshonen«-Aktion zu missionieren. Er hatte sich aber trotzdem, nachdem Hella die Megahalle und den drohenden Untergang der Ersten Shoshonen Kölns in der Fraktion auf die Tagesordnung gebracht hatte, dem Expeditionskorps angeschlossen. Aus welchen Gründen auch immer. Vielleicht, weil er darüber in der Stadtrevue für ein Zeilenhonorar von fünfzehn Pfennigen einen Artikel schreiben konnte. Rudi war immer klamm. Vielleicht aber auch, um nichts zu verpassen, um dabeizusein, wenn aus Hellas Aktion etwas werden sollte, wenn die »Aktuelle Stunde« darüber berichten, Aufnahmen von Hella – und dann vielleicht auch von ihm – machen würde.

Neben Gerda und Margit, Gerda und Margit von der Historikerinnen-Gruppe des Kölner Frauen-Geschichtsvereins, gleichzeitig beide Mitglieder des »Geschlagene-Frauen-e.V.«, trat Hella noch einmal, kurz vorm Zenit der Deutzer Brücke, in die Pedale, trampelte ein Stück weit neben ihnen her. Gerda und Margit hatte sie mit dem Argument in ihre Front einzureihen gewußt, daß die Shoshonen einen alten Irokesen-Brauch in ihr Stammesleben integriert hatten: den Weiberrat. Bei den Irokesen hatte, so wußte Hella, zwar der Häuptling das Sagen. Aber keiner seiner Befehle wurde ausgeführt, kein Schritt unternommen, ohne daß vorher der Weiberrat der Irokesinnen befragt worden wäre. Kam der Weiberrat zu einer anderen Auffassung als der Häuptling, mußte der sich der Meinung des Weiberrates beugen. Und! – Hella hatte dabei beide Zeigefinger in die Höhe gereckt: falls der Weiberrat zu der Überzeugung gelangte, daß der Häuptling echt Scheiße baue, völlig falsche Entscheidungen treffe, – in dem Fall hatte der Weiberrat die Macht, dem Häuptling seine Waffen vor die Füße zu werfen, ihn seines Postens zu entheben, sogar, ihn aus dem Clan zu verbannen. »Super!« hatten Gerda und Margit gestaunt.

»Das wird 'ne Klasse-Aktion!«, munterte Hella Gerda und Margit auf. Gerda, ganz verfroren, versuchte sich auf ihrem Hollandrad ganz klein gegen den Wind zu machen. Gerda nickte nur, machte sich noch kleiner, sie litt unter Durchblutungsstörungen, fror bereits bei weniger tiefen Temperaturen als der, mit der jetzt der herbstliche Ostwind sie konfrontierte. Margit litt auch an Durchblutungsstörungen, trotz drei Litern Früchtetee täglich und permanenter Aroma- und neuerdings auch Edelstein-Therapie, lächelte aber zurück. Hella fuhr dicht neben sie, versuchte, ihr auf die Schulter zu klopfen. Als sie merkte, daß sie dabei das Gleichgewicht zu verlieren drohte, ließ sie es. Die »Geschlagenen Frauen« und der Frauen-Geschichtsverein konnten bestimmt dreißig, vierzig Frauen mobilisieren. Eine nicht zu verachtende Hilfstruppe für Hellas Unternehmen.

»Das wird der ganzen Bewegung Mut machen! Der Weiberrat!« schrie Hella, die Gerda und Margit wohlweislich verschwiegen hatte, daß Hiawatha, der Sachem, mit sämtlichen Weibern des Weiberrates vögelte, daß er überhaupt nur solche Weiber im Weiberrat zuließ, mit denen er vögelte. Dann ließ sich Hella noch weiter zurückfallen. Joachim Nettekoven, ihr Informant, Joachim von der SPD, Ortsverein Sülz, strampelte an ihr vorbei, erreichte vor ihr den höchsten Punkt der Brücke. Doch an Herunterrollenlassen war heute nicht zu denken. Der Ostwind stemmte sich gegen sie, sie mußten weiter strampeln. Joachim, Joachim von der SPD, kochte sein eigenes Süppchen. War letztes Jahr aus der Ratsfraktion abgewählt worden, versuchte jetzt mit aller Macht, wieder reinzukommen, die Linken – Joachim von der SPD war ein Linker – für sich zu mobilisieren. Vielleicht hatte er Chancen, jetzt, wo Henseleit demnächst Fraktionsvorsitzender werden würde und die Unterstützung der Linken brauchte. Hella konnte es recht sein. Ein paar Genossen bei so einer Aktion konnten nur gut für die PR sein.

Eine Staffel mit schwarzen Wollmützen vermummter Autonomer auf geklauten Mountain-Bikes überholte Hella. Risikofaktor. Aber unvermeidlich. Die hängen sich überall ran, wo sie die Möglichkeit zur Randale wittern. Und politisch, echt politisch, kann man mit denen nicht diskutieren. Sie mußte sie im Auge behalten.

Dann war Hella auf gleicher Höhe mit Dirk, Dirk von Robin Wood. Dirk war ganz in ein olivfarbenes Gummicape gehüllt, darunter trug er kniehohe olivfarbene Gummistiefel, auf dem Kopf einen olivfarbenen Südwester. Dirk war der wichtigste Mann im Konvoi. Mit Dirk und Robin Wood würde sie eine breite, weit über Köln hinausgehende Öffentlichkeit herstellen können. Eine mächtige, vielleicht sogar nationale Öffentlichkeit. Vielleicht sogar würde sie es mit Robin Wood erstmalig zu einem Tagesschau-Beitrag oder zu einem Spiegel-Artikel bringen. Doch Dirk war heikel.

»Du wirst Augen machen!«, schrie Hella. »Das ist 'n echtes Biotop, wo die Shoshonen leben. Irre!«
»Wir müssen erst 'ne ph-Wert-Analyse machen«, schrie Dirk zurück.
»Pe Ha...?«
»War doch früher 'ne Schrebergartenkolonie, oder?«
»Ja.«
»Was meinste, wieviel Kunstdünger so Schrebergärtner auf ihren Boden kippen!«
»Ja?«
»Und Herbizide. Und Pestizide. Massenhaft!«
Hella radelte eine Weile schweigend neben Dirk her. Echt heikel, dieser Dirk. Und total unpolitisch!
Die Fahrradstaffel der Shoshonen-Retter holperte über die eiserne Drehbrücke der Deutzer Werft, verursachte dabei ein dutzendfaches, hohles, bedrohliches Geklapper, – tom, tom, tom, tom, tom, tom, ein fast militärisch anmutendes Geräusch, und das ließ Hellas Herz schneller schlagen, erinnerte es sie doch an das gewaltige, aus Abertausenden von Kehlen dröhnende »Ho! Ho!« vergangener, kriegerischer Tage. Dieser Hauch einer heroischen Reminiszenz allein schon gab Hella wieder Mut.
»Und dann ist das 'ne echt wertvolle Subkultur!« schrie sie wieder zu Dirk hinüber. »Die trinken noch nicht mal Alkohol!«
Dirk sah zu ihr herüber, interessiert. Dieses Detail hatte Hella sich aufgespart. Wußte sie doch, daß Dirk, Dirk von Robin Wood, Alkohol verabscheute, dafür aber mit allen möglichen Arten von Dope, allem, was auf »natürliche« Weise eine Dröhnung versprach, experimentierte. Hella näherte sich Dirk.
»Sie bauen Stechäpfel an«, sagte sie jetzt, gerade so laut, daß Dirk es noch hören konnte, schrie nicht mehr.
»Stechäpfel?«
»Wie die Indianer. Sind ja Indianer. Für mich sind es Indianer.«
»Und weiter?« Jetzt kam Dirk Hella ein wenig näher. Fast berührten sich die Vorderräder ihrer Fahrräder.
»Sie verarbeiten aber nur die Wurzeln...«
»Die Wurzeln. Ach!?«
Hella schwieg ein paar Augenblicke lang. Jetzt berührte der Vorderreifen von Robin Wood-Dirk tatsächlich den von Hellas Rad. Er starrte sie gespannt an.

»Gibt 'ne unheimliche Dröhnung, was sie daraus machen. Echt unheimlich«, sagte Hella. Dirks, Robin Wood-Dirks Mund stand offen.

Der Shoshonen-Retter-Konvoi näherte sich dem Totempfahl, der den Weg ins Reich Hiawathas und der Seinen wies. Mit ein paar kräftigen Pedaltritten setzte sich Hella an die Spitze der Formation, kurz vorm Totempfahl hielt sie an, stieg ab und gab den anderen mit einem vor die Lippen gelegten Zeigefinger zu verstehen, das gleiche zu tun und sich von nun an still zu verhalten. Auf der Lichtung saß der ganzen Stamm im Halbkreis vor dem Langhaus. Alle in winterlicher Elchlederkleidung. In der Mitte Hiawatha, rechts und links von ihm jeweils sechs Frauen, der Weiberrat. An den Außenflügeln des Halbkreises vier, fünf Männer, alle jünger und unscheinbarer als der Sachem, ein paar ältere Frauen und ein paar halbwüchsige Kinder. Die kleinen Kinder spielten zwischen dem Langhaus und den Wigwams mit den Hunden. Erwartungsvoll blickte der Stamm der verwegenen Schar seiner Retter entgegen.

16.

»Ihren Personalausweis bitte!«
Der Wachmann hatte sich mit einer schnellen Drehung aus seinem Glaskasten herausbewegt, stellte sich ihm jetzt in den Weg, so, als drohe Gefahr von ihm. Ein zweiter Wachmann blieb in der mit Telefonen und Gegensprechanlagen ausgestatteten Kabine, sah ihn an, beobachtete ihn. In dem Augenblick klackte auch noch die Glastür hinter ihm ins Schloß. Er fühlte sich gefangen in der engen Schleuse. Jetzt schon hatte er das Gefühl, sich wehren zu müssen. Er ließ die Hände in den Taschen seines Kamelhaarmantels, unterdrückte den Griff zur Brieftasche, der ihm devot erschienen wäre, spielte seine überlegene Körpergröße gegenüber dem Uniformierten aus.

»Ossendorf«, sagte er.

Im Gesicht des Wachtmanns regte sich nichts. Wenn er ihn jetzt erkannte, so ließ er es sich nicht anmerken. Er streckte bloß fordernd seine Rechte gegen ihn aus. Jetzt erst recht mußte er Souveränität beweisen. Wenn so ein Halbgehang in seiner schlechtsitzenden, billigen Uniform einen Ossendorf nicht erkennt. Liest der Arsch denn keine Zeitung? Noch nicht mal den Sportteil? Er behielt die Hände in den Taschen.

»Ossendorf«, wiederholte er, als habe er sich beim ersten Mal nicht deutlich genug ausgedrückt. »Ich bin mit Hauptkommissar Reiß verabredet.«

»Ich brauche trotzdem Ihren Personalausweis.«

Ossendorf sah, wie der Mann in der Kabine an einem Drehscheiben-Telefon eine Nummer wählte.

»Ich habe keinen Ausweis dabei«, log Ossendorf.

»Ein Herr Ossendorf für Sie«, hörte er den Mann in der Kabine in den Telefonhörer sagen.

»Haben Sie denn wenigstens eine Vorladung?« fragte der Uniformierte vor ihm.

Ossendorf rieb in der Manteltasche zwischen Daumen und Zeigefinger das Kuvert, in dem die Vorladung steckte.

»Nein.«

Der andere verriet nun doch einen Anflug von Unsicherheit, blickte zu dem in der Kabine, der gerade den Hörer zurück auf die Gabel gelegt hatte und jetzt kurz das Kinn in die Richtung der Eingangshalle des Präsidiums reckte.

Ohne abzuwarten, ging Ossendorf auf den Wachmann zu, zwang ihn damit zur Ausweichbewegung. Hätte ihm gerade noch gefehlt, wenn zwei solche Arschgesichter es geschafft hätten, ihn zu ducken. Kannten ihn mit Sicherheit. Mußten ihn kennen. Wollten's nur nicht zeigen. Nach jedem Spiel brachten alle Kölner Zeitungen sein Foto. Ganz abgesehen von den Talk-Shows. Hatten wahrscheinlich eine sadistische Freude daran, einen Prominenten zu deckeln. Wieder einmal 'ne Probe aufs Exempel dafür, daß das ganze demokratische Getue und Gerede von Gleichbehandlung auf nichts anderem als auf Neid basiert. Ossendorf ging auf die Aufzüge zu.

»Zwölfter Stock. Zimmer Zwölf bis Vierzehn«, rief ihm der Uniformierte hinterher.

»Danke«, sagte Ossendorf, ohne sich umzudrehen, zog statt dessen das blaue Kuvert der Vorladung aus der Tasche und winkte damit über die Schulter zurück.

Vor den Aufzugschächten warteten bereits zwei Männer, Zivilisten. Trugen Jeans und Pullover. Freizeitkleidung, dazu noch billiger Plunder, die Pullover, dachte Ossendorf mit Geringschätzung. Kein Mensch in seiner Firma hätte es gewagt, ihm in Freizeitkleidung unter die Augen zu treten. Daß er es jetzt mit solchen Heinis zu tun haben mußte! Kann ja noch heiter werden. Der Aufzug kam, scheppernd öffnete sich die Tür. Ossendorf ließ den beiden anderen den Vortritt. Der eine, ein pickliger Bleicher, blätterte während der Fahrt in einer dünnen Akte, der andere sah vor sich zu Boden, so, als brüte er über etwas. Stumpfsinn! diagnostizierte Ossendorf. Der Picklige stieg im dritten, der Brüter im fünften Stock aus. Ossendorf blieb bis zum zwölften Stock allein im Aufzug. Jetzt, wo er hier im Präsidium war, kamen ihm doch Bedenken. Müller-Seidl III, sein Anwalt für Strafrechtssachen, hatte ihm dringend geraten, nicht allein zu dieser Vernehmung zu gehen. *Audacter calumniare, semper aliquid haeret!* Verleumde nur frech! Etwas bleibt immer hängen! Bei einem so hochkarätigen Zeugen wie ihm würde auf jeden Fall etwas zur Presse durchsickern und er solle sich um Gottes Willen nicht den Luxus leisten, nicht von Anfang an gegenzusteuern. Ossendorf hatte die Warnung in den Wind geschlagen. Ganz abgesehen davon, daß ihm die ewigen lateinischen Sprüche, allein schon die Gegenwart von Müller-Seidl III, der mit seinem ungepflegten Rauschebart aussah wie ein Penner, furchtbar auf die Nerven gegangen wäre. Daß er Reiß, den Beamten, der die Vorladung unterschrieben hatte, kannte, und daß er zuerst einmal abchecken wollte, inwieweit und ob überhaupt der ihn aus der Angelegenheit rauszuhalten bereit sein würde – was in Gegenwart eines Anwalts kaum möglich sein dürfte –, hatte er Müller-Seidl III nicht gesagt.

Die dürftige Kahlheit des Flurs im 1. Kommissariat ließ in ihm eine Spur von Bedauern mit den armseligen Kreaturen, die hier arbeiten mußten, aufkommen. Ein paar klapprige Stühle an den Wänden, darüber Fahndungsplakate, ansonsten nichts, noch nicht einmal die üblichen Töpfe mit Zimmerlinden oder Gummibäumen. Das Fenster an der Kopfwand des Flurs ungeputzt. Wie kann man hier bloß arbeiten? Effizient arbeiten? Wo doch mittlerweile jeder Wald- und Wiesenpsychologe weiß, daß effiziente Büroarbeit ganz wesentlich von der Atmosphäre des Arbeitsplatzes bestimmt wird.

Effizienz war eine Lieblingsvokabel Ossendorfs. Er hatte keine allzuhohe Meinung von der Effizienz der Polizei. Seit vier Jahren wurde gegen ihn und die OHAK wegen dieses Erwerbermodells ermittelt. Mit dem einzigen Ergebnis, daß man ihm zweimal die Büros, einmal sogar sein Haus auf den Kopf gestellt, lastwagenweise Aktenmaterial beschlagnahmt hatte. Nichts war dabei herausgekommen. Nichts! Sie hatten nichts gefunden. Konnten nichts finden. Schließlich war er auf die Durchsuchungen dank eines Tips vorbereitet gewesen. Auch das wäre nicht möglich gewesen, bei einem effizienten Apparat.

Die meisten Türen auf dem Flur des Kommissariats standen auf. Aus den Büros drang stotterndes, dilettantisches Schreibmaschinengeklapper. Beamte hockten bucklig an ihren Schreibtischen. Die Tür zu Reiß' Büro war geschlossen. Ossendorf klopfte und trat gleichzeitig ein.

»Volkmar!«

Reiß schob seinen Schreibtischstuhl beim Aufstehen nach hinten, kam ihm mit ausgestreckter Hand entgegen. Sein Grinsen spiegelte mehr Verlegenheit als freudiges Wiedererkennen, war aber immerhin nicht unfreundlich. Wieso auch?

»Tut mir leid. Ich meine: unter den Umständen...« Reiß ließ den Satz unbeendet, machte eine hilflose Geste, wie, als wolle er sich entschuldigen. Keine schlechte Ausgangsposition. Ossendorf schloß die Tür hinter sich, drückte Reiß' Hand, dabei eine Position einnehmend, die seine überlegene Körpergröße betonte.

»Mußtest du mir denn 'ne Vorladung schicken? 'n Anruf hätte es auch getan!«

Das schien den anderen vollends in Verlegenheit zu bringen.

»Weißt du«, murmelte Reiß, während er umständlich einen zweiten Stuhl neben seinen Schreibtisch zog, »ich bin hier nur 'ne kleine Nummer. Muß mich an die Vorschriften halten. Wenn ich 'n Fehler mache, drehen die mir 'nen Strick draus. Wenn die Vorladung nicht zum Protokoll der Vernehmung geheftet ist, gibt's einen Anschiß vom Staatsanwalt und so weiter.« Er schob den Stuhl einladend ein Stück auf Ossendorf zu. »Bürokratie!« Er lächelte schief und unsicher.

Armer Trottel, dachte Ossendorf. Von der Sorglosigkeit, dem unbekümmerten Charme des Jungen aus einem Elternhaus, das ihm damals als wohlhabend erschienen war, den er in Obersekunda und Unterprima noch bewundert hatte – eben wegen des Elternhauses –, bis er sich dann selbst dazu entschloß, dazu zu gehören, zu den Wohlhabenden, den Reichen – von dieser Ausstrahlung, die von Reiß für ihn einmal für kurze Zeit ausging, war nichts übriggeblieben. Ein Looser. Tränensäcke, eingekerbt zwischen tiefen Falten in dem früher markanten, jetzt leicht schwammigen Gesicht. Die Figur ging auch leicht in die Breite. Dazu dieses ungebügelte rot-karierte Flanell-Hemd! Ossendorf setzte sich auf den Stuhl. Reiß blieb vor ihm stehen.

»Willst du nicht den Mantel...?«

»Um Gottes Willen! Wie lang soll das denn hier dauern?« Ossendorf sagte das im Scherz-Ton, aber doch auch so, daß es als Aufforderung an den anderen, schnell zur Sache zu kommen, verstanden werden konnte.

»Nein, nein, keine Bange«, sagte Reiß beinahe dienstfertig, tastete mit den Händen rückwärts nach seinem Schreibtischstuhl und setzte sich. Sie sahen sich ein paar Augenblicke schweigend an. Reiß grinste immer noch unsicher. Ossendorf entschloß sich, nicht zu dick aufzutragen, den Bescheidenen zu spielen. Vielleicht ein kleiner Schuß Jovialität, mehr nicht. Alles andere könnte so einem wie dem vielleicht in den falschen Hals geraten. Der war vom Leben gebeutelt. Könnte es ihm übel nehmen, daß er, Ossendorf, es geschafft hatte, müßte sich klar machen, was für eine Null, welch ein Versager er selbst ist. So was geht dann leicht nach hinten los. Neid, Gehässigkeit.

»Verdammt lange her!«, sagte Reiß in einem bemühten Plauderton.

»Tja, wirklich! Haben uns ein bißchen aus den Augen verloren. Eigentlich schade!«

Vielleicht war ihm das etwas zu unverbindlich herausgekommen. Vielleicht wollte Reiß wirklich die Atmosphäre auflockern, wirklich von früher reden. Meine Güte! Dann tust du ihm eben den Gefallen.

»Fünfzehn Jahre? Zwanzig Jahre?« Reiß schüttelte ungläubig den Kopf.

»Du lieber Gott! So lange?«

»Ich versuch mich schon den ganzen Tag daran zu erinnern, wann wir uns das letzte Mal gesehen haben.« Ein feines, versonnenes Lächeln verdrängte jetzt das schräge Grinsen in Reiß' Gesicht. Der meint's tatsächlich ernst.

»Klassentreffen?« versuchte es Ossendorf, ein wenig zögernd, so, als ob das ihn wirklich interessierte. »Nee, – oder? Die sind doch ziemlich bald versickert. Jedenfalls hab ich seit Ewigkeiten nichts mehr von der Klitsche gehört.«

»Nein, nein. Nicht bei 'nem Klassentreffen«, sagte Reiß. »Bin auch nie zu einem hingegangen.« Er war jetzt ziemlich ernst geworden, schien angestrengt zu überlegen.

»Ja, dann ...«, sagte Ossendorf. Er hatte keine Lust mehr, am Rande dieses drohenden »Weißt-du-noch?« zu lavieren. Wollte die Sache hier hinter sich bringen. Blickte auf Reiß' Schreibtisch: sauber übereinander geschichtete Aktendeckel, ein zugeklappter Notizblock, Spuren kärglicher Verwaltungsarbeit.

»Lauras Beerdigung!«, sagte Reiß plötzlich.

Ach du Scheiße! Daran hatte er überhaupt nicht mehr gedacht. Wie auch? Die Geschichte war fast zwanzig Jahre, Lauras Tod mindestens fünfzehn oder sechzehn Jahre her. Aber er hätte daran denken müssen! Vielleicht trauerte der Trottel Laura die ganzen Jahre hinterher, hatte sich womöglich fünfzehn, sechzehn Jahre lang in einen aberwitzigen Zorn deswegen hineingegraben, und den ließ er jetzt ab?

»Ja wirklich? Bist du sicher?« Er versuchte so harmlos wie möglich dabei zu klingen, sah aber gleich an Reiß' nach wie vor wehmütiger Miene, daß sein Schrecken unbegründet gewesen war.

»Na ja.« Reiß ließ kraftlos, das Thema abschließend, beide Hände auf seine Oberschenkel fallen. »Das ist wirklich sehr lange her.«

»Tja.«

Es entstand eine Pause, die Ossendorf keinesfalls als erster beenden wollte. Befürchtete, der andere könnte durch irgendeine weitere, nicht zu der Sache, wegen der er hier war, gehörenden Bemerkung von ihm zu weiteren Reminiszenzen animiert werden. Aber auch die Befürchtung erwies sich als unbegründet. Reiß drehte sich mit seinem Stuhl dem Schreibtisch zu, lüpfte den zuoberst liegenden Aktendeckel, nahm dann die Akte in die Hand, drehte sich damit wieder Ossendorf zu.

»Die Sache hier ...«

»Vielleicht vornweg folgendes ...«, unterbrach ihn Ossendorf. Sachlich. Bestimmt. So, als ginge es um ein Geschäft, bei dem er die Bedingungen diktierte. Er wählte ganz bewußt diesen Ton. Gar nicht erst Unsicherheit aufkommen lassen! Solche labilen Typen erwarten, daß man ihnen zeigt, wo's langgeht.

»Ja?« Reiß lächelte ihn freundlich, fast zuvorkommend an.

»Wenn irgend möglich«, sagte Ossendorf. »Wenn-irgend-möglich.« Er benutzte solche skandierten, einbläuenden Wiederholungen gerne, wenn er mit seinen Angestellten sprach. »Laß die Presse da raus! Natürlich hab ich mit der Sache da absolut nichts zu tun. Aber das ist denen ja völlig egal. Die suchen ihre Skandalgeschichten. Und daraus, da kannst du Gift drauf nehmen, daraus werden sie eine drehen, wenn ihr irgendwas durchsickern laßt.«

»Um Gottes Willen!« Reiß schien entsetzt. »Nein, nein. Wir geben da überhaupt keine Informationen raus! Zumindest ich nicht. Ich bin da überhaupt nicht befugt. Wenn, dann macht das der Leiter der Kommission oder der Staatsanwalt. Aber dazu sehe ich überhaupt noch keinen Anlaß. Da ist ja überhaupt noch nichts spruchreif.«

»Du verstehst, was ich meine?«

»Ja, sicher«, sagte Reiß.

Er erschien Ossendorf nun beinahe verängstigt, was er auf seinen eindringlichen, fast drohenden Ton zurückführte. Trotzdem setzte er nach, jetzt, wo er schon einmal das Heft in der Hand hatte.

»Du weißt doch, wie das ist: sie benutzen so was, um alte Geschichten noch mal aufzukochen. Geschichten, an denen überhaupt nichts dran ist. Überhaupt nichts! Hauptsache, irgendwas bleibt hängen. Wenn sie einen mal aufs Korn genommen haben, dann beißen sie nach.«

In Reiß' Miene zeichnete sich Mitgefühl ab.

»Alles nur Neid«, erklärte Ossendorf. »Sie haben gesehen, wie ich den KEC aus dem Dreck gefahren hab und sie können sich nicht erklären, wie ich das gemacht habe. Denken, wenn der Ossendorf das macht, dann laufen da krumme Dinger. Alles Quatsch, natürlich. Ist das alte Problem, daß Journalisten keine Ahnung von wirtschaftlichen Dingen haben. Keine Ahnung!«

Reiß nickte.

»Also«, sagte Ossendorf mit einem Nicken zu der Akte in Reiß' Hand hinüber.

Reiß reagierte nicht sofort auf die Aufforderung. Sah ein, zwei Augenblicke nachdenklich vor sich hin, als müsse er das von Ossendorf Gesagte noch begreifen. Dann erst konzentrierte er sich auf den Aktendeckel. Der spurt, dachte Ossendorf.

»Ist nicht viel«, begann Reiß in einem fast beschwichtigenden Ton, so, als wäre es ihm peinlich, ihn mit dieser Angelegenheit belästigen zu müssen. »Eigentlich nur zwei Dinge.« Er tippte mit dem Zeigefinger auf die Akte. »Einmal müssen wir wissen, in welchem Verhältnis du zu der Toten gestanden hast. Zum anderen, wo du in der Nacht vom letzten Sonntag auf Montag, eher Montag morgen, zwischen halb zwei und drei warst.«

»Kann ich klar beantworten«, sagte Ossendorf. »Klare Antwort auf beide Fragen.«

»Sekunde!« Reiß unterbrach ihn, lächelte. Wieder dieses schiefe Lächeln, als bereite ihm die ganze Situation physisches Unbehagen. Er griff zum Telefon, nahm den Hörer ab, hielt ihn in der Hand. »Ich sag eben Bescheid, daß einer von beiden rüberkommt, um mitzuschreiben.«

»Muß das denn sein?« Ossendorf gab sich keinerlei Mühe, seinen Unwillen zu verbergen.

»Es ist eine Formsache«, sagte Reiß. »Bloß eine Formsache.«

17.

Ebinghaus, Poensgen und Robakowski hockten oder krochen über den Boden in Ebinghaus' Büro, als Reiß zur Tür hereinkam. Sie sortierten ihre Akten, Verhörprotokolle, reichten die Originale Poensgen, der sie in chronologischer Reihenfolge in seine Hauptakte einheftete.

»Tschuldigung«, sagte Reiß. »Hatte bis vor 'ner halben Stunde Ossendorf im Büro. Danach Telefonate deswegen.« Er winkte mit dem Protokoll des Ossendorf-Verhörs.

»Wir sind gleich so weit«, sagte Ebinghaus.

Reiß setzte sich in Ebinghaus' Schreibtischsessel und beobachtete die anderen. Jetzt, als er die drei Männer ernsthaft, gewissenhaft in ihre Arbeit vertieft sah, schweigsam dabei, nur Poensgen las ab und zu laut ein Datum, eine Uhrzeit, den Namen eines Verhörten vor, um sicher zu gehen, daß alles in der Reihenfolge war, jetzt beschlich Reiß zum ersten Mal eine leichte Beklemmung. Nein. Kein schlechtes Gewissen. Das fehlte noch! Aber da verbringen drei Polizisten mit aller Sorgfalt, aller Sturheit, Pedanterie, mit tödlichem Ernst und unter Aufbringung aller Intelligenz und Konzentration, zu der sie fähig sind, Stunden, Tage damit, dein Spiel zu spielen. Verarscht. Von vorn bis hinten verarscht. Ein Anflug von Mitleid überkam ihn, das Gefühl wehmütiger Kameraderie, wie Soldaten es empfinden mögen, wenn sie mit ansehen müssen, wie einer der ihren angeschissen, geschleift, gedemütigt wird, eine Suppe auslöffeln muß, die nicht er alleine, sondern die sie alle eingebrockt hatten. Das nur, weil du damals zu feige warst, ein Schwächling, Jammerlappen, zu feige, es ihm damals schon zu geben... Reiß brachte den Ton, den diese Saite des Selbstmitleids in ihm gerade zum Klingen bringen wollte, dem er schon viel zu lange bisher zugehört, dem er sich viel zu bereitwillig hingegeben hatte, abrupt zum Schweigen. Sechseinhalb Tage! Morgen früh sieben! Alles andere zählt nicht. Und als Poensgen auf allen Vieren durch den Raum kroch wie ein kleines Kind, um die letzten verstreuten Blätter einzusammeln, grinste er. Und legte in dieses Grinsen genau die Portion kameradschaftlichen Mitgefühls, die nichts anderes als ein Gegengrinsen zu provozieren imstande ist. Poensgen grinste zurück.

»Schöne Scheiße.«

»Also!« Ebinghaus stand neben seinem Stuhl. Reiß erhob sich, setzte sich, das Verhörprotokoll auf die Knie legend, in einen der kleinen wackligen, mit braunem Cord bezogenen Sessel, die Ebinghaus in sein Büro gestellt hatte, als er in den Kader der Kommissionsleiter berufen worden war und des öfteren Mordkommissionssitzungen bei ihm stattfanden. Die anderen setzten sich auch, ihre Akten ebenfalls auf die Knie legend. Ebinghaus blätterte in seinen Papieren.

»Tatzeit ist einigermaßen klar. Besser: Todeszeitpunkt. Nach allem, was wir bis jetzt wissen«, – Ebinghaus sah kurz zu Reiß hinüber, er sprach zu ihm, setzte ihn in Kenntnis über das, was sie bisher besprochen hatten – »nach allem, was wir bis jetzt wissen, ist nämlich 'n Unfall ohne Fremdverursachung überhaupt noch nicht auszuschließen ... «

»Den Punkt, daß sie für'n Sturz 'n Meter zu weit vom Treppenabsatz entfernt lag, sollten wir dabei aber nicht aus dem Auge verlieren«, sagte Robakowski.

»Das ist aber bisher der einzige Anhaltspunkt für Fremdverschulden«, sagte Poensgen.

Sie hatten sich also verfahren. Ihr Karren steckte im Schlamm. Reiß beschloß, sich so lange wie möglich aus der Diskussion herauszuhalten.

»Also. Noch mal von vorne.« Ebinghaus versuchte, die Fäden wieder in die Hand zu bekommen. »Todeszeitpunkt zwei Uhr Montag morgen. Plusminus.«

Poensgen schlug den Bericht des Gerichtsmediziners auf und nickte.

»Zeugen zu dem Zeitpunkt: Fehlanzeige«, sagte Ebinghaus, sah dabei Robakowski an.

Robakowski fuhr mit dem Zeigefinger eine Namensliste entlang, während er sprach. »Der letzte, der gegangen ist, ist der Oberkellner, Kretschmar. Um halb zwei. Davor sind die beiden anderen Kellner gegangen, kurz nach eins. Die letzten Gäste sind um halb eins raus, das Küchenpersonal schon um zwölf. Also war der letzte Kretschmar. Sagt, es sei üblich gewesen, daß die Lebien länger bleibt. Abrechnungen macht, Kasse und so weiter ... «

»Kasse. Gut«, sagte Poensgen. »Aber was hat die noch im Keller gewollt?«

»Hab ich den Kretschmar auch gefragt«, sagte Robakowski. »Das einzige, was er sich vorstellen kann, ist, daß sie wertvolle Weine, die aus irgendeinem Grund nicht angebrochen wurden, zurück in den Keller bringen wollte. Von wegen der Temperaturen, Licht und so weiter.«

»Dann hätte sie die ja dabeihaben müssen«, sagte Poensgen. Alle sahen Reiß an. Der schüttelte den Kopf. »Nichts.«

Kurzes Schweigen.

»Was ist mit der Finderin?« fragte Ebinghaus.

»Hab ich heute morgen vernommen«, sagte Poensgen. »Du meinst, die hätte die Flaschen mitgehen lassen können?« Poensgen

schüttelte energisch den Kopf. »Kann ich mir absolut nicht vorstellen. Und außerdem: wenn die Lebien mit den Flaschen in den Keller gegangen wäre, hätte sie die ja dabei gehabt, klar. Und die wären mit ihr die Treppe runter. Und kaputt.«
Wieder Schweigen.
»Vielleicht wollte sie in den Keller, um Bestände zu prüfen, 'ne Bestelliste machen, Flaschen zählen ...« sagte Robakowski.
Ebinghaus zog laut die Luft durch die Nase. Ratloses Schweigen.
»Und noch ein Punkt«, sagte Reiß endlich. »Was wollte sie im Keller, wenn sie die Kellerschlüssel nicht dabeihatte? Überhaupt keine Schlüssel dabei hatte?«
Die anderen sahen ihn an, überlegten.
»Und wenn ihr jemand die Schlüssel weggenommen hat, nachdem sie da unten lag, gefallen, gestürzt – oder runtergestoßen worden war?« sagte Robakowski.
Reiß blickte zu ihm herüber. Eine durchaus logische Frage.
»Wer denn?« fragte Poensgen. »Und wieso?« Poensgen sah dabei nicht ihn, sondern sah Ebinghaus an.
»Raub ist ausgeschlossen, oder, Robo?« sagte Ebinghaus.
»Der Oberkellner sagt, daß nichts fehlt oben im Restaurant, absolut nichts, kein Pfennig aus der Kasse, nichts.«
Sie haben sich verfahren. Tappen im Nebel. Das ist gut. Obwohl: ist eigentlich schon 'ne berechtigte Frage: was wollte sie eigentlich im Keller? – Das wird wohl eines der großen ungelösten Rätsel der Kriminalgeschichte bleiben. *Ich* jedenfalls werd *da* nicht dran rühren. Vielleicht kriegen's die Jungs ja raus. Was wieder nicht so gut wäre. Das würde sie von Ossendorf abbringen. Zwangsläufig.
»Da kommen wir also im Moment nicht weiter«, sagte Ebinghaus, nachdem sie eine Zeitlang geschwiegen, vor sich hin- oder sich gegenseitig angestarrt hatten. »Fangen wir mit den Bekannten der Lebien an.«
Und auch da kamen sie nicht weiter, drehten sich im Kreis. Ebinghaus hatte im Krankenhaus angerufen, wo Minkenbergs Vater inzwischen gestorben war. Hatte bestätigt bekommen, daß Minkenberg von Sonntag abend um acht bis zum nächsten Morgen um sieben an dessen Bett gesessen hatte. Man hätte im übrigen Minkenberg, nach allem, was der Oberkellner und das andere

Personal, was die übrigen Freunde und Freundinnen der Lebien ausgesagt hatten, auch schwerlich ein Motiv nachweisen können, die Lebien die Kellertreppe hinunterzustoßen. Sie hatten die distanzierte Beziehung zweier vielbeschäftigter Menschen geführt, nicht zusammen gelebt, waren einmal in der Woche, am freien Abend der Lebien, ausgegangen, ab und zu gemeinsam weggefahren, nach Kopenhagen, Paris, für ein paar Tage. Harmlos, unscheinbar, nichtssagend. So war's mit dem ganzen Bekannten- und dem spärlichen Freundeskreis der Lebien.

So war's auch mit ihrem Appartement, das sich Ebinghaus und Poensgen vorgenommen hatten und dabei nicht auf die Spur eines Hinweises gestoßen waren. Verwandte gab es nicht. Die Lebien kam aus Straßburg. Ebinghaus hatte ein Fax an die Kollegen da geschickt und sich sonst nicht weiter darum gekümmert. Blieb Ossendorf.

»Also, Kretschmar sagt...«, fing Robakowski an.

»Ist vielleicht besser«, unterbrach ihn Ebinghaus, »Günter erzählt zuerst mal was.«

Reiß reichte Ebinghaus einen Durchschlag des Verhörprotokolls, Poensgen das Original, den zweiten Durchschlag behielt er, sah aber nicht hinein, während er sprach.

»Zuerst mal zum Verhältnis zwischen Ossendorf und der Lebien.« Reiß machte eine Pause. Keine Kunstpause, nicht, um die anderen auf die Folter zu spannen, sondern um sich eine neutrale Formulierung zurechtzulegen, eine, in der man keinen Hinweis auf seine Quelle, Satorius, würde finden können. »Es wird ja drüber geredet. Robo hat mir erzählt, der Oberkellner würde das streuen: Kräche und so weiter. Jedenfalls leugnet Ossendorf das.«

»Daß er mit der was hatte, gehabt hat oder daß er mit der aktuell was hat?« sagte Ebinghaus.

»Beides«, sagte Reiß. »Weder noch.«

»Warum?« fragte Robakowski. »Das weiß doch jeder, daß er mit der gevögelt hat! Der Kretschmar, die anderen Kellner...«

»Hatte oder hat?« fragte Ebinghaus noch einmal.

»Hatte«, sagte Robakowski »Seit 'nem halben Jahr läuft da nichts mehr, sagt Kretschmar. Und seitdem war sie auch mit diesem Minkenberg zusammen.«

»Ich hab ihn ausdrücklich danach gefragt«, sagte Reiß. »Er sagte ausdrücklich ›nein‹. Kein Verhältnis.«

»Dabei haben die sich ganz schön gefetzt, hat Kretschmar mir erzählt«, sagte Robakowski.

»Hab ich ihn auch nach gefragt.« Reiß tippte mit dem Zeigefinger auf das Protokoll. »Ossendorf sagt, das wären rein geschäftliche Angelegenheiten gewesen, Sachen, die mit dem Restaurant zu tun gehabt hätten, dem Picciono. Speisekarte, Effizienz der Küche und so weiter.«

Ebinghaus schüttelte den Kopf.

»Versteh ich nicht.«

Auch die anderen schüttelten mit den Köpfen oder zogen skeptisch die Mundwinkel schief. Reiß ließ das ein paar Augenblicke lang wirken, bevor er fortfuhr.

»Dann hab ich ihn natürlich danach gefragt, wo er zum Tatzeitpunkt – Todeszeitpunkt – war. Im Novotel in Freiburg, sagt er. Das hab ich eben überprüft. Er hatte da für die Nacht von Sonntag auf Montag ein Zimmer bestellt. Stimmt. Aber er war nicht da. Die ganze Nacht nicht. Kam erst am Montag morgen, Montag mittag da an.«

Ebinghaus schob die Unterlippe vor.

»Ich hab dann eben noch beim KEC-Vorstand angerufen, einen Hasselmann drangekriegt. Weil Ossendorf mir gesagt hatte, er wäre Montag morgen im Novotel mit einem Spieler, tschechischer Eishockeyspieler, verabredet gewesen, den er für den KEC kaufen wollte. – Dieser Hasselmann hat mir gesagt, das stimmt. Er habe Montag morgen mit Ossendorf deswegen telefoniert. Und ihn über Autotelefon erreicht. Da war Ossendorf noch auf der Autobahn. Kurz vor Freiburg...«

Ebinghaus schob die Unterlippe noch ein Stück weiter vor, dann ließ er sie zurückgleiten, biß darauf herum, kam dann zu einem Entschluß.

»Also. Was hat der Erkennungsdienst gebracht?« Frage an Poensgen.

»Nichts«, sagte Poensgen. »Die haben diesen Kellervorraum untersucht, die Handläufe abgewedelt. Nichts. Irgendwie scheinen die fingerspuren-resistent zu sein. Blutproben auf dem Boden genommen. Nichts. Alles von der Lebien. Dann waren sie in der Gerichtsmedizin, haben die Klamotten von der Lebien abgeklebt. Sonst nichts.«

»Also«, Ebinghaus überlegte wieder.

»Also gut«, sagte er dann. »Dann sollen sie jetzt die Klamotten von diesem Ossendorf abkleben.«
Ebinghaus sah sich in der Runde um. Schulterzucken. Außer bei Reiß. Der reagierte überhaupt nicht.
»Ich ruf gleich den Richter an«, sagte Ebinghaus. »Robo fährt mit. Die anderen machen Feierabend.«
»Mit wohin?« fragte Robakowski.
»Zu Ossendorf.«

18.

Der Köbes ließ die Kette von dem an einer Schiene unter der Decke hängenden Elektromotor herunter, im gleichen Augenblick schob sich ein 50-Liter Faß aus der Aufzugluke nach oben. Der Köbes legte zwei am unteren Ende der Kette eingehängte Haken um das Faß, dann straffte sich die Kette, das Faß schwebte überm Aufzugschacht, der Köbes schob es zur Seite – an der Kette glitt darüber der Elektromotor mit, der Köbes schob noch ein Stück, bis das Faß über einem Holzbock schwebte.

Henseleit stand an der Theke des Sion und beobachtete diesen Vorgang aus den Augenwinkeln, mit halbem Interesse, registrierte ihn bloß. Sein Hauptaugenmerk galt der Tür zum Gastraum rechts neben ihm. Er hatte sich ihr nicht ganz zugewandt, stand halb mit dem Rücken dazu, damit es nicht so aussähe, als habe er hier auf Röckerath gewartet, um ihn abzupassen. Aber genau das hatte er vor. Er wußte, daß der Oberstadtdirektor die Angewohnheit hatte, nach Dienstschluß mit einem oder zweien seiner Abteilungsleiter in einer stillen Ecke bei Sion ein paar Kölsch zu trinken und dabei Vorgänge so zu besprechen, wie er sie in seinen Diensträumen im Rathaus nicht besprechen würde. Und genau das hatte auch Henseleit vor. Mit Röckerath die eine oder andere Sache so zu besprechen, wie er sie mit Röckerath im Rathaus nicht besprechen würde. »Gefecht ist Kampf, und in diesem ist die Vernichtung oder Überwindung des Gegners der Zweck«, hatte er heute morgen bei Clausewitz im Kapitel über »Das Gefecht« gelesen. Wobei Clausewitz einen Abschnitt später »Überwindung« noch einmal präziser definiert. Er versteht darunter dann doch nichts weiter als die Vernichtung, nichts als die Vernichtung des Gegners. Die Vernichtung der feindlichen Streitkräfte ist und bleibt der letzte, eigentliche, der Hauptzweck. Nicht nur des Gefechtes. Des Krieges überhaupt. Großartig. Mit dieser bahnbrechenden Idee beginnt die moderne Kriegführung. Aber hier war er wieder auf einen Punkt gestoßen, wo es mit der Übertragung der Clausewitzschen Theorie haperte. Was könnte in seinem, in Henseleits Krieg, zum Beispiel in bezug auf Schautzer, den Gegner, in bezug auf die feindliche Streitmacht, Schautzers Leute in der Fraktion zum Beispiel, was könnte hier, konkret, in seinem Krieg »Vernichtung« bedeuten?

Der Köbes hatte die Haken vom Faß gelöst. Es ruhte jetzt auf dem Holzbock. Der Köbes zog den Elektromotor an der Kette zurück in eine Ecke, ließ sie los und machte sich daran, einen Messinghahn ins Spundloch des Fasses zu schlagen.

Henseleit beobachtete den Mann, für einen Augenblick verlor er den Faden in seiner Clausewitz-Reflexion, mußte sich zur Konzentration zwingen. Klar, ein paar Abschnitte weiter sagt Clausewitz, auch das hatte er heute morgen noch gelesen, daß Überwindung respektive Vernichtung nicht bloß gleichzusetzen sei mit materiellem Verlust, sondern, im Gefecht, mit moralischem Verlust, mit der moralischen Schwächung der feindlichen Streitkräfte. Und die, eine moralische Schwächung, die hatte er zweifellos Schautzer und Schautzers Leuten zugefügt. Ganz ohne Zweifel... Henseleits Gedanken verloren erneut ihren Gegenstand, kehrten nicht gleich wieder zu Clausewitz zurück, verstrickten sich in den Anblick der primitiven Konstruktion zum Hochziehen und Umschwenken von Kölschfässern, der trotz des Elektromotors mittelalterlich, plump anmutenden Apparatur aus Galgen, Ketten, Schienen, Haken, schweiften von dort zur ungleich komplizierteren, hundertfach raffinierteren Konstruktion in seinem Hobbykeller. Der Perlonsack war fertig. Er hatte ihn noch nicht ausprobiert. Noch nicht...

»Machen Sie mir noch ein Kölsch!«, sagte Henseleit zum Köbes, obwohl er sein Glas noch halb voll hatte. Nur, um davon wegzukommen. Gedanken an seinen Hobbykeller, an seine Maschine, an die Perlon-, Plastik- und Gummihäute hatte er sich strengstens verboten. Tagsüber. Da sollte nichts als die strenge Logik seiner Kriegführung in seinem Kopf sein. Die Taktik. Denn – Henseleit hatte sich wieder im Griff, denn, und das ist eigentlich der hervorstechendste Gedanke zu Anfang des »Gefechts«-Kapitels, denn »die taktischen Erfolge sind von vorherrschender Wichtigkeit in der Kriegführung«.

»Ach, Herr Henseleit! Wußte gar nicht, daß Sie auch hier verkehren!«

Röckerath. Er hatte ihn nicht kommen gesehen. Die Tür zum Gastraum für ein paar Augenblicke nicht beobachtet. Röckerath blickte auf ihn herunter. So, wie er auf alle herunterblickt, damit sie nicht vergessen, daß der Rest der Welt mindestens einen Kopf unter ihm vegetiert, und daß es niemanden, niemanden gibt, der es zum Oberstadtdirektor gebracht hat, so wie er das geschafft hat. Über ihm gibt es allenfalls noch den Fraktionsvorsitzenden und ansonsten nur den blauen Himmel.

»Doch, doch«, sagte Henseleit. »Trinken Sie eins mit?«

Röckerath ließ sich herab. Allein das schon wertete Henseleit als einen taktischen Erfolg und bestellte für Röckerath ein Kölsch. Der weiß, was die Stunde geschlagen hat. Muß die Fühler ausstrecken. Und daß er, wenn's ihm nützt, wenn er muß, sein Fähnchen nach dem Wind hängen kann, das wissen wir ja. Und jetzt muß er.

»Ist ja einiges im Gange«, tastete sich Röckerath heran, immer noch mit erhabener Miene, aufrechter Körperhaltung.

»Ja?« machte Henseleit bloß, ließ ihn ein bißchen zappeln. Das sollte die Verhältnisse ein wenig zurechtrücken.

»Ja. Ich meine, ich muß mich jetzt doch wohl so langsam auf Ihr Renommier-Projekt einstellen...?«

Röckerath trank bei dieser Unverschämtheit sein Glas halbleer und sah dabei Henseleit in die Augen.

Henseleit schenkte ihm ein herziges, gemütliches Lächeln.

»Nein. Das müssen Sie nicht.«

Henseleit hatte den Ton absolut unerschütterlicher Geduld gewählt, so, wie man ihn bei Kindern in der Trotzphase anwendet.

»Wenn Sie das mit Ihrem Gewissen oder Ihrer politischen Vernunft – oder was Sie sonst an der Stelle haben, wo andere ein Gewissen oder eine politische Vernunft haben – wenn Sie das nicht mit sich vereinbaren können, dann *brauchen* wir das nicht zusammen zu machen.«

Röckerath lächelte, sah Henseleit in die Augen, dann auf sein Kölschglas, das er langsam wieder an seinen Mund hob. Wußte genau, womit Henseleit drohte. Daß er, Henseleit, wenn er den Fraktionsvorsitz hatte, und das stand als nächstes an, *daß* er ihn sich holte, daß er dann Röckerath abservieren konnte. Die Regierung einer Großstadt funktioniert nur, wenn Verwaltungs- und Ratsspitze sozusagen blind miteinander können. Henseleit und Röckerath. In dieser Reihenfolge. Henseleit und Röckerath. Wenn der Fraktionsvorsitzende mit dem Oberstadtdirektor nicht kann, wird der Oberstadtdirektor in Pension geschickt. Das kostet zwar. Aber immerhin geht es um das Funktionieren der Regierung einer Groß-, einer Millionenstadt, einer – und genau dies würde Henseleit mit der Megahalle bewirken: einer Weltstadt!

»Trinken Sie noch eins?« fragte Henseleit. Wählte diesmal den Ton, mit dem man Kinder zu trösten pflegt, wenn sie gefallen sind und weinen. Ohne Röckeraths »ja« abzuwarten, bestellte er noch zwei Kölsch.

»Die Fraktion haben Sie ja jetzt...« wollte Röckerath beginnen. Mit Einwänden, Einschränkungen. Damit, Henseleit darauf hinzuweisen, daß der Pudding noch lange nicht gegessen sei. Ihn zurechtzustutzen, ihm zu zeigen, zu sagen, anzudeuten, daß er noch lange nicht der sei, für den er sich halte, daß er ein mieser, kleiner Parvenu sei. Ein Aufbegehren! Henseleit wußte, was Röckerath andeuten, zeigen, sagen wollte. Und schnitt ihm das Wort ab.

»Ach wissen Sie: die Fraktion! Da hab ich nur fünf Stimmen Mehrheit. Das reicht fürs erste. Da mach ich mir weiter keine Gedanken drum.«

»Aber?« Lauernd.

»Kein Aber. Nächste Woche kommt im Rat die Halle durch.« Eine kalte Feststellung. Röckerath wußte sofort, was er damit meinte. Daß er mit Stimmen der CDU die Megahalle durchboxen würde. Und Röckerath schaltete.

»Sie wollen die Halle also unter allen Umständen?« Nur ein so feines Gehör, ein Gehör für die milliardenfachen Nuancen politischer Verstellungskunst und Camouflage, ein Gehör, wie nur Henseleit es besaß, konnte daraus die Kapitulation, erster Teil, ablesen. Doch bevor er endgültig die Segel streckte, wollte Röckerath natürlich wissen, ob er, Henseleit, ihn als Oberstadtdirektor halten würde, wenn er, Henseleit, den Fraktionsvorsitz haben würde. Henseleit dachte nicht im Traum daran, auch nur die Andeutung einer solchen Zusage zu machen, bevor Röckerath nicht platt vor ihm auf dem Boden lag.

»Und wie Sie eben richtig festgestellt haben, will ich die Megahalle nur aus Gründen des Renommées. Ich will mir ein Denkmal damit setzen.« Das sagte er sachlich, das Timbre der triumphierenden Provokation so klein wie möglich haltend. Er trank sein Kölsch aus, sah Röckerath, immer noch aufrecht, würdevoll, den Kopf gegen den Himmel gestreckt, an, dann auf dessen noch volles, unberührtes Kölschglas blickend.

»Und natürlich favorisieren Sie die Variante B?« Er hat sich drauf eingelassen! Henseleit hatte das Gefecht gewonnen. Entspannt wandte er, bevor er antwortete, seinen Blick von Röckerath ab, ließ ihn über die Kettenwinde gleiten. Sein Apparat im Hobbykeller erschien vor seinem geistigen Auge. Heute Nacht! Er würde schweben. Hilflos, machtlos schweben, wippen ...

»Selbstverständlich!« Feste Stimme. Henseleit riß sich zusammen. »Variante A ist öffentlich nicht durchsetzbar. Zweieinhalb Millionen Nachfolgekosten, pro Jahr!«

Röckerath senkte den Blick, überlegte. Ohne hinzusehen, tastete er nach seinem Kölschglas. Die Variante A hatten sie ein ganzes Jahr lang im Hauptausschuß diskutiert und dann aus eben diesem Grund verworfen. Sie sah lediglich die Megahalle vor, sonst nichts. Ein Zuschußbetrieb. Nicht zu verantworten. Die Variante B hatte Schautzer überhaupt nicht mehr diskutieren wollen und deswegen das ganze Projekt abgeblasen. Variante B sah vor, daß in einem Kreis um die Megahalle herum mehrstöckige Gebäude errichtet werden sollten, in deren unteren Stockwerken sich sozusagen Ergänzungsangebote zum Betrieb in der Megahalle finden würden: Spielhallen gehobenen Niveaus, vielleicht sogar eine Spielbank, Fitneßclubs usw. In den oberen Stockwerken Büros. Alles Objekte mit hohen Renditen, aus denen sich die Megahalle finanzieren ließ, ohne daß das Stadtsäckel beansprucht werden würde. Der erste Haken dabei war, daß sich der Grund und Boden für diese Ergänzungsnutzung nicht in städtischem Besitz befand. Der mußte aufgekauft werden. Das hätte Schautzer viel-

leicht noch mitgemacht. Der zweite Haken wog schwerer. Für einen Mann wie Schautzer. Und einen Mann wie Röckerath.
»Die Stadt würde die Planungshoheit an einen Generalunternehmer abgeben müssen.« Henseleit hatte gewußt, daß Röckerath genau dies sagen würde. Als letzten Einwand bringen würde.
»Na und? Wir werden über einiges in Zukunft die Planungshoheit abgeben müssen.«
»Ja.«
Einfach so »ja«. Henseleits hypersensible Fledermausohren hatten der Kapitulation zweiter Teil vernommen. Er hatte Röckerath. Röckerath war fortan sein Mann. Henseleit und Röckerath. In der Reihenfolge. Ohne seinen Oberstadtdirektor kriegte Schautzer keine Schnitte mehr. Henseleits Blick wanderte wieder zu den Ketten, Winden, Haken an der gegenüberliegenden Wand, vor seinem geistigen Auge erschien wieder sein Apparat. Das war irritierend. Das durfte nicht sein. Er triumphierte, siegte. Gewann ein Gefecht nach dem anderen. Aber er war nicht ganz bei der Sache. Das durfte, durfte, durfte nicht sein.
»Noch zwei Kölsch«, sagte Henseleit zum Köbes.

19.

Der Platz war günstig. Reiß hatte den Eingang des geklinkerten Einfamilienhauses gut im Blick, ohne daß er selbst auffallen konnte. Hatte auf dem Bürgersteig schräg gegenüber geparkt. Saß im allmählich abkühlenden Wagen, ins Polster zurückgelehnt, entspannt, brauchte den Kopf nicht zu verdrehen, sah geradeaus in die Trostlosigkeit, die Vorortstraßen, zumal Stichstraßen ohne Durchgangsverkehr, an einem Herbsttag zur Abendbrotzeit, zu eigen ist. In den Parterrefenstern leuchteten die tiefgehängten Küchenlampen, unter denen sich das Leben der dreißig, vierzig Kleinfamilien noch für eine Viertel- oder halbe Stunde fokussieren würde, um dann für die nächste halbe Stunde in vierzig, fünfzig, sechzig Kinderzimmer zu diffundieren, wo, noch einmal eine halbe Stunde später, die Lichter eins nach dem anderen erlöschen würden, dafür der bläuliche Widerschein der Fernseher aus den Wohnzimmern, alle gleich neben der Küche, sickern würde. All dies geschah im Lauf der nächsten halben Stunde, wie Reiß es vorausgesehen hatte, ohne daß er irgend jemanden draußen auf der Straße hätte beobachten können. Kein Auto, kein Fahrrad, keinen Menschen. Offenbar hatten die dreißig oder vierzig Ein- oder Zweifamilienhausbewohner im Fasanenweg ihren Feierabend im Eigenheim vollständig miteinander synchronisiert.

Der erste, der aus seinem Haus kam, war Stremmel. Mußte Stremmel sein. Kayser hatte ihm keine Beschreibung gegeben. Nur den Namen. Und die Adresse. Stremmel war nicht allein. Stremmel zerrte an einer Leine einen sich mit allen Vieren gegen die eingeschlagene Richtung stemmenden Rauhhaardackel aus dem Haus und zog ihn in Richtung Brücker Mauspfad. Was Reiß wunderte. Hier hätte er von einem Hundebesitzer erwartet, daß er seinen Köter zum Königsforst, gleich ein paar Meter entfernt, geführt hätte. Und wieso war der Hund offenbar absolut nicht in der Stimmung für den Abendspaziergang? Reiß erinnerte sich an die erste Szene im ersten Kapitel aus *Fegefeuer der Eitelkeiten* und mußte grinsen. Das, was er von Stremmel erkennen konnte, sah nicht danach aus, als hätte es das Format, einem Sahnetörtchen zu imponieren. Ein aufgeschwemmtes Gesicht in einem für den hageren, langen Körper viel zu großen Kopf. Stremmel verschwand im Dunkel. Reiß wartete. Ein paar andere Türen gingen auf. Ein paar andere Hundebesitzer führten ihre Hunde aus. Alle Richtung Königsforst. Reiß startete den Motor. Als er den Wagen wendete, sah er ein Mädchen, vielleicht zwanzig, superweite, superschlabbrige John Mikel's-Klamotten über ein paar hautengen Leggins, auf hohen Plateau-Schuhen mehr wankend als schreitend und trotzdem dabei den Versuch unternehmend, zu swingen, zu schweben, Kopfhörer über den Ohren, neongrünes, zu bizarren Zipfeln und Zotteln hochgegeltes Haargewusel auf dem Kopf, in die gleiche Richtung wie Stremmel gehen. Reiß hatte sie aus keinem der angrenzenden Häuser kommen sehen. Sie war plötzlich dagewesen.

Reiß ließ den Wagen zum Brücker Mauspfad hinunter ausrollen, bog rechts ein, hielt vor einer Garageneinfahrt und schaltete das Licht aus. Hundert Meter vor ihm zerrte Stremmel seinen

Hund in eine Kneipe. Daher also der Widerwille des Dackels. Er hatte gewußt, was auf ihn zukam. Wahrscheinlich jeden Abend die gleiche Runde. Die neongrüne Göre auf Plateausohlen war in die gleiche Richtung wie Stremmel gegangen, dann aber nicht in der Eckkneipe verschwunden, sondern die Ecke herum, die Olpener Straße stadtauswärts gegangen. Weil er den Eingang der Kneipe von seinem jetzigen Standpunkt nicht einsehen konnte, fuhr Reiß den Mauspfad hinunter, über die Olpener Straße hinweg, wendete und parkte den Wagen vor der umzäunten Ausstellungsfläche eines Gebrauchtwagenhändlers, schaltete Motor und Licht aus. Er hatte den Eingang zur Kneipe über die Straßenkreuzung hinweg vor sich. Er wartete.

Warum hatte Ossendorf ihn belogen? Das sah ihm eigentlich nicht ähnlich, sich durch eine so offensichtliche Unwahrheit ins Zwielicht, einem solchen Verdacht auszusetzen. Hätte er wenigstens das Verhältnis zur Lebien zugegeben! Was ohnehin Stadtgespräch gewesen war. Von dem alle wußten. Hätte er wenigstens das zugegeben, Ebinghaus wäre sehr viel zurückhaltender gewesen, hätte sich nicht mit solcher Vehemenz auf das Alibi gestürzt, hätte wahrscheinlich auch nicht die Durchsuchung angeordnet. Polizisten wie Ebinghaus haben keinen Humor. Wenn sie sich verarscht fühlen, werden sie sauer. Und warum hat Ossendorf nicht wenigstens zugegeben, in der Nacht bei seinem Model gewesen zu sein? Das wäre doch ein Alibi gewesen. Wenn auch kein besonders feines. Dummheit konnte das nicht sein. Auch keine skrupulöse Schamhaftigkeit. In dieser Hinsicht war Ossendorf noch nie skrupulös gewesen. Und dumm schon gar nicht. Also steckte Berechnung, irgendein Kalkül dahinter. Aber welches? Er hätte wissen müssen, daß er mit solchen Lügen ein Nachhaken der Kripo provozieren würde. War es das, was er gewollt hatte? Einen Skandal? Den hatte er jetzt, zweifellos. Vor einer halben Stunde hatte Reiß Satorius angerufen. Gerade noch rechtzeitig vor Redaktionsschluß. Wenn das tatsächlich so war, wenn er den Skandal wollte, *warum* wollte er ihn? Vielleicht im Glauben, damit etwas anderes, noch viel Skandalträchtigeres, vertuschen zu können? Möglich. Aber unlogisch. Wenn einer wie Ossendorf strauchelt, gibt es genügend Hyänen, die ihn ganz zu Fall bringen wollen. Es gab allerdings noch eine andere Möglichkeit. Die Möglichkeit, daß er das Verhör überhaupt nicht ernst genommen hatte. Daß er sich potent genug gefühlt hatte, so etwas Lächerlichem wie ein paar müden, grauen, schlechtgekleideten Kriminalpolizisten die Nase zu zeigen. Die Möglichkeit, ja, vor allem aber die Möglichkeit, daß er ihn, Reiß, völlig falsch eingeschätzt hatte. Daß er ihm tatsächlich die devote Schüchternheit abgekauft, geglaubt hatte, er hätte ihn, den alten Schulkameraden, Beinahe-Vorbild, Beinahe-Idol, Beinahe-Freund, jetzt bis zur Unkenntlichkeit heruntergewirtschaftet, er hätte ihn im Sack. Geglaubt, sein Imponiergehabe hätte gewirkt. Geglaubt, der Trottel Reiß werde ihn decken, ihn da raushalten aus dieser ekligen, lästigen Affäre. Genau das war der Zweck seiner Schauspielerei gewesen. Genau das hatte er erreichen wollen, indem er vor Ossendorf den Deppen markierte. Eigentlich unvorstellbar, daß Ossendorf darauf hereingefallen war. Aber so mußte es sein: er war seiner Eitelkeit in die Falle gegangen.

Der Köter kam zuerst. Zerrte Stremmel aus der Kneipe. Reiß sah auf die Uhr. Er war gerade eine Viertelstunde drinnen gewesen. Doch statt den Heimweg einzuschlagen, ging Stremmel, den Köter wieder hinter sich herzerrend, den Brücker Mauspfad hoch, in die dem Fasanenweg entgegengesetzte Richtung. Reiß sah ihm nach. Stremmel steuerte die nächste Kneipe an, hundert, hundertfünfzig Meter von der ersten entfernt, verschwand darin mitsamt dem sich kräftig, aber erfolglos dagegenstemmenden Dackel. Reiß glaubte, Bescheid zu wissen. Er kannte diesen Säufertyp. Der steht nicht den ganzen Abend am Tresen und belabert seine Nachbarn und den Wirt so lange, bis er rausgeschmissen werden muß. Der kommt nur einmal am Abend kurz vorbei, bestellt sein Kölsch und Korn, legt abgezähltes Geld auf die Theke, trinkt zügig aus, verabschiedet sich dann höflich. Der hat nur kurz mal seinen Durst gelöscht, muß jeder denken, geht jetzt nach Hause zur Frau und zum Fernseher und läßt es gut sein für den Abend. Ein disziplinierter, ruhiger Mensch. Denkste! Der macht das nämlich nicht nur in der einen Kneipe! Der macht das in sämtlichen Kneipen im Viertel. Der geht die Runde! Sechs, sieben, acht, neun Stippvisiten. Sechs, sieben, acht, neunmal Kölsch und Korn! Und denkt dabei, daß alle anderen von ihm glauben: Gott!, was für ein disziplinierter, ruhiger Mann, der gleich nach dem Abendschlückchen zurück zu Frau und Fernseher geht. Ein Täuscher, Blender! Und spätestens dann entlarvt er sich – vielleicht, weil ein, zwei seiner

Stammkneipen an diesem Abend geschlossen haben – wenn er spät am Abend das zweite Mal in einer dieser Kneipen auftaucht und das abgezählte Geld für Kölsch und Korn über den Tresen schibbert. Jetzt aber schon mit fahrigen Bewegungen. Betrunken.

Bis zur dritten Kneipe fuhr Reiß Stremmel nach. Er parkte den Wagen auf dem Bürgersteig und ging in die Kneipe, in der der andere eben verschwunden war. Eher eine Trinkhalle, eine Art Steh-Kiosk gegenüber der Bahnhaltestelle. Zwei Wände gespickt mit Spielautomaten. Vor einem der Automaten saß Stremmel auf einem Barhocker. Er trank kein Bier. Er trank keinen Schnaps. Er trank Cola. Reiß konnte auf dem Display erkennen, daß Stremmel das Gerät mit zwanzig Mark gefüttert hatte. Scheinbar unkonzentriert, so, als interessierten ihn die drei ununterbrochen rasenden, stoppenden, weiterrasenden Rollen nicht, hockte Stremmel vor dem Spielautomaten, nippte an seiner Cola, hatte den Blick halb von dem Apparat abgewandt, beobachtete ihn allenfalls aus den Augenwinkeln. Ab und zu legte er in einer lässigen, fast müde wirkenden Bewegung die Rechte auf eine der Stoptasten, ab und zu verdeckte er mit der linken Hand eines der Fenster, hinter denen sich die Rollen bewegten. Reiß wußte, was diese Teilnahmslosigkeit, das scheinbare Desinteresse Stremmels am Spiel bedeutete. Er versuchte, den Automaten zu täuschen. Spielte dem Automaten vor, er, Stremmel, mache das hier bloß zum Spaß, er, Stremmel, sei bloß ein harmloser Gelegenheitsspieler, interessiere sich eher für diese neongrüne Göre mit dem übergestülpten Kopfhörer, die, Stremmel den Rücken zugekehrt, vor einem der anderen Apparate hockte und ebenfalls spielte, interessiere sich mehr für alles andere in diesem Raum als für diesen blöden Apparat. Dabei interessierte ihn außer dem Automaten überhaupt nichts. Er versuchte den Automaten auszutricksen.

Reiß stellte sich an die winzige, resopalbeschichte Theke, bestellte bei der Bedienung, einem gerade achtzehnjährigen Jungen mit ungesunden roten Flecken in einem speckigen Kindergesicht, eine Cola und betrachtete abwechselnd den Rücken Stremmels und den der Neongrünen. Er wußte jetzt, was mit Stremmel los war. Und er wußte, daß er eine andere Gelegenheit abwarten mußte, mit ihm zu sprechen. Weil er nicht wußte, was mit der Neongrünen los war. Er hatte sie die ganze Zeit, während er auf Stremmel gewartet hatte, nicht mehr gesehen. Jetzt würde er gerne ihr Gesicht sehen, sehen, wer sie war. Aber sie kehrte ihm den Rücken zu, stand an einem Automaten in der Ecke.

Reiß trank die Cola aus, legte ein Zweimarkstück auf die Theke und ging. Als er an der Tür war, hörte er einen der Automaten mit einem Geräusch, das wie ein metallisches Erbrechen klang, Geldstücke ausspucken. Er drehte sich um. Es war der Automat der Neongrünen.

20.

»Das bedeutet gar nichts«, murmelte das graugesichtige Arschloch im Dreihundert-Marks-Pfeffer-und-Salz-Jackett. »Es besteht Mordverdacht«, – und dabei hob der unrasierte Wichser noch nicht einmal sonderlich seine Stimme, »und da müssen wir jeder Spur nachgehen.«

Ossendorf schäumte. Und mußte hilflos mit ansehen, wie das andere, ebenso graugesichtige, allerdings in ein limonenfarbenes Zweihundertfünfzig-Marks-Jackett gekleidete Frettchen die erste Türe seines siebenundzwanzigtausend Mark teuren Pesch-Kleiderschranks, japanischer schwarzer Schleiflack, aufklinkte. Ines' Kleider hingen darin. Das limonenfarbene Frettchen klinkte die nächste Tür auf. Wieder Ines' Kleider, die übernächste, noch einmal Ines' Kleider, die Sommerkleider. Ossendorf sah ihm bei den nächsten beiden Türen auch noch zu, hinter denen der andere wiederum nichts als Ines' Unterwäsche, Ines' Mäntel, Ines' Bade- und Saunaklamotten fand. Schweigend, ohne Kommentar. Nur die Andeutung eines Grinsens ließ Ossendorf in seinem Gesicht zu, aber nur die Andeutung. Weil das Pfeffer-und-Salz-Arschloch ihn beobachtete. Sollte ruhig wissen, daß er sich über die Hungerleider amüsierte. Das Schauspiel, das sie ihm boten, hatte ihn wieder heruntergebracht, ihn abgekühlt. Ossendorf verschränkte die Arme und beobachtete, wie der Limonen-Bubi die letzte Tür des schwarzen Schranks öffnete. Handtücher. Auf sechs Regalböden Handtücher. Sorgfältig schloß der Polizist die Tür, drehte sich um. Nicht die Spur von Enttäuschung in der Miene, er sah Ossendorf überhaupt nicht an, erwartete nicht einmal, daß der irgendwas sagte. Fragte noch nicht einmal, wo denn seine, Ossendorfs, Klamotten seien. Sah sich nur um. Und als er in dem Zimmer, in dem sie jetzt waren, keinen weiteren Kleiderschrank entdeckte, ging er einfach ins nächste Zimmer. Ossendorfs Schlafzimmer. Er hatte ihnen natürlich nicht gesagt, daß Ines und er getrennte Schlafzimmer besaßen. Er hatte, seitdem sie da waren, überhaupt nichts gesagt, würde ihnen auch nichts sagen. Jedenfalls nicht, bevor Müller-Seidl III auftauchte. Den hatte er angerufen, nachdem sich die beiden Arschgesichter von der Einfahrt über die Gegensprechanlage gemeldet hatten. Hatte zwar stark gelallt – Müller-Seidl III war ein berüchtigter Wodka-Trinker, stärkte sich selbst im Gericht vor heiklen Verhandlungen mit dem Inhalt seines silbernen Flachmanns – aber auch wenn er betrunken war, war auf Müller-Seidl III Verlaß. Normalerweise.

»Wir suchen nach Faserspuren«, murmelte der mit dem Pfeffer-und-Salz-Jackett, während er dem Limonenheini ins benachbarte Zimmer, Ossendorfs Schlafzimmer, folgte. Widerwillig ging Ossendorf hinterher.

»Faserspuren sind unwiderlegbare Beweise«, sagte das Pfeffer-und-Salz-Jackett weiter, ohne darauf zu achten, ob Ossendorf ihm zuhörte oder nicht. »Jeder Täter kommt mit seinem Opfer in Kontakt. Ob er will oder nicht. Wenn wir kein Blut finden, keine Spermata, sonstigen Schleim, keine Fingerabdrücke, dann suchen wir nach Faserspuren. Wenn ein Täter sein Opfer berührt, und das tut er, außer bei Schußwaffengebrauch, seltener bei Stichwaffengebrauch, wenn ein Täter sein Opfer berührt, hinterläßt er Spuren. Keine Fingerabdrücke. Faserspuren. Seine Kleidung hinterläßt Spuren. Ob er will oder nicht. Die einzige Möglichkeit, solche Spuren zu vernichten, ist es, die Kleidungsstücke zu vernichten, die er bei der Tat getragen hat.«

Streifender, unkonzentrierter Blick zu Ossendorf. Ossendorf schwieg. Obwohl ihm seit mindestens einer halben Minute ein »Scheißnochmalichwaresnicht!« auf der Zunge, ach was auf der Zunge, auf dem Magen, der Seele oder was immer man dazu sagen wollte, brannte.

»Aber das schaffen noch nicht einmal null komma fünf Prozent der Täter«, murmelte der Pfeffer-und-Salz-Sack weiter, als wenn

er für sich spräche, »ihre Klamotten zu vernichten. Richtig zu vernichten. Meistens, wenn sie's versucht haben, finden wir sie in der Mülltonne. Oder Reste davon im Ofen, im Kamin.«
Ossendorf schwieg.
»Haben Sie einen Kamin?«
Ossendorf schwieg. Wo bleibt Müller-Seidl III? Scheiße. Scheiße! Ossendorf sah, wie das Limonenjakett ein paar Plastiksäcke hervorzauberte und jetzt damit begann, seinen Kleiderschrank, Ossendorfs Kleiderschrank, systematisch leerzuräumen, seine Bogner-Regen-Mäntel, den seidenen, weißen Versace-Anzug, den dreiteiligen, dicken, braun-grauen Leinenanzug von René Lezard, den Wollanzug von Armani, den er auf der Via Serlas in St. Moritz gekauft hatte, den braunen Kammgarn-Dreiteiler von Canali, den blau-weiß gestreiften Gianfranco-Ferre aus der Via Nassa in Lugano, die schwarzen und grauen Zegna-Büro-Anzüge, die Straßenanzüge von Carlo Barbera, das bunte Missoni-Jackett, seine Artigiano-Hemden, die von Kandismann, selbst den Wollpullunder von Dolce & Gabbana, ein Stück, das er selten trug, aber doch sehr mochte, am Schluß auch noch seine Versace-, seine Gene-Mayer-, seine Hermés-Krawatten, und dies alles so, als ob er jahrelang in einer Reinigung gearbeitet hätte, sorgfältig zusammenzufalten und die Plastiksäcke damit zu füllen. Er hätte schreien mögen. Toben. Wo bleibt Müller-Seidl III? Da wanderten Werte, Kleidungsstücke im Wert von Hunderttausenden von Mark, in Müllsäcke! »Wenn Ossendorf einem Kunden entgegentritt«, so pflegte er immer auf seinen Trainee- und Verkäufer-Schulungen das Kapitel »Auftreten« einzuleiten, »wenn Ossendorf einem Kunden entgegentritt, ist der zuerst mal mit zwanzigtausend Mark konfrontiert. Zwanzigtausend Mark. Ohne Inhalt der Brieftasche. Ohne Uhr. Zwanzigtausend Mark nur Klamotten.« Und dieser Mann, Ossendorf, für den das Auftreten in exklusiver Kleidung das A und O jeden, aber auch jeden Verkaufs- und Geschäftsgesprächs bedeutete, für den exklusive Kleidung mithin ein elementares Bestandteil seines Lebens war, dieser Mann, Ossendorf, mußte mit ansehen, wie ein zweihundertfünfzig-Marks-Limonen-Jackett sechs, sieben, acht Garnituren à zwanzigtausend Mark in Müllsäcke, – in Müllsäcke verpackt!
»Das Verfahren ist ziemlich einfach«, brummelte der Pfeffer- und-Salz-Arsch neben ihm. »Im Labor kleben wir jedes Klei-

dungsstück mit einer Art Tesafilm ab. Und dann vergleichen wir das mit den Proben von der Kleidung des Opfers ...«

Das Telefon summte. Ossendorfs Handy in der Jackentasche. Gott sei dank. Aber wieso das Telefon? Müller-Seidl III müßte am Tor sein! Wieso ruft der Blödmann noch mal an? Ossendorf zog das Handy aus der Tasche und drückte den roten Knopf. Es war nicht Müller-Seidl III. Es war Kuballa. Der *Express*-Sportredakteur.

»Ich komm grad vom Umbruch«, hechelte Kuballa. Kuballa, dem, seit Ossendorf Präsident war, noch keine kritische Zeile über den KEC aus der Feder geflossen war. Kuballa, der treue Diener seines Herrn, der ihm bei Auswärtsspielen nicht nur die Hotels, sondern auch die Nutten bezahlte.

»Und?«

»Sie steh'n drin! Riesenschlagzeile. ›Doch Mord im Edelrestaurant?‹ Und dann ein Foto von Ihnen und der Lebien ...«

Kuballa am anderen Ende wartete auf eine Reaktion. Aber Ossendorf schwieg, beobachtete das Limonenjakett, wie es die Müllsäcke zuband.

»Tja«, sagte Kuballa, der, als Ossendorf immer noch nichts sagte, einen Augenblick gezögert hatte, dann aber doch wohl zu dem Entschluß gekommen war, er schulde seinem Herrn die ganze Wahrheit. »Und daß Sie als einer der Tatverdächtigen vernommen worden sind und daß ein Amtsrichter eine Durchsuchung bei Ihnen angeordnet hat ...«

»Danke«, sagte Ossendorf, drückte auf den roten Knopf und steckte das Handy wieder ein.

»Also«, sagte das Pfeffer-und-Salz-Jackett, »hier oben sind wir fertig.«

Ossendorf sah durch den Mann hindurch. Vielleicht war ihm da doch ein Fehler unterlaufen. So hoch gekocht, nein, so hoch gekocht hatte er das Ganze doch nicht gehabt haben wollen. Scheiße. Hatte sich vielleicht doch ein bißchen verkalkuliert, was diese Pantoffelheinis, diese aufgeschwemmten, blassgesichtigen, miesgekleideten, müden Bullen, vor allem diesen heruntergewirtschafteten, kränklichen, buckelnden, unsicheren Reiß anging. Das Pfeffer-und-Salz-Jackett sah auf seine Uhr. Noch nicht mal 'ne ordentliche Uhr können die sich leisten. Plastikzeugs! Kinderkram! 'ne Swatch! Die gehen verbiestert, tierisch ernst an so was ran. Ein kleines Skandälchen, gut. Die Arschlöcher ein bißchen vor die Pumpe laufen lassen, Klasse. Sie ein bißchen ärgern, weil ihn *haben*, ihm richtig ans Fell, konnten sie nicht. Daß diese dämliche Kuh die Treppe runterfällt, von mir aus von irgendeinem Arsch runtergeschubst wird, na schön. Hatte er nichts mit zu tun. Das kleine Skandälchen, ein bißchen ins Zwielicht geraten, das hätte ihm nicht geschadet. Im Gegenteil, es hätte seinen Ruf als den bösen geldgeilen-skrupellosen-ausgefuchsten-steinharten Immobilienjongleur und KEC-Retter ein bißchen aufpoliert. Vor allem, weil er anschließend völlig unschuldig da gestanden hätte. Wieder einmal völlig unschuldig. Das hätte ihm sogar genützt. Denn dann wäre endlich mal offiziell geworden, daß da irgendwelche beschissenen Vorurteile bei den Justizbehörden, Bullen, Staatsanwälten, Steuerfahndern, Verbraucherfunktionären und Zeitungsstrichjungen am Werk waren, Neurotiker! Neidhammel! Die nicht ertragen können, wenn einer Erfolg hat. Das hätte mit Sicherheit seine Wirkung auf die anderen Prozesse, die ihm noch bevorstanden, nicht verfehlt. Aber *diese* Scheiße! So 'ne beschissene Schlagzeile! Ossendorf unter Mordverdacht! Und dann seine sämtlichen Klamotten in Plastiksäcken, in Müllsäcken! Wo bleibt Müller-Seidl III? Verdammte Scheiße!

Die beiden Bullen hatten inzwischen die Müllsäcke mit seinen Klamotten nach unten geschleift. Ossendorf ging ihnen hinterher, die Treppe hinunter. Seine Linke umkrampfte den Handlauf, den er aus hundertjähriger portugiesischer Pinie hatten anfertigen lassen, so, daß seine Knöchel sich weiß abzeichneten. Die Halle war leer. Bis auf die Müllsäcke mit seinen Klamotten drin. Er fand sie im Salon, wie sie mit Schürhaken die Asche im Kamin untersuchten. Ossendorf merkte, daß er sich zusammennehmen mußte, zusammennehmen, um nicht einen Schreikrampf zu kriegen. Wühlten in seinem Kamin! Er blieb stehen. Beobachtete sie. Er biß die Zähne zusammen, in dicken Striemen trat seine Kaumuskulatur heraus. Schweigen! Du sagst keinen Ton, bis Müller-Seidl III auftaucht. Wo bleibt der Penner? Das erste Mal seit Monaten wünschte er sich, Ines wäre jetzt hier. Sie – und nicht er – müßte dieses Geschisse hier über sich ergehen lassen. Jetzt hätte er sie gut gebrauchen können. Aber da war wohl nichts mehr dran zu machen. Seit sie die Scheidung und die entsprechende Abfindung von ihm wollte und er ihr klargemacht hatte, daß er nicht im Traum überhaupt dran denken würde, ihr eine einzige müde Mark rüberzuschieben, hockte sie in ihrem Loft in der Mainzer Straße und kochte mit ihren Anwälten irgendwelche abgebrühten Strategien aus. Sollte sie. Er würde mit den Bullen schon alleine fertig werden. Zur Not sogar ohne Müller-Seidl III.

»Also.« Das Pfeffer-und-Salz-Jackett klopfte sich die Hosen ab. »Haben Sie eine Garderobe, wo Sie Ihre Mäntel, Jacken und so weiter aufhängen?« Kein Wort zum Kamin. Noch fester die Kiefer zusammenpressen konnte Ossendorf nicht. Er drehte sich um und ging zurück in die Halle, blieb stehen, der Garderobe zugewandt, an der seine und Ines' Mäntel hingen. Kein Wort! Die beiden Arschlöcher waren ihm hinterhergekommen. Blieben neben ihm stehen.

»Am besten, Sie ziehen sich einen Mantel über, es ist kalt draußen.«

Ossendorf sah das Pfeffer-und-Salz-Jackett an, bedachte ihn mit einem Blick, den er sonst für miserable Verkäufer bereithielt, kurz, bevor er sie rausschmiß. Kein Wort! Das Pfeffer-und-Salz-Jackett hob die Schultern, ließ sie kraftlos wieder herunterfallen.

»Also. Wir kommen auch in die Überstunden. Sind schon drin. Tut mir leid. Aber so, wie's steht, müssen wir Sie noch einmal vernehmen. Im Präsidium. Zeugenschaftlich. Vorläufig.«

Kein Wort! Ossendorf starrte die beiden Bullen an. Das Limonenjakett war zur Garderobe gegangen, grapschte an den Mänteln und Jacken herum, sortierte wahrscheinlich Ines' Klamotten aus. Das Pfeffer-und-Salz-Jackett sah zum Limonenjakett an der Garderobe hinüber.

»Ihre Sachen da drüben nehmen wir auch noch mit. Und kleben sie im Präsidium mit denen, die sie anhaben, ab. – Also.«

Kein Wort! Kein Wort, bis Müller-Seidl III da ist. Wo bleibt der Affe?

21.

Zwanzig Minuten lang hatte sie geplaudert, ja, plaudern war vielleicht der richtige Ausdruck dafür, wenn jemand so sprach, redete, erzählte wie sie.

Nichts unbedingt Belangloses, aber auch nichts unbedingt Bedeutungsschweres, nichts, mit dem sie wichtigtuerisch Aufmerksamkeit erzwingen, ihn vom Tiefgang oder der Wichtigkeit ihrer Auffassungen, Meinungen, Erfahrungen, Erkenntnisse zu überzeugen versucht hätte.

Zwanzig Minuten lang hatte Reiß ihr zugehört, ihrer dahinplätschernden Erklärung zugehört, weshalb sie so gerne ausgerechnet hierhin, in dieses grünliche, scheinbar von unten beleuchtete, aquariumsähnliche Restaurant ging, ihr nur zugehört und sie dabei angesehen und sich gefragt, was eine solche Frau zu so einem Typen wie Ossendorf hinziehen könnte. Hatte ihr zugehört und sich gefragt, was sie von ihm wollte.

»Ach, vielleicht kommt Ihnen das besonders sophisticated vor, wenn sich jemand morgens in den Zug setzt, den Tag über durch Brüssel streift und abends wieder zurückfährt...«

Reiß wußte nicht, was sie in dem Zusammenhang mit sophisticated meinen mochte, mit einem Wort wie versnobt hätte er mehr anfangen können, sagte aber nichts, zuckte nur mit den Schultern: nein, kommt mir nicht sophisticated vor, überhaupt nicht.

»Das hat auch überhaupt nichts mit Shopping oder so zu tun. Shopping find ich furchtbar, mit gierigem Blick stundenlang an Schaufenstern entlanglaufen und am Schluß mit Einkaufstüten behangen immer noch an Schaufenstern entlanglaufen. Immer noch gierig.«

Reiß schüttelte leicht den Kopf, nickte dann, jedenfalls bedeutete er, daß er Shopping auch furchtbar fand. Andererseits konnte er sich aber auch nicht vorstellen, daß diese Frau sich mit bloß einem oder auch nur zwei Dutzend Kleidern im Schrank begnügen könnte.

»Nein«, sagte Ines Ossendorf. »Ich fahr wegen der Passagen nach Brüssel, wegen seiner Galerien. Mögen Sie auch Galerien?«

»Galerien? Ja, doch«, sagte Reiß.

»Am liebsten bin ich in der Galerie de la Reine, das ist die schönste, und die längste, man geht durch eine Passage hindurch, auf der man eine kleine Straße überquert, übrigens eine ganz tolle Straße, da erzähl ich Ihnen nachher noch von, die Rue des Bouchers, geht man weiter, dann heißt die Galerie Galerie du Roi. Ich geh immer ganz langsam da durch. Nicht wegen der Geschäfte. Obwohl, da gibt's ganz verrückte Geschäfte. Wegen der Atmosphäre. Durch das indirekte Licht, das Licht von oben, hat man den Eindruck, als schwebe man, ohne naß zu werden, durch ein Schwimmbassin – oder so ähnlich. Es ist wie im Traum, da durchzugehen. Und man muß wirklich ganz langsam gehen, schlendern, um die Atmosphäre mitzukriegen. Früher, als die ersten Galerien gebaut wurden, sind die Leute da mit Schildkröten an der Leine spazierengegangen. Stellen Sie sich vor! Mit Schildkröten. Denn dadurch waren sie gezwungen, ganz langsam zu gehen. Und ganz langsam zu gehen, das galt als besonders schick. Viel Zeit zu haben, müßigzugehen, galt als schick. Kann man sich heute überhaupt nicht mehr vorstellen!«

»Nein«, sagte Reiß.

Sie lächelte ihn an. Nicht unbedingt, weil sie einen Kommentar erwartete. Aber Reiß dachte, es wäre endlich einmal an der Zeit, etwas zu kommentieren.

»Die Leute protzen mit ihren tausend Terminen, damit, daß sie überhaupt keine Zeit haben. Das ist eher ein Armutszeugnis, find ich«, sagte Reiß und dachte, daß er froh war, jedenfalls im Augenblick froh war, tausend Termine und keine Zeit zu haben und nicht müßiggängerisch zu sein. Sechs Tage! Er trank an seinem Mineralwasser, Ines Ossendorf an ihrem Chablis, und Reiß registrierte, daß ihm die goldgrüne, an der Oberfläche ein wenig perlende Flüssigkeit in ihrem Glas überhaupt nichts sagte, nicht eine Spur Bedürfnis in ihm weckte. Sie schwiegen eine Weile. Und Reiß wandte, nach zwanzig Minuten das erste Mal, wandte seinen Blick von ihr ab. Sah sich im Raum um, sah die über ihr Essen gebeugten Leute an den kupferblechumfaßten Mahagoni-Tischen

unter tiefhängenden grünen Bistro-Lampen, die schwarzgekleideten Kellnerinnen mit steif gestärkten weißen Schürzen, nahm auch zum ersten Mal die gedämpfte Geräuschkulisse auf, die Gesprächsfetzen vom Nebentisch, zwei Ehepaare. Reiß sah nicht hin, hörte sie bloß, eine piepsig-affektierte Frauen-, eine flache, bedeutungslose Männerstimme.
»Es muß ja nicht immer Art deco sein.«
»Das sieht man ja jetzt überall, überall wo man nur hinschaut. Art deco haben sie alle.«
»Das ist doch nicht schön? Oder? Das kann man doch nicht schön nennen?«
»Auf jeden Fall muß es finanzierbar sein. Ob schön oder nicht schön, der Preis muß doch noch stimmen, oder?«
Reiß blickte wieder zu Ines Ossendorf hinüber. Sie hatte ihn beobachtet, die ganze Zeit angeschaut. Sagte aber nichts. Ihr Lächeln fror ein. Sie hatten eine, anderthalb Minuten nicht gesprochen.
»Ist es Mord?« fragte Ines Ossendorf. In der gleichen Tonlage wie zuvor, als sie plauderte. Doch sie war zum Thema gekommen.
Reiß hob die Schultern.
»Es ist kein Mord«, sagte Ines Ossendorf, immer noch, ohne die Stimmlage zu verändern, sogar noch eine Spur beiläufiger als vorhin.
Reiß hob die Schultern, dazu auch noch die Augenbrauen, ließ die Schultern wieder fallen.
»Wir ermitteln.«
»Er kann es nicht gewesen sein. Er war bei seiner Freundin in Frankfurt.«
»Tatsächlich?« Reiß gab sich Mühe, es müde klingen zu lassen.
»Ich weiß, daß Sie es wissen.«
Reiß sah sie an, so ausdruckslos, wie er es vermochte. Sie schwieg eine Weile, erwiderte seinen Blick. Immer noch die Spur eines Lächelns in den Mundwinkeln.
»Warum haben Sie die Tote einen Meter vom Treppenabsatz weggezogen?«
»Wahrscheinlich, um sie besser untersuchen zu können.«
»Sie haben sie so fotografiert. Einen Meter weiter vom Treppenabsatz liegend als sie tatsächlich gelegen hat.«
»Ja?«

»Und danach haben Sie sie erst untersucht.«

»Vielleicht wegen der Optik des Fotoapparats. Diese Polaroiddinger sind nicht besonders weitwinklig. Man kriegt nie genug drauf.«

Jetzt kehrte das Lächeln wieder in ihr Gesicht zurück. Es war ein aufrichtiges, freundschaftliches, wohlwollendes Lächeln. Sie war weit davon entfernt, ihn auszulachen. Sie schien sich einfach über seine Antworten zu freuen. Und darüber, wie prompt sie kamen. Dann verschwand das Lächeln wieder.

»Warum haben Sie ihre Schlüssel genommen?«

»Sicherung von Beweismaterial.«

Jetzt lachte sie. Reiß lächelte. Sie schwiegen über eine Minute.

»Sie machen es falsch«, sagte sie schließlich. Jetzt in einer völlig anderen Tonlage. Verschwörerisch. Leise. »So kriegen Sie ihn nicht. Sicher, Sie können ihm schaden, sein Image ruinieren. Falls es da noch etwas zu ruinieren gibt. Aber auch das überlebt er, da können Sie sich drauf verlassen. Das Schöne ist, daß er sogar irgendwie davon profitiert. Es fördert wieder einmal seinen Ruf als Böser Bube. Und Sie, Sie schaden sich nur selbst damit. Es ist falsch, wie Sie es anstellen.«

Eine Kellnerin servierte das Essen. Ines Ossendorf einen Steinbutt im Kartoffelrock. Reiß ein Kalbskotelett. Sie aßen und schwiegen eine Weile.

»Wie kommen Sie auf die Idee, daß ich Ihrem Mann schaden will?« fragte Reiß.

Sie trennte mit dem Fischmesser die gebackene Umhüllung vom Fisch, spaltete mit der Gabel ein Stück Fisch ab, führte es zum Mund. Es sah so aus, als wenn sie antworten wollte, bevor sie das Stück Fisch aß, dann nahm sie es doch in den Mund, kaute, sah Reiß dabei an.

»Ich weiß von der Geschichte mit seiner Schwester, Laura.«

Reiß sagte nichts.

»Ich weiß natürlich nichts Genaues. Er hat mir nur irgendwann einmal erzählt, daß Sie und Laura ...«

Sie sprach nicht weiter, sah zu Reiß, aber der beschäftigte sich mit dem Aufzwirbeln von Spinatblättern auf seine Gabel.

»Und als ich Sie im Keller vom Picciono sah und sah, was Sie machten, und erfuhr, wer Sie sind, konnte ich mir einiges an den Fingern abzählen. – Kombinieren, heißt das doch?«

Reiß grinste schwach und sah ihr in die Augen. Das erotische Gefühl, das er gehabt hatte, als sie ihn anrief, das Angerührtsein an dieser Stelle irgendwo unterhalb der Magenwand, von der er geglaubt hatte, sie sei seit langem taub, auf immer sediert, dieses Gefühl, das, während sie über Brüssel und die Passagen und das Café à la Mort subite und die Brasserie Vincent in der Rue de la Fourche gesprochen hatte, weiter geglimmt hatte, war erloschen, seit sie Lauras Namen erwähnt hatte. Er war wieder auf dem Boden der Tatsachen angelangt. Seiner Tatsachen. Und zu diesen Tatsachen gehörte, daß jene Stelle unterhalb seiner Magenwand auf immer taub zu sein hatte.

»Ich glaube, daß ich Sie verstehe«, sagte sie.

Reiß schnitt ein Stück von dem fünf Zentimeter dicken Kalbskotelett ab, tunkte es in die Sahnesoße, aß.

»Das kann ich mir absolut nicht vorstellen«, sagte er schließlich.

»Vielleicht haben Sie recht. Aber ich glaube, daß ich Sie zumindest in einem Punkt verstanden habe, – verstehe.«

Reiß blickte sie auffordernd an.

»Wenn Sie ihm wirklich schaden wollen«, jetzt verfiel sie wieder in die verschwörerisch-leise Stimmlage, »wenn Sie ihm wirklich schaden wollen, dann können Sie ihm nur ökonomisch schaden, finanziell. Ihn finanziell ruinieren. – Und das ist möglich.«

Reiß trank einen Schluck Perrier, wandte den Blick von ihr ab und ließ ihn durch das Lokal schweifen.

»Wenn Sie ihm in das Geschäft mit dieser Riesensporthalle reinfunken, wenn von seinen Spekulationen etwas publik wird und wenn dann dieses Megahallenprojekt scheitert, dann ist es das«, sagte sie. »Dann ist er am Ende.«

»Wollen Sie das?«

Sie lächelte ihn an.

»Warum wollen Sie das?«

Sie lächelte immer noch, voller Sympathie. Aber er hatte keinen Grund, ihr zu trauen. Keinen einzigen.

»Mit Ihren Mitteln müßte es leicht rauszukriegen sein, wie er darin verstrickt ist. Das kostet Sie ein paar Nachfragen im Liegenschaftsamt.«

Da war er schon selbst drauf gekommen. Beziehungsweise hatte instinktiv den richtigen Weg eingeschlagen. Den richtigen?

Was ist, wenn Ossendorf sie selbst geschickt hat? Wenn er mit ihr eine Falle aufgebaut hat? Aber auch Kayser hatte ihm den Tip gegeben. Er mußte darüber nachdenken. Er entspannte sich, sein Gehör öffnete sich wieder für die Geräuschkulisse des Raumes, er hörte wieder die piepsig-affektierte Frauen- und die flache, bedeutungslose Männerstimme vom Nebentisch und dazwischen eine Stimme, die er nicht verstehen konnte.

»Sagen Sie bloß, Sie malen auch?«

»Ich will Ihnen ja nicht zu nahe treten, aber was malen Sie denn?«

»Abstrakt! Ja, genau, abstrakt! Das hab ich gewußt. Wenn ich mir Sie so anschaue! Abstrakt! Das paßt zu Ihnen!«

»Es hat Ihnen geschmeckt«, sagte Ines Ossendorf mit einem Blick auf Reiß' bis auf den Kalbsknochen geleerten Teller. »Gefällt Ihnen denn auch das Restaurant?«

»Warum machen Sie das?« fragte Reiß.

»Ich will das gleiche wie Sie«, sagte sie.

22.

Die Schlagzeile ging über die ganze Breite der letzten, der Lokal-Seite des *Express*: »Doch Mord im Edelrestaurant Picciono?« Das Foto zeigte Ossendorf im Smoking neben der Lebien, beide hielten ein Champagner-Glas in der Hand, wandten ihre Gesichter jedoch nicht frontal der Kamera zu, sondern schienen in einer Unterhaltung mit jemandem begriffen, der nicht zu sehen war, weil der Bildredakteur das Foto beschnitten hatte. Es wirkte deshalb seltsam asymmetrisch, besaß allerdings dadurch auch einen gleichsam enthüllenden Charakter, so wie eine heimlich gemachte Aufnahme. Obwohl es zweifellos bei einem der zahllosen offiziösen Ereignisse im Picciono entstanden war.

Die Zeitung lag auf dem gläsernen Konferenztisch, an dem sich Müller-Seidl III in einem der kleinen, mit grünem Kalbsleder bezogenen Sessel mit übereinandergeschlagenen Beinen flezte und stumpenähnliche Zigarren rauchte. Ossendorf marschierte durchs Büro, die Galerie der unzähligen Eishockey-Pokale und sonstigen KEC-Trophäen entlang, die er in einem eigens dafür angefertigten, vier Meter langen Eschenholz-Regal gegenüber seinem Schreibtisch hatte aufbauen lassen, an dem Anwalt vorbei, pochte zum siebzehnten Mal auf den *Express*, marschierte weiter.

»Daß sowas in dem Drecksladen überhaupt durchgeht! Daß es da keinen gibt, der auf die Bremse tritt, wenn einer so'n Scheiß schreibt. Unterstellungen!« Ossendorf brüllte. Seit einer halben Stunde.

»Außer Kuballa haben Sie da wenig Freunde. Das ist nun mal so. Und über KEC-Präsidenten, die Dreck am Stecken haben, sind die schon immer gerne hergezogen. Erinnern Sie sich an Erlemann!«

»Aus Erlemann haben sie aber auch 'nen Volkshelden gemacht!«

»Nachdem er aus dem Knast kam. Das ist der Unterschied.«

»Jetzt sagen Sie bloß, ich soll in den Knast, damit die mich nicht weiter vollseihern!«

»Ich hab Ihnen schon gestern Nacht versucht klarzumachen, daß Sie sich das selber eingebrockt haben, Ossendorf! *Tute hoc intristi; tibi omne est exedendum*. Terenz. Du hast es eingerührt, du mußt es auslöffeln.« Müller-Seidl III fuhr sich mit den schlecht durchbluteten, fleckig-roten Fingern durch das graugelbe Gestrüpp seines Bartes, sein Markenzeichen, das jeden Referendar, der ihn noch nicht kannte, glauben machen mußte, ein alkoholisierter Penner betrete den Gerichtssaal. Ein Effekt, in den Müller-Seidl III verliebt war. »Warum haben Sie im ersten Verhör gelogen? Ohne Grund Märchen erzählt? Ohne Not?«

»Hasselmann hat heut morgen angerufen. Will 'ne außerordentliche Vorstandssitzung. Heute nachmittag! Hat der Schneitberger irgendwas von unerträglicher Rufschädigung des Vereins vorgefaselt. Ich bin gar nicht erst rangegangen. X Kunden haben angerufen. Wollen aus Verträgen raus. X Strukturvertriebsleiter haben angerufen, haben die gleichen Schwierigkeiten. – Das ist Rufschädigung! Rufmord. Ich sitze so was von in der Scheiße!« Ossendorf marschierte weiter auf und ab und tippte jedesmal, wenn er Müller-Seidl III passierte, wieder auf den *Express*.

»Sie haben meine Frage nicht beantwortet.«

»Ich dachte, ich könnte sie ein bißchen verarschen. Das war alles.«

»In einem Mordfall verarschen? Die Kripo? Wo leben Sie?«

»Es ist kein Mordfall.«

»Sie haben einen draus gemacht.«

»Der Arsch, der mich beim ersten Mal verhört hat, ist 'n alter Kumpel von mir. Schulkamerad.« Ossendorf knurrte bei deutlich reduzierter Lautstärke. Vor Müller-Seidl III, dessen Zynismus er fürchtete, machte er ungerne Eingeständnisse, die seine Intelligenz in Frage stellen könnten. »Und hatte was mit meiner Schwester. War deswegen sauer auf mich. Ich dachte, täte ihm ganz gut, wenn er 'n paar auf die Nuß kriegt, wenn ich ihn 'n bißchen verarsche.«

»Ach?« Der Anwalt starrte Ossendorfs Rücken an. Dann senkte er den Blick auf den Tisch vor sich, nahm seine Brille ab, hauchte die Gläser an – ein Zeichen, daß er auf einen Haken gestoßen war, etwas, an dem er den Sachverhalt ganz neu aufhängen und in eine unerwartete Richtung drehen konnte. »Dann ist es wohl auch möglich, daß dieser Ihr Busenfreund dem *Express* die Story rübergeschoben hat, oder?«

Ossendorf zuckte unmutig die Schulter. Dachte an den Umsatzeinbruch im Ostgeschäft. Quatsch Umsatzeinbruch! Das würde überhaupt nicht richtig ans Laufen zu kriegen sein! Nicht, wenn diese Scheiße sich ausweiten würde.

»Der Typ hat also was gegen Sie?«

»'n Säufer!«

Müller-Seidl III verdrehte die Augen und setzte die Brille wieder auf. Solche Qualifizierungen sagten ihm nichts. Nicht, wenn sie nicht prozeßrelevant waren. Er war selbst ein Säufer. Und wußte das.

»Wie heißt der Mensch?«

»Reiß«, sagte Ossendorf.

»Reiß«, brummelte Müller-Seidl III. Dann senkte sich sein Kopf auf seinen Bart herab. Ein Zeichen, daß er nachdachte. In Verhandlungen machte er das oft. Grübelte während eines Vortrags manchmal eine halbe Minute lang, ohne ein Wort zu sagen. Auch einer seiner kalkulierten, Verwirrung stiftenden Tricks.

»Was ist?« Ossendorf baute sich vor dem Anwalt auf.

»Nichts, nichts. Ich überlege nur.« Müller-Seidl III blinzelte Ossendorf durch seine trotz des Anhauchens nach wie vor unglaublich schmutzigen Brillengläser, die die Dioptrien von Brenngläsern besaßen, an. »Ich überlege nur, was wäre, wenn Sie in diesem Ihrem alten Kumpel Reiß wirklich einen Feind hätten. Einen, der nicht nur unter Umgehung des Amtsweges Informationen an die Presse weitergibt. Das durfte er nämlich nicht. Das hätte über die Pressestelle des Polizeipräsidiums laufen müssen. Damit würden wir ihn drankriegen ...«

»Was soll denn so was?« Ossendorf unterbrach ungeduldig die Grübelei Müller-Seidls.

»Ich spinne vielleicht nur. Aber was wäre, wenn dieser Ihr alter Kumpel nicht nur das gemacht hätte, was wäre, wenn er die ganze Geschichte mit der Lebien so hingebogen hätte? Ist doch 'ne Möglichkeit, oder?«

»Quatsch. Der Typ ist 'ne Null. Sagen Sie mir lieber, wie ich aus der ganzen Scheiße wieder rauskomme!«

»Das tue ich doch. Ich bin gerade dabei! Raus sind Sie sowieso schon. Juristisch. Sie haben neu ausgesagt, Sie haben ein Alibi, die überprüfen das, und sobald das passiert ist, zwing ich die zu 'ner Pressekonferenz oder wenigstens zu 'ner entsprechenden Pressemitteilung. Das ist gegessen. Aber darin seh ich nur 'ne Schadensbegrenzung ...«

»Und weiter?«

»Wir könnten den Spieß umdrehen. Den Skandal weg von Ihnen auf die Kripo verlagern. Amtsmißbrauch. Privater Rachefeldzug eines durchgedrehten Polizisten ...«

»Vergessen Sie's!« Ossendorfs Stimme war wieder scharf, die des Chefs.

»Sie sagten, Sie wollen aus der Scheiße raus.«

»Nicht so. So nicht. Vergessen Sie's!«

Müller-Seidl III grinste. Er hatte den fast hysterischen Beiklang in Ossendorfs kategorischer Stentorstimme mitbekommen. Wußte, daß er an einen wunden Punkt seines Mandanten gerührt hatte und konnte es sich nicht verkneifen, noch einmal den Finger in die Wunde zu legen.

»Warum? Es wäre eine ziemlich elegante Lösung.« Die Tonlage des Anwalts war das sanfte, harmlose Schnurren einer jungen Katze.

»Da würde zuviel privater Dreck aufgerührt. Ende.« Ossendorf nahm seine Wanderung durchs Büro wieder auf. Er war keinen

Schritt weiter. Auch wenn er jetzt wahrscheinlich aus der Kripo-Sache raus war. Aber der Skandal! Eine Nummer zu groß, oder auch zwei. Zog unerwartete Kreise. Mehr als unangenehm. Ruinös. Möglicherweise katastrophal. Trotzdem! Die einzige Möglichkeit bestand jetzt offensichtlich darin, den Skandal Skandal sein zu lassen. Du mußt deine Energie auf das Wesentliche konzentrieren! Das Wesentliche ist, daß der Deal der Stadt mit den Höschler-Grundstücken ungestört über die Bühne geht. Daß da nicht dran gerührt werden kann. Daß der Skandal da nicht reinschwappt. Der Schlüssel dazu ist Stremmel. Ein ganz schwacher Punkt. Da darf kein Fehler passieren. Nicht das Geringste. Ossendorf beruhigte sich über den Gedanken, daß er, wie immer, das Wichtigste erkannt, den Punkt gefunden hatte, wo der Hebel anzusetzen war, gehandelt werden mußte. Handeln! Hatte er es richtig angepackt, die durchgeknallte Schüssel auf Stremmel anzusetzen? Und überhaupt: war es überhaupt richtig, Stremmel unter Druck zu setzen, ihm Angst zu machen? Hätte es nicht gereicht, ihn weiter mit Scheinen zu füttern, ruhigzustellen, bis alles unter Dach und Fach war? Nein, nein. Die Neontussi ist gut. Total bekloppt, aber das ist ja auch das Gute an ihr. Und sie weiß, was sie will. Überhaupt keine schlechte Idee, sie als Joker, Ausputzer einzusetzen. Viel besser als diese halbstarken Discobubis, die dir bisher den Dreck weggekehrt haben. Nein, nein. Und wenn sie das mit Stremmel gut hinkriegt, weshalb sie nicht weiter verwenden...?

Ossendorf stoppte seine Wanderung, drehte sich um, ging wieder auf Müller-Seidl III zu, der ihn beobachtet hatte. »Mit Reiß«, sagte Ossendorf »mit Reiß, das regel ich selbst.«

23.

Das war also gegessen. Da war die Luft raus. Jetzt geht's ans Ausbaden. Reiß ließ sich mit den anderen aus dem Dienstbesprechungsraum herausdrängen, folgte Ebinghaus und Robakowsi über den Flur bis zu Ebinghaus' Zimmer. Ebinghaus drehte sich zu ihm und Robakowsi um, vergewisserte sich, daß sie mit ihm kamen, vermied dabei, Reiß anzusehen. Natürlich war auch er sauer. Genau wie Schumacher. Schumacher hatte während der Frühbesprechung getobt. Den *Express* ein paar Mal vor sich auf den Tisch geschlagen. Reiß dabei fixiert, als er von »Illoyalität« dröhnte, und von »Subversion« und »Behinderung unserer Arbeit« und von »ganz zu schweigen davon, daß sowas 'ne Sache für'n Disziplinarverfahren ist.« In der Tat wimmelte Satorius' *Express*-Artikel über den Lebien-Picciono-Ossendorf-Fall von Details, die er nur von jemandem aus der Mordkommission bekommen haben konnte. Nur damit, mit diesen Informationen, hatte Satorius es schaffen können, Ossendorf als den allein Tatverdächtigen herauszustellen. Und das war er jetzt eben nicht mehr. Das war der Punkt. Deswegen Schumachers Aufregung. Obwohl er Reiß das nicht nachweisen konnte. Aber er – und natürlich auch alle anderen – wußten, daß Satorius nur von ihm versorgt worden sein konnte. Poensgen überholte Reiß auf dem Flur. Kein tröstendes Schulterklopfen. Jetzt hatte er alle gegen sich. Wahrscheinlich sogar Robakowski. Reiß betrat als letztes der Kommissionsmitglieder Ebinghaus' Büro.

»Gibt im Moment eigentlich nichts mehr«, sagte Ebinghaus, der sich hinter seinen Schreibtisch gesetzt hatte, auf dem nichts außer dem Verhörprotokoll Ossendorfs von der vergangenen Nacht lag. Die anderen, auch Reiß, standen einfach herum, niemand setzte sich. »Das läuft jetzt so, wie ich eben bei der Frühbesprechung gesagt hab: die Frankfurter Kollegen sind unterwegs, um diese Silvia Poehner zu interviewen, Ossendorfs Zeugin«, Ebinghaus blätterte nachlässig die beiden obersten Seiten des Protokolls hoch. »Danach wissen wir's.«

»Soll der ED nicht trotzdem noch Ossendorfs Klamotten nach Faserspuren abkleben?« fragte Robakowsi.

»Wofür?« Ebinghaus winkte ab. »Wenn er zum Tatzeitpunkt da war, – wofür dann noch?«

»Die Poehner könnte Ossendorf einen Gefallen tun wollen. Oder müssen. Oder was auch immer.«

Reiß sah zu Robakowski herüber. Dessen Einwand brauchte nichts damit zu tun haben, daß er nach wie vor Reiß' Theorie für wahrscheinlich hielt. Und daß er, obwohl ihm der Wind des ganzen Komissariats ins Gesicht blies, immer noch zu ihm hielt. Es war eigentlich logisch, mit der Möglichkeit zu rechnen, daß Ossendorf mit bestellten Zeugen arbeitete.

»Die Frankfurter Kollegen überprüfen das natürlich auch«, sagte Ebinghaus. »Checken das. Suchen nach Zeugen, die Ossendorf bei der Poehner gesehen haben. Im Haus. – Ossendorf hat gesagt, er wäre im Aufzug von jemandem gesehen worden. Einem älteren Mann.«

»Und wenn nicht?« Robakowsi blieb hartnäckig. Reiß spürte eine warme Flut der Sympathie, Freundschaft für Robakowski in sich aufsteigen.

»Und wenn nicht«, Ebinghaus wurde ungeduldig, »dann sehen wir weiter. Jedenfalls warten wir zuerst mal ab, was die Frankfurter uns bringen.«

Jetzt schwieg auch Robakowski. Alle schwiegen.

»Also«, sagte Ebinghaus schließlich. »Wir treffen uns um elf wieder hier. Dann wissen wir mehr.«

»Okay«, sagte Poensgen. »Ich sortier bis dahin die Akten.«

Poensgen ging als erster, hinter ihm Robakowski. Reiß verließ als letzter Ebinghaus' Büro. Als er auf den Flur kam, waren Poensgen und Robakowski in ihren Büros verschwunden.

Reiß ging über die Hohe Pforte in Richtung Innenstadt. Bis elf waren es noch zwei Stunden, und er hatte im Präsidium bis dahin nichts zu tun. Er hätte mit Robakowski reden können. Aber wahrscheinlich war es dazu noch zu früh. Er hätte sich ihm, mehr als er wollte, offenbaren müssen, hätte nicht mehr drumherumreden können, hätte wahrscheinlich mit der ganzen Wahrheit herausrücken müssen, um ihn nicht ganz zu verlieren. Und Robo gegen sich zu haben, konnte er sich nicht leisten. Er war im Präsidium, im Kommissariat isoliert genug. Wie er überhaupt isoliert war. Isoliert! Ja, isoliert! Rennst von deiner Betäubung, deiner Sucht, deiner selbstverordneten Verkümmerung, Verblödung, Idiotie in den Kamikazelauf, den Amoklauf einer viel zu späten Rache. Schlapp! Das alte Lied. Warst immer schlapp. Und bleibst schlapp. Auch ohne den Stoff. Markierst den heimtückischen Rächer, brichst blindwütig irgendwelche hirnlosen Aktionen vom Zaun und haust doch nur wieder ab. Reiß straffte sich, ging so aufrecht, daß ihn das durchgedrückte Kreuz schmerzte. Der Anfall von Selbstmitleid verebbte, während er sich zwang, die Passanten zu beobachten. So hirnlos sind die Aktionen überhaupt nicht! Kleine, raffinierte Schachzüge. Vielleicht nur kleine Florettstiche. Aber an der richtigen Stelle angesetzt, den richtigen Punkt treffend. Und in der Summe ...

Die Passanten, die Leute, die ihm entgegenkamen – nichtssagend wie immer. Er hatte ein für alle Male die Neugierde verloren. Die Neugierde, das Interesse, Geschichten, Biographien aus Physiognomien herauszulesen. Interessierte ihn nicht mehr. Auch jetzt nicht, seitdem er vor einer Woche den großen Gleichmacher abgeschaltet hatte: sie kamen ihm alle gleich vor. Was blieb, war wie immer eine große Verwunderung darüber, daß sie alle, alle, selbst die häßlichsten und unscheinbarsten Kreaturen, daß sie alle offenbar das gleiche Lebensrecht für sich beanspruchen. Daß sie alle irgendwo eine Wohnung, ein Bett, einen Fernseher, eine Küche besitzen, daß sie alle es sich gemütlich machen wollen, alle gern und viel essen, gern und viel trinken, daß sie alle geliebt werden wollen. Wie ist das möglich? Kann es so viel geben für all diese emsigen, nach Tausenden und Abertausenden individueller, geheimer Fahrpläne durch die Stadt hastenden Menschen? Die alle meinen, es sich hier *kaufen* zu können? Reiß überquerte die Pipinstraße, sah vorm Eingang des Kaufhofs sich eine Menschenmenge drängen, die darauf warteten, daß das Kaufhaus öffnete. So viel Gemütlichkeit? So viel Essen? Soviel Trinken? So viel Liebe?

Reiß bog von der Hohen Straße in die Obenmarspforte ein, überquerte die Marspfortengasse. Am Gülichplatz blieb er stehen, blickte zum Rathaus und der unvermeidlichen Traube Hochzeiter vorm Ratshaus hinüber und sortierte dabei die Informationen, die er von Ines Ossendorf und von Kayser bekommen hatte. Er fühlte sich gut vorbereitet und betrat das Haus Neuerburg. Er war noch nie hiergewesen. Die Halle war menschenleer, rote Besuchersessel an einer mit dem bräunlichen Kunstmarmor der 50er Jahre verkleideten Wand, Stille, kein Pförtner, aber an der Stirnwand eine Hinweistafel. Grundwerteabteilung 1. und 2. Stock. Reiß ging die ebenfalls kunstmarmorne Treppe hinauf und fand Stremmels Büro im ersten Stock.

Ohne anzuklopfen öffnete er die Tür, schloß sie gleich wieder hinter sich. Stremmel saß allein an einem Schreibtisch. Reiß lehnte sich mit dem Rücken gegen die Tür. Stremmel hatte zuerst nur kurz aufgeblickt. Offenbar war er es gewohnt, daß ab und zu die Tür aufging, vielleicht Post, irgendwelche Vorgänge auf seinem Tisch abgeladen wurden, sich dann die Tür wieder schloß. Jetzt, als er die Anwesenheit Reiß' spürte, blickte er noch einmal auf, sah Reiß verwundert an, nicht erschrocken.

»Ja bitte?«

»Reiß. Kriminalpolizei.«

Noch mehr Verwunderung in Stremmels Gesicht. Aber keine Panik. Reiß suchte in seinen Zügen nach Anzeichen der Sucht, fand aber keine. Nichts Fahles, Verzehrtes, nicht die tiefen Kerben die Nasenflügel abwärts, die ausgehöhlten Wangen, die Insignien des nie ans Ziel kommenden Verlangens. Nichts von dem, auf das er sonst immer, in jeder Kneipe, Jagd gemacht hatte, um mit dem Finger auf andere statt auf sich weisen zu können. Ein zwar aufgeschwemmtes, aber im Augenblick doch rosiges, nichtssagendes Beamtengesicht.

»Ja?«

»Sie haben, das ist schon ein paar Jahre her, mit Alfred Kuhart zusammengearbeitet.« Keine Frage. Eine Feststellung.

»Ja.«

»Welcher Art war Ihre Zusammenarbeit?«

»Warum fragen Sie das? Was wollen Sie? In welcher Sache ermitteln Sie?«

»Erpressung. Beamtenbestechung.«

Stremmel blies etwas Luft aus der Nase. Die Andeutung eines Lachens. Immer noch keine Panik. Nur Vorsicht.

»Da sind Sie falsch hier. Sowohl Kuhart als auch ich sind noch, wie Sie sehen, im Dienst.«

»Kuhart ist versetzt worden. Zwei Gehaltsgruppen tiefer. In ein Bezirksamt. Wo er mit Liegenschaften sein Lebtag nichts mehr zu tun haben wird.«

Stremmel zuckte die Schulter.

»Wieviel hat er Ihnen rübergeschoben? Wie lief das?«

»Hören Sie mal!« Die Empörung war nur halb gespielt. Wenn man etwas Illegales oft genug tut, gewöhnt man sich daran und empfindet es möglicherweise als normal.

»Ja. Tue ich. Ich höre«, sagte Reiß.

»Es hat nie eine Anklage, kein Verfahren, keinen Prozeß gegeben.«

»Doch. Intern. Deswegen ist Kuhart ja versetzt worden. Auf Sie ist damals bloß keiner gekommen. Aber Sie waren mit dabei. Also wieviel?«
»Können Sie sich ausweisen?«
Reiß ignorierte die Frage.
»Sie haben '87 das Haus im Fasanenweg gekauft. Einen noch nicht zuteilungsreifen Bausparvertrag mit achtzigtausend ausgelöst.«
»Eine Erbschaft.«
Jetzt log Stremmel ganz offensichtlich.
»Nein«, sagte Reiß.
»Ich hab mir mein Erbe auszahlen lassen.«
»Es gab nichts zu erben. Von niemandem. Wir haben das überprüft.« Ein Schuß ins Blaue. Stremmel war, wenn Reiß sich nicht täuschte, eine Spur fahler geworden.
»Sagen Sie mir endlich, in welcher Sache Sie ermitteln!« Stremmel gab keineswegs auf. Er hatte erstaunlich viel Luft.
»Kuhart und Sie sind damals von Höschler geschmiert worden.«
»Das ist eine Unterstellung. Damals nicht bewiesen, nicht beweisbar. Nichts als eine Unterstellung.«
»Höschler ist wieder da. Und schmiert Sie jetzt wieder. Jetzt Sie allein.«
In die weichen Zügen Stremmels spannte sich Härte. Er ging in Verteidigungsstellung. Reiß konnte sich vorstellen, wie sich seine blonden Nackenhärchen sträubten.
»Stellen Sie mir eine Vorladung zu und ich komme und sage aus. Mit Ihnen habe ich nichts mehr zu reden.«
»1993 war das Haus am Fasanenweg abbezahlt. 'ne stramme Leistung. Vierhundertfünfzigtausend Mark in nicht mal sechs Jahren. Aber ein halbes Jahr später haben Sie's mit 'ner neuen Hypothek belastet. Fünfzigtausend. Muß ich Ihnen sagen, warum?«
»Sie werden's wissen.«
»Ich weiß es. Ich kenne Ihren schwachen Punkt, Stremmel. Und Höschler und Ossendorf kennen den auch. Und deswegen sind Sie so gut zu schmieren. Weiß eigentlich jemand auf Ihrer Dienststelle hier von Ihrer... Ihrer Leidenschaft?«
Stremmel starrte Reiß an, versuchte, durch ihn hindurchzusehen. Aber ein kleines Flackern war in seinen Blick geraten.

»Sie bereiten Grundstückskäufe für die Stadt vor, drüben, auf der anderen Seite, hinter der Poller Wiese.«

Stremmel zuckte die Schulter. »Die Stadt plant da 'ne neue Sporthalle. Wir arrondieren das Grundstück.«

»Die sogenannte Megahalle?«

Schulterzucken.

»Die Grundstücke gehören samt und sonders Höschler bzw. seiner Nord-Imo-Treuhand.«

Stremmel starrte Reiß, der sich die ganze Zeit über noch nicht aus seiner Position an der Tür gelöst hatte, feindselig an.

»Schicken Sie mir eine Vorladung.«

»Die Grundstücke hat Höschler erst vor einem halben Jahr gekauft. Für ein paar Mark. Das war Brachfläche. Noch nicht mal Bauerwartungsland. Gar nichts.«

Stremmel schwieg. Versteinerte.

»Was wird er für'n Schnitt machen, wenn die Stadt ihm die Grundstücke abkauft?«

Schweigen.

»Zwanzig Millionen? Fünfzig Millionen? Hundert Millionen? – Und Sie sind mit Fünfzigtausend dabei. Da können Sie gerade mal die Hypothek mit ablösen. Und in 'nem Jahr brauchen Sie wieder 'ne Spritze, weil Ihre Freunde Ihnen nichts mehr pumpen. Aber dann hat Höschler den Sack schon lange zugemacht und wird Ihnen was blasen.«

»Ich sage nichts mehr.«

»Ich an Ihrer Stelle würd mich nicht so abspeisen lassen. Ich würd mindestens das Doppelte verlangen. Schon allein dafür, daß ich die Schnauze darüber halte, daß Höschler bei dem Deal nur den Strohmann für Ossendorf abgibt.«

Stremmel schwieg. War jetzt leichenblaß. Biß aber die Zähne aufeinander, suchte Haltung zu bewahren. Reiß überlegte, ob er ihm massiv drohen, ihm ein Ultimatum, eine Frist setzen sollte. Ließ es aber. Hatte genug gesehen. Wußte genug. Das reichte. Er fixierte Stremmel ein, zwei Sekunden lang. Dann drückte er hinter sich die Türklinke herunter, drehte sich um und ging hinaus.

Im Präsidium war er zwanzig Minuten vor dem von Ebinghaus einberufenen MK-Termin. Von seinem Büro aus rief er Satorius im *Express* an und hatte ihn gleich am Apparat.

»Ich hab vielleicht was Neues in unserem Fall«, sagte Reiß.
»Vielleicht gibt's nicht bei mir. Beeil dich. Ich hab 'nen Auswärtstermin.« Satorius hatte noch nichts getrunken. War nervös.
»Was weißt du über die Megahalle?«
»Die Megahalle! Meine Fresse, die Megahalle! Steht doch jeden Tag was drüber im *Stadt-Anzeiger* und in der *Rundschau*! Was soll ich drüber wissen? Außer, daß ich grade auf dem Weg dahin bin.«
»Du? Du bist auf dem Weg zur Megahalle? Die gibt's doch noch gar nicht, oder?« Reiß hatte tatsächlich keine Ahnung. Hatte durch Ines Ossendorf und eben durch Stremmel zum ersten Mal etwas davon gehört.
»'türlich gibt's die noch nicht, meine Güte. Aber irgendwelche Chaoten haben heut morgen das Gelände besetzt, wo die drauf gebaut werden soll. Die halbe Lokalredaktion liegt mit Angina im Bett, und deswegen muß ich hin. Die Grünen machen 'ne Pressekonferenz da, also mach voran!«
»Ich hab was, was genau das Gelände für die Megahalle angeht. Das Gelände, das der Stadt noch nicht gehört und das im Augenblick gekauft wird.«
»'n Knaller?«
»Aber unter zwei.«
»Unter zwei.«
Ihr alter Kode dafür, daß Satorius seine Quelle unter keinen Umständen, auch nicht andeutungsweise, preisgeben durfte.
»Ein Deal, in dem unser Mann, mein Mann, drinsteckt. Hinter 'nem Strohmann. Der Strohmann heißt Höschler. Hat mit einer Nord-Imo-Gesellschaft die Grundstücke vor 'nem halben Jahr aufgekauft. Unser Mann scheint da schon Bescheid gewußt zu haben und hat Höschler vorgeschickt. Wahrscheinlich, weil er selbst nicht aus der Deckung rauskonnte. Keine Ahnung. Jedenfalls schmiert er 'nen Typen im Liegenschaftsamt.«
Satorius am anderen Ende atmete flach. Sagte nichts. Überlegte.
»Ist das hundertprozentig?« fragte er schließlich.
»Achtundneunzig«, sagte Reiß.
»Das ist 'ne Nummer«, sagte Satorius. »Wenn da nur achtzig Prozent von dem, was du gesagt hast, dran sind, bricht ihm das als KEC-Präsident den Hals. Und auch sonst.«
Reiß sagte nichts.

»Das wird der sich nicht gefallen lassen«, sagte Satorius.

»Meinst du?« Reiß spürte das satte Völlegefühl des Triumphs in sich aufsteigen.

»Der wird ahnen, daß *du* die Scheiße aufgerührt hast. Der konnte sich ja schon an fünf Fingern abzählen, daß die Informationen aus meinem Artikel nur von dir stammen konnten.«

»Und wenn schon.«

Wieder Schweigen. Satorius schien tatsächlich ernsthaft nachzudenken.

»Ich hab davon gehört, daß der sich zwei, drei Muskelmänner gekauft hat, die 'nem Ex-Kunden von ihm, der ihn wegen Betrugs anzeigen wollte, beide Schienbeine gebrochen haben. Und ich hab von 'nem Anwalt gehört, der Kläger gegen ihn vertreten hat, dem hat er die Kanzlei ausräumen lassen. Plattgemacht und verbrannt.«

»Na und?« sagte Reiß. Das Triumphgefühl füllte ihn jetzt völlig aus. Er hatte es geschafft.

24.

So etwas! So etwas! So etwas! Hella glaubte, sie müsse jeden Augenblick die Besinnung verlieren. Oh nein! Oh nein! Oh nein! Ohhhhhh! Uhhhhhh! Das war der neunte oder zehnte Orgasmus. Bis zum dritten hatte sie noch mitzählen können. Dann hatte sie sich treiben lassen. Zuerst einen reißenden Fluß hinunter, dann einen Strom und jetzt, jetzt trieb sie mitten auf dem Ozean, in die Unendlichkeit hinein, hob sich, senkte sich, wurde gehoben, herabgelassen, gehoben, – treiben, treiben. Ahhhhh! Hiawatha merkte, daß sie wieder kam und erhöhte leicht die Schlagzahl.

Auf dem Dorfplatz der Shoshonen, knapp drei Meter vor Hiawathas Zelt, in dem Hella sich gerade immer weiter auf den Ozean hinausschaukeln ließ, setzte der Kameramann des »Aktuelle-Stunde«-Teams die Kamera aufs Stativ, der Techniker fummelte am Rekorder. »Weißabgleich!«, murmelte der Kameramann. Der

Techniker hielt einen weißen Tagesdispozettel vors Objektiv. Gerald, der Redakteur, ein freier Mitarbeiter der »Aktuellen Stunde« und alter Kumpel Hellas aus Ho-Ho-Tschi-Minh-Tagen, der seit Jahren schon über jede Aktion Hellas einen Bericht machte, hatte beide Hände zu einem Quadrat geformt und suchte den Dorfplatz nach Motiven ab, über die er seine Einleitung zum geplanten anderthalb-Minuten-Beitrag sprechen könnte. Heisterbach, der Fotograf der *Rundschau*, stand ein paar Meter entfernt, drehte sich im Kreis und ließ den Winder seiner F4 heiß laufen, jagte schon den dritten Film durch: spielende Indianerkinder, die halbwilden Hunde, die an den Füßen gefesselten Ponys, eine Alte am Lagerfeuer, über einen eisernen Kochtopf gebeugt, herumlungernde indianische Jugendliche. Alles Totale. Heisterbach lieferte prinzipiell nur Totale ab. Susanne Häring, die Lokal-Redakteurin vom *Stadt-Anzeiger* mit der schon seit zwei Jahren gehegten Ambition, endlich im *Stadt-Anzeiger* eine Frauen-Seite durchzusetzen, hatte sich zu den Squaws aus Hiawathas Weiberrat nahe am Langhaus gehockt, schaute ihnen beim Abschuppen von im Rhein gefangenen Rotaugen zu und versuchte dabei von ihnen etwas über den Stand der Frauen-Emanzipation bei den Indianern im allgemeinen und den Shoshonen im besonderen zu erfahren. Pick, der *Express*-Fotograf, betrat mit über die Schulter gehängten Rollschuhen den Dorfplatz – die holprigen Wege des Shoshonen-Reservats hatten sein übliches elegantes Heranschwingen unmöglich gemacht –, stellte an seiner blitzlichtbewehrten F4 die Blende ein, blickte sich um, sah durch die Büsche hindurch, zum Rhein hin, wo Robin Wood im Verein mit Drittwelt-Aktivisten Palisaden rings um das Gelände errichteten, überlegte, ob er das fotografieren sollte und kam dann doch zu dem Entschluß, daß nichts von dem, was er sah, eine Aufnahme wert sei. Kein einziger Prominenter in Sicht.

»Hallo Gerald. Wo ess dat Hella?« fragte er Gerald von der »Aktuellen Stunde«.

»Die ist gerade bei 'ner Besprechung für die Pressekonferenz. Beim Häuptling, im Zelt«, antwortete Gerald, ohne das Finger-Karree von den Augen zu nehmen.

Pick, der keine Zeit hatte, weil in einer halben Stunde das Literarische Komitee des Festkomitees Kölner Karneval die neuen Büttenredner der kommenden Session vorstellen würde, trat auf den Zelteingang zu. Wie aus dem Boden geschossen war eine von Hiawathas Squaws vor ihm, verwehrte ihm mit einer absperrenden Armbewegung den Zutritt.

»Der Sachem hät jerad zu dun«, sagte die schwarzbezopfte Indianerin im perlenverzierten Elchlederkostüm in unverkennbarem Altermarkts-Kölsch.

»Hella!« rief Pick. »Hella, komm raus! Ich mach 'n Foto von dir!«

»Hella! – Hella!« Wie durch das tosende Rauschen der Niagara-Fälle hörte Hella ihren Namen. Sie saß mit gespreizten Beinen auf dem Sachem, der, sich auf den Ellbogen abstützend, auf dem Rücken lag und mit der kraftvollen Präzision des Kolbens einer Dampfmaschine den Hintern vom Büffelfell gegen Hellas Becken hob, ihn wieder zurücksinken, dann wieder emporschnellen ließ, heben, senken, heben, senken. »Jaaaaa!« schrie Hella. »Ich komme! Ich komme!« Sie kam zum elften Mal, breitete dabei die Arme aus wie zum Fluge und ihr war jetzt tatsächlich so, als erhöbe sie sich mit den Schwingen eines Kormorans über die gewaltigen Wogen des Pazifiks.

Draußen waren mit Satorius Rudi, der Kulturreferent der Grünen, und Joachim vom Sülzer SPD-Ortsverein am Schauplatz eingetroffen. Sie waren sich am totempfahlbewachten Eingang zur ehemaligen Schrebergartenkolonie begegnet, und Rudi hatte auf dem Weg bis zum Dorfplatz auf Satorius eingeredet: daß dies hier keineswegs als eine Aktion der Grünen zu bewerten sei, daß die Grünen sich von Hellas Shoshonen-Engagement zwar nicht offiziell distanzierten, es aber doch eine Mehrheit in der Ratsfraktion gebe, die das für blinden Aktionismus hielte. Noch sei ja gar nicht ausgemacht und im Rat beschlossen, daß hier tatsächlich die Megahalle gebaut würde und daß, wenn das dann tatsächlich der Fall sein sollte, immer noch Zeit genug wäre, aufklärende, öffentlichkeitswirksame Maßnahmen anzugehen. Auch Joachim von der SPD beteuerte, daß er keineswegs als Parteifunktionär, lediglich als Privatperson hier sei, und sein Ortsverein Hellas Aktion zwar wohlwollend, wenn auch mit kritischer Distanz, verfolge, gleichzeitig aber auch mit sehr viel Skepsis die Pläne Henseleits, um nicht zu sagen die Machenschaften Henseleits, im Rat beobachte.

So, wie es aussähe, liefe das auf eine ganz klare Mauschelei mit der CDU hinaus, und dafür seien seine Leute auf gar keinen Fall zu haben, da müsse Henseleit mit einem ganz klaren Gegenwind aus seinem Ortsverein rechnen. Satorius dröhnten die Ohren. Er verstand nichts von dem, was die beiden ihm erzählten.

»Ja, Herrgott! Was sind denn das für Pläne? Die schieben die Megahalle doch schon seit 'nem Jahr vor sich her! Gibt's denn jetzt 'nen neuen Fraktionsbeschluß?«

»Gestern, ja«, wußte Rudi

»Aber knapp«, schränkte Joachim ein.

»Das heißt, im Rat stimmen nicht alle Genosssen dafür? Kommt das denn überhaupt durch?« Satorius sah sich fahrig um, entdeckte außer Pick niemanden, der ihn hätte interessieren können. Für die Folklore ringsum hatte er ohnehin keinen Sinn und auch nicht vor, dem ganzen Indianer-Geschisse in seinem Artikel irgendeine besondere Bedeutung beizumessen.

Joachim kam dicht an Satorius heran, flüsterte ihm ins Ohr, so, daß Rudi von den Grünen nicht mithören konnte: »Henseleit ist im Sion mit dem Oberstadtdirektor gesehen worden. Die haben über die Megahalle gesprochen! Das sagt doch schon alles!«

»Versteh ich nicht!«, sagte Satorius laut, so daß Rudi von den Grünen mithören konnte. Und weiter, laut, bloß um den SPD-Ortsvereins-Heini zu ärgern, dabei ein Auge auf Rudi richtend, während das andere auf Joachim fixiert blieb: »Was soll das denn heißen, daß Henseleit mit Röckerath im Sion über die Megahalle gesprochen hat?«

Joachim vom Sülzer Ortsverein schwieg beleidigt. Aber Rudi von den Grünen wußte gleich Bescheid:

»Der ist sich sicher, daß er die Megahalle durchkriegt! Daß er Fraktionsvorsitzender wird, heißt das! Und daß er im Rat die Mehrheit für die Halle mit CDU-Stimmen kriegt! Das kennen wir doch! Die klammheimliche schwarz-rote Front. Richtet sich doch wieder mal bloß gegen uns! Hauptsache, sie halten uns aus allem raus, boxen ihre Milliarden-Verschwendung, ihre Prestige-Objekte hinter unserem Rücken durch, und die freien Theater gucken wieder mal in die Röhre, und die Cinemathek, und das Tanz-Forum ...«

»Wußte gar nicht, daß der Henseleit es mit der CDU so gut kann«, unterbrach Satorius Rudis Gejammer.

»Das ist doch 'n offenes Geheimnis!« Joachim vom Sülzer SPD-Ortsverein gab sein Beleidigtsein auf, weil er die Chance erkannte, eine Intrige in den *Express* zu lancieren. Zweimal hatte er für einen Ratssitz kandidiert, zweimal war er abgeschossen, nicht gewählt worden. Vielleicht, wenn er Bewegung in die Fraktion brachte? – Man konnte nie wissen. »Jedenfalls kann's Henseleit beispielsweise schon seit langem viel besser mit Bock als mit Schautzer. Und im übrigen«, Joachim wechselte in eine vertrauliche Tonlage, »im übrigen braucht er die CDU-Fraktion gar nicht direkt ...«

»Sondern?« Satorius war plötzlich aufmerksam. Ahnte, daß es etwas tatsächlich Neues zu erfahren geben könnte.

»Der steckt doch mit Ossendorf unter einer Decke! Und Ossendorf kann die Hälfte der Leute in der CDU-Fraktion wie Marionetten bewegen, weil er sie mit seinen Steuersparmodellen bedient hat und weiß, was sie am Finanzamt vorbeiquetschen.«

»Ach«, sagte Satorius.

Ein Lkw-Diesel heulte auf. Alle sahen hin. Der verbeulte, rotblau bemalte Lastwagen des SSK brach sich einen Weg durch die Zweige der den Dorfplatz umstehenden Obstbäume, hielt nach ein paar Metern. Die Ladeklappen sprangen auf, fielen herunter. Aus dem Laderaum kamen ein paar SSK-Gestalten, gleichzeitig tauchte ein halbes Dutzend vermummter Autonomer aus den Büschen auf, und SSKler und Autonome begannen, Stacheldrahtrollen und Spanische Reiter aus dem Lastwagen zu entladen. Heisterbach war mit seiner F4 gleich zur Stelle. Der Kameramann der »Aktuellen Stunde« schwenkte seine Ikegami auf die Entladeaktion, bediente den automatischen Zoom. Aber Gerald rief ihm zu »Stop! Das brauchen wir nicht!« Es war keineswegs in Geralds Sinn, die Aktion seiner alten Genossin Hella durch martialische Bilder zu desavouieren.

»Was soll'n das?« fragte Satorius Rudi von den Grünen.

Rudi schüttelte bekümmert den Kopf.

»Das? Das ist genau der Grund, weshalb beispielsweise der Kölner Frauen-Geschichtsverein von der Aktion abgesprungen ist«, sagte er, wider besseres Wissen, nur um Hella eins auszuwischen. Denn tatsächlich waren Gerda und Margit von der Historikerinnen-Gruppe, gleichzeitig Mitglieder des »Geschlagene-Frauen-e.V.«, deswegen aus der »Rettet-die-Shoshonen«-Front ausgeschert, weil sie hinter Hiawathas Vielweiberei gekommen waren.

»Hella hat das Ganze nicht mehr im Griff«, setzte Rudi hinzu. »Der entgleitet das Kommando. Das übernehmen jetzt die Autonomen.«
Satorius sagte nichts.

Als Hella auf gummiweichen Knien und von einem ermattenden Glückgefühl durchströmt aus Hiawathas Zelt trat, Pick, Heisterbach und Gerald von der »Aktuellen Stunde« auf sie losstürmten, Pick schon von weitem rief: »Hella! Guck mal! Und schön Zähnchen zeigen!«, hatte Satorius den Dorfplatz bereits verlassen. Das Shoshonengeschisse interessierte ihn nicht mehr. In seinem Kopf formte sich der Artikel. Der würde einschlagen wie eine Granate.

25.

»Irgendwas stinkt doch da!«, sagte Robakowski. »Ich kann das einfach nicht glauben! Warum sagt er im ersten Verhör durch Reiß aus, daß er in der Nacht von Sonntag auf Montag in Freiburg oder auf dem Weg nach Freiburg war, – und dann sagt er, er wär bei der Poehner in Frankfurt gewesen und die Poehner bestätigt das prompt. – Prompt. Wie auf Bestellung!«

»Es gibt auch noch den anderen Zeugen in Frankfurt. Den Rentner. Den kann er nicht bestellt haben«, sagte Ebinghaus.

»Warum nicht? Warum soll er das nicht gekonnt haben?« Robo blieb dran.

Reiß blickte zu ihm herüber. Robo sah sauer, verbissen aus. Vielleicht biß er sich nicht nur wegen ihm, um ihm den Rücken zu stärken, so fest. Seine Einwände, sein Widerstand gegen Ebinghaus' offensichtliche Bemühung, die Akte Lebien zu schließen, waren logisch begründet. Wenn ein Tatverdächtiger einmal lügt, dann lügt er auch ein zweites Mal. Wenn er ein Geständnis widerruft, dann widerruft er auch das zweite Geständnis. Und so weiter. Man braucht sich ja nur mal an die Aussagen und Geständnisse im Solingen-Prozeß zu erinnern.

»Also. Was schlägst du vor?« fragte Ebinghaus. Keine echte Aufforderung. Nur eine Formsache, um Robo nicht vor den Kopf zu stoßen.

»Daß wir die Poehner und diesen Rentner in Frankfurt selbst in die Mangel nehmen«, sagte Robakowski.

»Geschenkt«, sagte Poensgen. Er hockte verkehrt herum auf einem Stuhl, hatte beide Arme lässig über die Lehne gehängt, ließ sie herunterbaumeln. Auch Poensgen machte auf Reiß den Eindruck, als wenn er der Lebien-Sache überdrüssig sei.

»Wieso geschenkt?« Robakowski klang jetzt aggressiv.

Das Telefon auf Ebinghaus' Schreibtisch schrillte. Ebinghaus nahm ab und sagte, nachdem er sich gemeldet und ein paar Sekunden lang schweigend den Hörer am Ohr gehabt hatte, »Okay« und legte auf.

»Schumacher«, sagte er zu Reiß. »Möchtest mal in sein Büro kommen.«

Schumacher war nicht allein in seinem Büro. An die Wand rechts vom Fenster gelehnt stand Ottersbach, der Leiter K. Er fixierte Reiß kurz, als der hereinkam, blickte dann weg, zum Fenster hinaus, wo es nichts zu sehen gab als die durch Regendunst verhangene Silhouette des Finanzamtes Köln-Mitte. Ottersbach war auf hundert. Schumacher saß hinter seinem Schreibtisch, die Hände flach auf die grüne Linoleum-Unterlage gepreßt, das Gesicht dreimal so rot wie gewöhnlich. Schumacher war auf hundertfünfzig. Vor Schumachers Schreibtisch saß ein uniformierter Streifenpolizist, die Mütze auf den eng nebeneinander gestellten Knien vor sich mit beiden Händen festhaltend. Es war der rotwangige Bauernjunge, der vor Reiß an der Leiche der Lebien war. Schumacher beobachtete Reiß' Blick auf den Jungen genau. Reiß gab ihm nicht die Chance, irgendeine Gefühlsregung in seinem Gesicht auszumachen.

»Der Kollege Hopf hat uns eben ein paar Ergänzungen zu seinem Bericht über die Leichensache Lebien von Montag gegeben«, sagte Schumacher, ohne Einleitung, ohne Vorstellung, mit einer Stimme, die vor Beherrschtheit knarrte. »Könnten Sie das bitte noch einmal vortragen, Herr Hopf?«

»Ich kenne den Bericht«, sagte Reiß. Er sagte es gelassen, um Schumacher zu provozieren. Wenn Schumacher explodierte, würde das die Prozedur hier, von der er ahnte, worauf sie hinauslief, abkürzen. Aber Schumacher ließ sich so schnell nicht aus der Reserve locken.

»Es geht um Ergänzungen«, sagte er mit der gleichen beherrschten Stimme wie zuvor.

»Warum wissen wir in der MK noch nichts von diesen Ergänzungen?« fragte Reiß, diesmal nicht gelassen, sondern frech. Sie sollten nicht glauben, daß er ihnen hier die Vorstellung eines demütigen Opferlamms bot.

»Es gibt keine MK Lebien mehr«, zischte Ottersbach von der Wand her. »Und jetzt hören Sie gefälligst zu!«

»Bitte«, sagte Schumacher zu dem Streifenpolizisten.

»Es ist also so«, sagte der, einen um Verständnis werbenden Blick zum neben ihm stehenden Reiß hoch schickend, »daß der Herr Schumacher mich gebeten hat, Ihren Bericht über diese Leichensache mit meinem Bericht abzugleichen.«

»Warum?« Reiß sah Schumacher an.

»Sie stellen hier nicht die Fragen!« Ottersbach donnerte, daß Reiß die Wand hinter ihm beben zu sehen meinte. »Hören Sie jetzt gefälligst zu!«

»Machen Sie weiter«, sagte Schumacher zu Hopf.

»Ja, also.« Der Polizist sah seine Mütze an. »Ein paar Details stimmen da nicht überein. Die Lage der Leiche. Als ich da runter kam, lag sie ziemlich nah, fast gleich beim Treppenabsatz. Und der Kollege schreibt, daß sie fast anderthalb Meter davon entfernt gelegen hat.«

»In Ihrem Bericht steht nichts über die Lage der Leiche«, sagte Reiß.

»Es ist nicht seine Aufgabe, über die Lage, die genaue Lage der Leiche zu berichten«, Schumacher knarrte nicht mehr, er konnte vor lauter Selbstbeherrschung nur noch krächzen.

»Und im übrigen«, sagte Ottersbach, »handelt es sich hier, wie Sie bemerkt haben dürften, um die Aussagen eines Zeugen, der Ihre Version korrigiert.«

»Bitte«, sagte Reiß in der Tonlage kalter Ironie. Was seiner tatsächlichen Stimmung entsprach. Er war überrascht, daß sie es so ernst nahmen, daß sie überhaupt auf die Idee gekommen waren. Aber merkwürdigerweise empfand er sich nicht in der Enge, spürte keine Angst. Es ließ ihn seltsam kalt, das, was kommen würde.

»Fahren Sie bitte fort«, sagte Schumacher zu Hopf.

»Ja, also«, sagte der Junge und richtete seinen Blick wieder auf die Mütze. »Da stand im Bericht von Hauptkommissar Reiß noch die Sache mit den Schlüsseln. Daß die Tote keine Schlüssel gehabt hat ...«

Unsicher sah der Junge jetzt zu Reiß hoch, es schien ihm peinlich, gegen ihn auszusagen.

»Tut mir leid«, sagte er, »aber ich glaube, ich habe einen Schlüsselbund auf dem Boden gesehen, als der Notarzt sie umdrehte.«

»*Meinen* Sie. *Glauben* Sie«, sagte Reiß.

»Haben Sie einen Schlüsselbund in seiner Hand gesehen oder haben Sie nicht?« fuhr Ottersbach dazwischen.

»Ja«, sagte der Polizist. »Habe ich.«

»Okay, das war's. Sie können gehen«, sagte Schumacher.

Der Polizist stand auf, sah sich um, senkte, als er Reiß anschaute, den Kopf, drehte seine Mütze zwischen den Händen und ging. Schumacher und Ottersbach starrten Reiß ein paar Sekunden lang schweigend an. Glauben, jetzt sei ich weich, würde zusammenbrechen, heulen oder sonstwas. Haben keine Ahnung, wie egal mir ihre Show ist. Reiß grinste.

»Er *meint*, er hätte einen Schlüsselbund bei ihr gesehen. Er *meint*, sie hätte gleich am Treppenabsatz gelegen. Ja und? Spielt das eine Rolle, was er meint?«

»Werden Sie nicht auch noch unverschämt!«, schrie Ottersbach.

»Sie haben die Sache getürkt, Reiß!«, sagte Schumacher, jetzt kalt, mit drohendem Vibrato.

»Getürkt? Warum um alles in der Welt soll ich eine beschissene Leichensache türken?«

»Wir dachten, Sie sagen es uns. Jetzt«, sagte Ottersbach.

»Dachten Sie. Ich an Ihrer Stelle würde zuerst mal versuchen, mir so einen Scheiß nachzuweisen. Ich hab immer geglaubt, so rum geht sowas. Sie weisen es mir nach, und danach sage ich Ihnen was.«

»Warum haben Sie dem *Express* Informationen über den Fall gegeben?« Schumacher.

»Warum haben Sie versucht, einen Mord zu konstruieren?« Ottersbach.

»Warum haben Sie versucht, den Verdacht auf Ossendorf zu lenken?« Schumacher.

»Warum haben Sie verschwiegen, daß Sie die Poehner in Frankfurt angerufen haben und von ihr erfahren haben, daß Ossendorf bei ihr war?« Ottersbach.

Auch das hatten sie spitzbekommen. Meine Güte. Was für eine Mühe sie sich gegeben hatten.

»Wie gesagt.« Reiß zupfte sich eine imaginäre Staubflocke vom Jackett. »Weisen Sie mir was nach, dann sprechen wir weiter.«

Er ging zur Tür.

»Bleiben Sie gefälligst hier!« schrie Ottersbach.

Reiß öffnete die Tür und ging hinaus.

In seinem Büro schob er sich in seinem Schreibtischsessel einen halben Meter vom Schreibtisch weg, so, daß er ihn ganz überblicken, auch in die Schubladen, die er vorher geöffnet hatte, hineinsehen konnte. Er sah nichts, was ihm wert gewesen wäre, es mitzunehmen. Dann zog er seinen Schlüsselbund aus der Jacketttasche und öffnete das unterste linke Schubfach, holte seine Dienstwaffe heraus, lud sie durch, hielt den Schlitten zurück und sah in die Kammer. Sie war leer.

»Mann! Bist du wahnsinnig!«

Robakowski war zur Tür hereingekommen und jetzt mit zwei Schritten bei Reiß. Reiß grinste ihn an.

»Sie ist nicht geladen.«

Reiß bückte sich, nahm das gefüllte Ersatzmagazin aus der Schublade, ließ das leere Magazin aus der Waffe schnappen, schob das volle hinein und steckte beides, die Waffe und das leere Magazin, in seine Jackettasche. Dann bückte er sich noch einmal, kramte ein 25er Päckchen 9mm-Munition hervor und steckte es in die andere Jackettasche. Das Holster ließ er im Schubfach. Er hatte nicht vor, kampfbereit bewaffnet herumzulaufen. Das hatte er noch nie getan.

»Was hast du vor?« fragte Robakowski, der ihn die ganze Zeit über beobachtet hatte.

»Ich räum meinen Schreibtisch auf«, sagte Reiß. »Das macht man doch, wenn man vom Dienst suspendiert ist, oder?«

»*Vorläufig* suspendiert«, sagte Robakowski.

»Ihr wißt es also?«

»Ebinghaus hat's uns gesagt, nachdem du zu Schumacher rübergegangen bist.«
»Er wußte es also schon die ganze Zeit?«
Robakowski sagte nichts. Starrte Reiß nur an. Es war schwer zu sagen, was in ihm vorging. Ob er sauer auf ihn war, weil er sich so völlig sinnlos für ihn ihn ins Zeug geworfen hatte und vielleicht hätte erwarten können, daß er ihn aufklärte, ihm zumindest einen Hinweis geben würde. Oder ob er Mitleid hatte. Mit so einem armen Irren wie ihm.
»Was hast du mit der Knarre vor?« fragte Robakowski. Also doch eher Mitleid. Wenn schon.
»Mach dir keine Sorgen«, sagte Reiß und stand auf. »Gehst du mit auf'n Kaffee ins Piccadilly?«

Beim Pächter des Piccadilly schien mit fünfzehnjähriger Verspätung angekommen zu sein, daß Neon in sei. Er hatte das Lokal vor einem halben Jahr von einem Griechen übernommen. Der Grieche hatte jahrelang von Bullen unterschlagene Asservate verhehlt und von einem auf den anderen Tag verschwinden müssen, nachdem er einen Tip bekommen hatte. Der Besitzerwechsel bedeutete für die Kripoleute allerdings nur den Wechsel von einer Geschmacklosigkeit zur anderen. Statt Plastikweinreben und verstaubter Fischernetze schmückten jetzt blaue und gelbe Neonröhren die Wände und vermittelten einem um jede beliebige Tageszeit das Gefühl, man habe die eine Hälfte der Nacht trinkend und die andere kotzend verbracht. Ein Umstand allerdings, der nur die sentimentalen Trinker des Präsidiums davon abgebracht hatte, das Piccadilly weiterhin als Feierabendkneipe zu benutzen.
Reiß rührte in seinem Kaffee und traute sich nicht, davon zu trinken, weil er wußte, daß er mindestens vier Stunden alt war.
»Du hast Ossendorf also bewundert? – Bewundert oder was?« sagte Robakowski.
»Ja, ja. Das war's wohl. Vielleicht sogar noch mehr. Er war vielleicht sogar 'ne Art Idol für mich.«
»Idol? So wie früher Elvis Presley? Oder James Dean?« Robakowski lachte.
»Ja. Vielleicht so in der Art. Er hatte alles, was ich nicht hatte oder was ich glaubte, nicht zu haben, und haben oder sein wollte. Ja.«

»Aber wieso denn? Versteh ich nicht. Du warst es doch, der alles hatte! Dein Vater Anwalt, jede Menge Kohle, 'ne Villa in Lindenthal...«

»Wahrscheinlich genau deswegen. Ossendorf hatte das alles nicht. Er hatte nicht die Voraussetzungen, den Hintergrund wie ich, das Startkapital...« Reiß schwieg, dachte, der andere könnte das verstehen. Aber Robakowski schwieg auch, vielleicht verstand er, aber er wollte mehr hören, eine ausführlichere Erklärung hören. Reiß atmete tief ein.

»Er hat das alles selber gemacht, verstehst du? Alles selbst auf die Beine gestellt, was ich schon hatte oder hätte haben können, wenn ich gewollt hätte. Ich war schwach, vielleicht deswegen, vielleicht wegen des Startkapitals oder auch einfach so. Ich war schwach und er war stark.«

»Ja, verstehe, ungefähr«, sagte Robakowski.

»Er kam bei den Mädchen an, damals, in der Schule. Ging mit ihnen, eine nach der anderen, schleppte sie alle im Saint Tropez ab, wenn sie wie wir die Schulmesse schwänzten.« Reiß kam etwas in Fahrt. »Er spielte besser Tennis als ich, obwohl er das erst angefangen hatte, und ich, seitdem ich neun oder zehn war, im Verein, bei Blau-Weiß, spielte. Er hatte es besser drauf. Mehr Energie. Wahrscheinlich auch die besseren Hebel. Er war, – er ist fünfzehn Zentimeter größer als ich. Immerhin.«

»Er war sowas wie'n großer Bruder für dich.«

»Ja. Vielleicht. Ja. Größer auch, ja.«

»Du hast ihn auch beneidet, weil er größer war als du?«

»Größer. Stärker. Besser. Besser auch in der Schule. Er wußte, worauf's ankam. In allem zielstrebiger.«

Eine Weile schwiegen sie. Robakowski ließ den letzten schmelzenden Eiswürfel in seinem Mineralwasserglas klimpern, nahm dann einen bedächtigen Schluck, setzte das Glas aber nicht ab, behielt es in der Hand.

»Aber das kann doch nicht im Ernst der Grund dafür sein, daß du ihn jetzt so haßt, daß du deine Karriere dafür aufs Spiel setzt!«

»Karriere, meine Güte! Was denn für 'ne Karriere?«

»Immerhin.« Robakowski klang ein wenig eingeschnappt.

»Nein, nein. Nicht, was du meinst«, sagte Reiß. »Der Job ist okay, ist vielleicht okay. Ich meine auch nicht, daß ich was besseres verdient hätte oder was besseres bin, überhaupt nicht.«

»Sondern?«
»Ich komm nicht weiter. Das hat mit dem Job nichts zu tun. Ich komm einfach nicht weiter. Das ist mir klargeworden, seitdem ich mit dem Saufen aufgehört hab. Egal, was ich sonst gemacht hätte, was ich sonst wäre oder so, ich käm auf keinen Fall weiter.«
»Versteh ich nicht«, sagte Robakowski.
Reiß zuckte die Schulter. Das war viel zu schwer zu erklären. Er wußte es ja auch selbst nicht. Das einzige, was er wußte, war, daß, nachdem er vier oder fünf Tage nicht mehr gesoffen hatte und als er vor der Leiche der Lebien stand und als er ahnte, was er mit dieser Leichensache machen konnte, es so war, als sei er aus einem Traum, nein, nicht aus einem Traum: aus einem Koma aufgewacht.
»Trotzdem«, sagte Robakowski. »Trotzdem geht mir das nicht rein. Ich seh nicht, weshalb du so'n Scheiß machst, diesen Fall so getürkt hast, – du hättest doch wissen müssen, daß das rauskommt!«
»Was soll denn rauskommen? Sie können mir doch nicht für fünf Pfennige was nachweisen!«
Robakowski überlegte kurz, sagte dann: »Nein. Eigentlich nicht.«
Sie schwiegen wieder eine Weile. Schließlich schüttelte Robakowski den Kopf.
»Trotzdem versteh ich nicht, weshalb du sowas machst, soviel riskierst. Nur, weil du so'n Typen früher mal bewundert hast und er sich dann als Drecksack rausgestellt hat, – so viel Haß! Das kann's doch nicht sein! Da ist doch noch was anderes gelaufen!«
»Ja. Ist es«, sagte Reiß.

26.

Es waren fast null Grad. Das erste Mal in diesem Herbst richtig kalt. Von Mittag an hatte es genieselt, die Stadt unter einer tiefhängenden, geschlossen-grauen Wolkenmasse zuerst vor sich hingedampft, dann gebibbert, gefroren. Nichts mit Goldenem Oktober, oder wie die weinsaufenden Spießer sich sonst den Herbst vorstellen. Obwohl: für den Job hätte sie liebend gerne so'n Spießerwetter. Aber nichts. Pißnaß. Scheißkalt. Lu trat von einem Fuß auf den anderen. Die Füße schmerzten. Die neuen Dr. Martens mit den Stahlkappen, die sie sich zugelegt hatte, nachdem ihr aufgegangen war, daß der neue Job eigentlich genau das richtige für sie war, ihr zumindest 'ne Menge Spaß brachte, waren noch nicht richtig eingelaufen. Wie sie sich überhaupt an die neuen Klamotten, mal ganz davon abgesehen, daß sie jetzt klamm, fast durchnäßt waren, erst noch gewöhnen mußte: die schwarz-gelb-gefleckten, weit ausgestellten und mit tausend Taschen versehenen Nahkampfhosen, die schwarze John Mikel's Bomberjacke, – vielleicht 'ne Nummer zu weit und deswegen nicht warm genug. Lu begann zu hopsen, ließ es aber wieder, weil dadurch die Füße noch mehr weh taten. Wo bleibt der Wichser? Ist schon über 'ne Viertelstunde zu spät dran. Für'n Beamtentrottel, Gewohnheitstier 'ne Ewigkeit. Ich frier mir noch den Arsch ab. Komm! Mach schon! Zieh endlich deine blöde Töle Gassi! Doch im Flur des Hauses gegenüber ging kein Licht an, Stremmel ließ sich nicht blicken. Lu schaltete den Walkman an und klemmte sich die Kopfhörer über, begann, sich im unendlich langsamen Takt von *Jam&spoon's Stella* zu wiegen. Tu-tu Hold me! Love me! tu-tu Hold me! Love me! tu-tu Hold me! Love me! tu-tu. Ziemlich runtergekommen bist du. Mußt dich hier stundenlang einregnen lassen. Bräuchtest eigentlich 'n Schlitten. 'n Schatten braucht 'n Schlitten! 'n Schatten braucht 'n Schlitten! Tu-tu. Hold me! Love me! Tu-tu. Ach was, runtergekommen! Nimm's doch mal so, stell dir doch bloß mal kurz vor, du wärst immer noch an der Uni, morgens um sieben anatomisches Praktikum, jede Woche 'ne Klausur, Arbeitsgruppen, büffeln, um dich rum die ekligen Streber, oh no! No Sir! Wär bestimmt überhaupt kein Problem gewesen, das Studium durchzuziehen, sie war zehnmal so clever wie alle anderen, die ihr begegnet waren, schon in der Schule, und auch beim Studium hatte sie niemanden getroffen, der's so draufgehabt hatte wie sie. In allem. Aber die anderen! Die anderen sind die Hölle. Unerträgliche Miniaturen ihrer aufgeblasenen wichtigtuerischen Alten oder verklemmte Aufsteiger, Streber, mit einer Kleingeldzählmaschine statt einem Herzen bestückt. Unfreie

Wichtlinge. Keine Ahnung, was Freiheit ist. Freiheit von allem und für alles. Freiheit selbst von der eigenen Meinung. Vor allem von Meinung. Und Meinung, ja Meinung, das ist es nämlich, was sie alle haben, alle haben sie eine beschissene kleine Meinung. Natürlich ihre Meinung. Weil sie glauben, daß das das einzige ist, was man wirklich haben, haben, haben kann im Kopf. Eine beschissene kleine Meinung zu allem und über alles. Und sei's 'ne Meinung über die Marke des Klopapiers.

Gegenüber im Hausflur ging das Licht an, dreißig Sekunden später zog Stremmel den Dackel aus der Tür und marschierte, zielbewußt, wie jeden Abend – und mit einigem Kraftaufwand, wie jeden Abend, den Hund hinter sich herzerrend, Richtung Brücker Mauspfad.

Lu hatte nicht vor, ihn bis dahin, wo zu viele Autos vorbeifuhren, kommen zu lassen. Sie hatte ein unbeleuchtetes Haus auf Stremmels Seite ins Auge gefaßt. Die Bewohner in Urlaub oder heute abend einfach nicht da.

Sie wechselte die Straßenseite, war zwanzig, fünfundzwanzig Meter hinter Stremmel und zehn Meter, bevor er das Grundstück des unbeleuchteten Hauses erreichte, war sie bei ihm. Faßte ihn mit der Rechten an die linke Schulter, wirbelte ihn mit einem Zug, hinter den sie ihr ganzes Körpergewicht setzte, herum, zu ihr hin, zog ihm mit aller Kraft das rechte Knie in die Eier und preßte ihm mit der gleichen Bewegung beide Hände vors Gesicht, um seinen Schrei zu ersticken. Was mit dem Dackel passierte, war ihr egal. Natürlich jaulte er, als wenn er den Tritt in die Eier gekriegt hätte. Sie sah ihn sich neben Stremmels Beinen herumdrücken, gab ihm einen Tritt, feiner harter Dr. Martens-Stahlkappen-Kick, der Dackel segelte durch die Luft, klatschte auf dem Bürgersteig auf, rappelte sich hoch – ohne auch nur einen Muckser zu tun: typische Hund-Herrchen-Symbiose, der wußte auch, was los war, und rannte, den Schwanz eingeklemmt, die Leine hinter sich her ziehend, zurück zu Stremmels Haus. Lu zog den keuchenden, wimmernden, auf den Knien liegenden Stremmel die Garagenauffahrt des Hauses hoch, schleppte ihn hinter eine zwischen Haus und Garage stehende Konifere. Erstaunlich leicht, einen kompletten Mann zu schleifen, selbst wenn er sich so hängen läßt wie der Sack hier. Eine neue Erfahrung. Etwas, was Lu im Nahkampftrainig der Hamburger Fantifa weder gelernt noch geübt hatte: einen Gegner zu schleifen. Da hatte der Gegner nicht mehr interessiert, wenn man ihn platt am Boden liegen hatte. Stremmel japste. Der erste Schock war vorbei. Lu richtete ihn so auf, daß er mit aufrechtem Oberkörper auf seinen angewinkelten Knien saß, und schlug ihm einen sauberen Dr. Martens-Stahlkappen-Paß unter den Magen. Jetzt müßte er eigentlich Bescheid wissen. Stremmel kriegte keine Luft mehr, griff sich mit beiden Händen an den Bauch; Mund, Luftröhre und Kehle brachten es mit letztem Kraftaufwand gerade noch zu einem jämmerlichen Aufschluchzen.

Lu kniete sich neben Stremmel. Als sie ihren Kopf an seinen lehnte, bemerkte sie, daß sie noch die Kopfhörer anhatte und *Jam&spoon's* immer noch tu-tu. Love me! Hold me! Tu-tu machten. Sie schaltete den Walkman ab.

»Wenn du schreist, tret ich dir den Kehlkopf ein«, sagte sie zu Stremmel.

Stremmel wimmerte und nickte.

»Wer war der Typ, der heute morgen bei dir im Büro war?«

»Ein Polizist. Kriminalpolizei, sagt er.« Stremmel konnte gerade noch flüstern, wußte nicht, ob er sich mit den Händen die malträtierten Hoden oder seinen Bauch halten sollte.

»Einer von der Kripo?«

»Ja. Sagt er wenigstens.«

»Kennst du ihn?«

»Nein. Noch nie gesehen.«

»Er beschattet dich. Hat gestern abend hier auf dich gewartet und ist dir die ganze Zeit, bis zur Spielhalle nachgelaufen. Erzähl mir nicht, du hast keine Ahnung davon!«

»Wirklich nicht...«

Lu sah, daß Stremmels Hände sich gerade an seinem Schritt befanden und stieß einen harten Zeigefinger in seinen Bauch.

»Verarsch mich nicht!«

Stremmel japste, jammerte, heulte fast: »Was wollt ihr eigentlich alle von mir!? Ich tu doch keinem Menschen was. Laßt mich doch in Ruhe!«

»Was ich von dir will, weißt du. Ich paß auf dich auf, damit du keinen Scheiß baust, bis euer Deal über die Bühne ist. Ich bin dein Schutzengel. Aber Schutzengel können sehr, sehr böse werden.« Das letzte flüsterte Lu Stremmel aus bedrohlicher Nähe ins Ohr.

Jetzt schrie sie: »Was wollte der Typ von dir? Was hast du ihm erzählt?«

»Nichts! Nichts hab ich ihm gesagt! *Er* wußte alles. Alles! Fast jedes Detail. Alles über die Verbindung zwischen Höschler und Ossendorf.«

Lu starrte den Jammerlappen an. Er sagte die Wahrheit.

»Und was hat er von dir gewollt? Er muß doch was von dir gewollt haben? Der kommt doch nicht einfach in dein Büro und erzählt dir 'ne Story und geht dann wieder!«

»Ich glaube, er wollte nur, daß ich bestätige, was er schon weiß. Das hab ich aber nicht getan, wirklich nicht, ich hab keinen Ton gesagt. Keinen Ton, wirklich! Er wollte mir nur drohen, er wollte mir bestimmt nur drohen, – ihr wollt mir alle nur drohen, wollt mich alle nur erpressen!«

Lu betrachtete eine Weile diesen Prototyp heruntergekommener Selbstachtung, diesen Jämmerling, von Freiheit so weit entfernt wie eine Galaxie, deren Licht das Hubble-Teleskop erst im Jahr 2995 einfangen würde.

»Wie heißt der Typ?« fragte sie schließlich.

»Reiß oder so ähnlich«, sagte Stremmel.

Lu erhob sich, ließ Stremmel hocken wie er hockte und ging.

Am Rudolfplatz stieg sie aus der Bahn, überquerte die Straße und ging zu den Telefonzellen vorm McDonald's. Die Zellen waren von einer Gruppe verwilderter jugendlicher, als Punks drapierter Penner umlagert, die grölend Dosenbier tranken und deren verlauste Köter jedem, der sich den Zellen näherte, neugierig und hungrig schnuppernd die Schnauzen entgegenstreckten. Lu kraulte einem Schäferhundmischling, der mit angstvoll gebleckten Zähnen vor ihr zurückwich, das eingeknickte und zerfranste Ohr und wollte in die einzige nicht besetzte Zelle. Ein Punk mit verfilztem, türkisgrün gefärbtem Irokesenbüschel auf der Glatze saß vor der Tür, blockierte den Eingang und sah zu Lu hoch.

»Haste mal 'ne Zigarette?«

Lu griff in eine der Taschen ihrer Nahkampfhose, förderte ein Bündel zerknüllter Geldscheine hervor, zog einen Zehnmarkschein heraus und hielt ihn dem Punk hin. Der griff sich den Schein, grinste Lu an, sagte »Danke« und schob sich etwas zur Seite, gerade genug, daß Lu in die Telefonzelle konnte.

Sie wählte die D2-Nummer Ossendorfs, die sie auswendig kannte. Er ging gleich dran und sie erzählte ihm, was sie von Stremmel erfahren hatte.

Ossendorf schwieg ein paar Sekunden lang. Lu hörte nichts, nicht einmal sein Atmen.

»Ist Stremmel verletzt?« fragte er dann.
»Nicht so, daß man's sehen kann«, sagte Lu.
Wieder ein paar Sekunden lang Schweigen.
»Schnapp dir Reiß«, sagte Ossendorf.
»Was soll ich mit ihm machen?«
»Krieg raus, was er weiß, woher er's weiß und was er vorhat.«
»Das kostet«, sagte Lu. »Extra«, setzte sie hinzu.
Schweigen. Die Leitung wie tot.
»Fünf Riesen«, sagte Lu.
Schweigen.
»Okay«, kam Ossendorfs Stimme aus der toten Leitung. Ohne Klang. Genauso tot wie die Leitung. »Und du kannst ihm ruhig wehtun. Auch so, daß man's sieht.«

27.

Er wußte nicht, über was er heute morgen reden sollte. Hatte keine Lust, wieder eine neue Lügengeschichte über seine Schwester Anna zum besten zu geben. Hatte fünf Minuten lang versucht, mit Floskeln über das Wetter, das nun definitive Hereinbrechen des Herbstes, den andauernden Nieselregen, die unangenehme feuchte Kälte über die Runden zu kommen. Und daß er hoffe, hier drinnen mache ihr das nichts aus, daß hier doch wohl ordentlich geheizt würde und so weiter.

Seine Mutter saß in ihrem Rollstuhl, eine Decke über den Knien, starrte ihn an, schwieg, natürlich, wie immer, ihre Miene, wie immer, gänzlich ausdruckslos, ab und zu bloß huschte ein wilder, unkontrollierter Nervenreflex über die Maske. »Tja«, hatte Reiß schließlich gesagt und danach fast zehn Minuten lang nichts mehr gesagt, einfach da gesessen, auf die Muster der Decke über ihren Knien gestarrt. Bis ihm sein Traum einfiel. Und er erzählte ihn ihr. Vielleicht kennst du noch Ossendorf? Mit dem ich zur Schule gegangen bin und Abitur gemacht hab? Der war ein paarmal bei uns zu Hause. Einmal sogar zum Mittagessen, glaub ich. Na ja. Jedenfalls hab ich den diese Woche seit langer Zeit mal wieder getroffen. Und heut' nacht, das ist wirklich komisch, hab ich von ihm geträumt. Ganz seltsam. Ich begegne ihm wieder, im Traum, ich glaube, wir trafen uns auf der Straße, irgendwo. Aber Ossendorf ging an Krücken, zwei Krücken. Und er war viel, viel kleiner als sonst, kleiner als ich sogar. Und als wir uns treffen, erzählt er mir, daß er einen Unfall gehabt habe und daß es dabei passiert sei, daß seine Beine so kurz geworden sind. Ist doch seltsam, oder? Daß ich so was träume. Mehr war nicht. Dann war der Traum vorbei. – Wobei er unterschlug, daß ihn im Traum ein Gefühl der Genugtuung erfüllt hatte angesichts des durch seine Verkrüppelung auf menschliches Maß zusammengeschrumpften Ossendorf. – Keine Regung in den Zügen der alten Frau. Selbst die Augen sprachen nicht, kein warmer Schimmer von Erinnern oder Mitfühlen oder dergleichen, nur starrend, beobachtend, so, als versuche sie, ihn zu durchschauen, seine Gedanken zu lesen. Reiß hatte es geahnt. Er fühlte sich ertappt statt erleichtert. Es hatte keinerlei Sinn, sich ihr zu offenbaren. Was an sich eine schöne Idee gewesen wäre: sich einem stummen Beichtvater bzw. einer stummen Beichtmutter anzuvertrauen. Aber ihr hatte er sich noch nie anvertrauen mögen oder können.

»Tja.« Reiß klopfte sich auf die Schenkel, erhob sich. Überlegte kurz, ob er sich mit der sonst üblichen Redewendung, er müsse jetzt zum Dienst, verabschieden sollte. Ließ es aber. Warum auch noch lügen? Er sagte nur »Also dann bis morgen, Mama«, berührte sie kurz an der Schulter und ging.

Auf der Clarenbachstraße kein Verkehr, keine Menschen. Morgens um sieben regt sich noch nichts im Altenghetto. Die Geräuschlosigkeit des Hospizes verlängerte sich auf die Straße hinaus. Nur das entfernte Brausen der stadteinwärts preschenden Autos kam von der Aachener Straße herüber. Reiß ging zu seinem Wagen, öffnete die Tür und setzte sich hinein. Er schloß die Tür, wollte den Zündschlüssel einstecken, spürte etwas hinter sich, einen Körper, eine Bewegung, wollte sich umdrehen, kam aber nicht mehr dazu, etwas Dünnes, Hartes schnürte ihm den Hals zu, er bekam keine Luft mehr, die Arterie schwoll, der Kopf nahe daran zu platzen, er griff nach dem, was seinen Hals zuschnürte, ertastete eine dicke Perlonschnur, bekam sie nicht zu fassen, röchelte, auch die Luftröhre war zugeschnürt, ihm wurde schwarz, dann rot vor den Augen, seine Arme ruderten wild, unkontrolliert, wie die eines Ertrinkenden.

»Beweg dich nicht, Arschloch. Bleib ruhig. Schrei nicht!« Eine Frauenstimme. Dicht an seinem rechten Ohr. Die Nähe, der Geruch einer Frau.

Der Druck um seinen Hals ließ leicht nach, Reiß grunzte, versuchte einen Klang der Zustimmung in das Grunzen zu legen. Der Druck ließ noch etwas nach, er konnte wieder atmen.

»Okay«, sagte die Frauenstimme an seinem rechten Ohr. »Was wolltest du gestern bei Stremmel?«

Stremmel? Stremmel! Was hat diese Frau hinter ihm mit Stremmel zu tun? Wer war die Frau? Reiß versuchte sich herumzudrehen. Sofort wieder der Druck um seinen Hals, Atemnot, Japsen, Röcheln.

»Beweg dich nicht, hab ich gesagt!«

Reiß entspannte sich. Der Druck ließ nach.

»Ich bin Polizist. Mordkommission. Wir ermitteln wegen Mordverdacht gegen Volkmar Ossendorf.«

Der Druck um seinen Hals ließ nicht weiter nach, die Perlonschnur blieb hart, gespannt. Daß er Polizist war, hatte keinen Eindruck gemacht. Also wußte sie es. Es war ihr egal.

»Was wolltest du von Stremmel?« Keine unangenehme Stimme, fiel Reiß jetzt auf. Obwohl sie Schärfe, Härte reinlegen wollte, war ein tiefes, eigentlich angenehmes Timbre herauszuhören.

»Stremmel steht in Verbindung zu Ossendorf. Wir untersuchen jede Spur.«

»Welche Verbindung?«

»Geschäfte. Grundstücksgeschäfte.«

»Das hat doch mit dem Mordfall nichts zu tun.«

»Wir untersuchen alles. Alle Beziehungen. Alle Verbindungen Ossendorfs.«

»Du warst gar nicht deswegen bei ihm. Du hast ihm gedroht. Du hast ihm gesagt, du wüßtest alles über seine Beziehung zu

Ossendorf. Und zu Höschler. – Höschler! Was hat Höschler damit zu tun?«

Sie wußte nichts. Gar nichts. Wußte nicht, daß er vom Dienst suspendiert war. Hatte keine Ahnung von seiner Beziehung zu Ossendorf. Wußte nichts von der Verbindung Ossendorf-Höschler-Stremmel. Kannte gerade die drei Namen.

»Höschler und Stremmel waren an dem Abend, an dem die Lebien starb, umgebracht wurde, im Picciono. Zu einer Geschäftsbesprechung, zu der sie auch Ossendorf erwarteten. Es ging um irgendwelche Grundstücksgeschäfte mit der Stadt. Aber Ossendorf kam nicht. Höschler und Stremmel blieben, bis das Lokal schloß. Haben auf Ossendorf gewartet. Wahrscheinlich waren sie die letzten, die die Lebien lebendig gesehen haben. Die Frage für uns, für die Mordkommission, ist: ist Ossendorf an diesem Abend noch gekommen? Haben Höschler und Stremmel ihn gesehen? Sind sie ohne ihn gegangen? Ist er allein mit der Lebien zurückgeblieben? Gab es vorher Streit zwischen Ossendorf und der Lebien? Das sind die Fragen, denen wir nachgehen. Deswegen war ich bei Stremmel, habe ihn nach Höschler gefragt ...«

Reiß hatte, während er log, erzählte, plapperte, seine Rechte langsam in die Jackettasche geschoben, den Griff seiner Dienstwaffe ertastet, ihn umklammert, die Waffe ganz langsam ein Stück weit aus der Jackettasche herausgeschoben, so, daß er sie mit einem Ruck und ohne daß sie sich an der Jackettasche verfangen würde, herausziehen konnte. Und als er mit seiner Geschichte fast zu Ende gekommen war, riß er die Waffe heraus, fuhr mit der Rechten und der Waffe darin nach hinten. Der Lauf der Waffe, die Mündung, traf gegen ihren Kopf, auf einen weichen Teil ihres Kopfs, ihre Nase vielleicht oder ihren Mund. Reiß hielt die Waffe auf diese Stelle gepreßt. Der Druck um seinen Hals ließ nach. Reiß drehte sich herum, ohne die Waffe aus ihrer Position zu bringen. Er sah in Lauras Gesicht.

Laura mit neongrünen Haaren. Laura mit vor Erschrecken geöffnetem Mund. Laura mit seiner Waffe im Gesicht, die Mündung in ihr rechtes Nasenloch gebohrt. Laura mit einer Perlonschnur in einer nach oben gereckten Hand. Laura erstarrt. Laura.

»Du lieber Gott.« Reiß sagte es, um irgend etwas zu sagen. Um seine Stimme zu hören.

»Nein!«

Sie hatte geschrien. Mit angstgeweiteten Augen auf seine Waffe, seine Hand geschielt. Reiß sah, wie der Knöchel seines Zeigefingers am Abzug weiß geworden war, der Finger ein paar Tausendstelmillimeter vom Druckpunkt entfernt. Ein paar Tausendstelmillimeter, und Lauras Gesicht wäre ihr am Hinterkopf herausgeflogen. Aber nein! Die Pistole war nicht durchgeladen. Aber nein! Das war nicht Lauras Gesicht. Das war nicht Lauras Gesicht.

»Bist du plemplem oder was?«

Er mußte tatsächlich völlig bescheuert aussehen. Atmete tief. Nein, das konnte nicht Laura sein. Du bist am Rande des Wahnsinns. Völlig am Ende. Der Traum. Der Ossendorf-Traum. Jetzt Laura. Laura mit grünen Haaren. Laura, die dich beinahe umgebracht hat.

»Wie heißt du?«

Er nahm die Waffe von ihrer Nase weg, hielt sie aber im Anschlag auf sie, auf Lauras Gesicht. Ein paar Zentimeter davon entfernt. Sah, wie das Korn der Pistole eine blutige Ritze an ihrem rechten Nasenflügel hinterlassen hatte. Bemerkte gleichzeitig, wie sein Kreislauf ganz allmählich wiederkam, wie sein Herz, das, als er glaubte, Laura zu sehen, ausgesetzt haben mußte, jetzt wieder dröhnend zu schlagen begann, merkte, wie seine Hand mit der Waffe darin, wie sein ganzer Körper anfing zu zittern.

»Nimm das Scheißding aus meinem Gesicht!«

»Wie heißt du?« Er schrie es, schrie laut, wild. So, als wenn von ihrer Antwort alles abhinge. Als ob, wenn sie ihren Namen, ihren richtigen Namen sagte, die Laura-Erscheinung vorüberginge, auf dem Rücksitz seines Wagens nicht mehr Laura, sondern bloß noch eine zwanzigjährige Rotznase mit neongrüngefärbten, hochgegelten Haaren und trotzigem Blick sitzen würde.

»Lu«, sagte sie.

»Lu«, sagte Reiß. Er entspannte sich. Natürlich. Natürlich war es nicht Laura. Natürlich hieß sie nicht Laura. Sie hieß Lu. Lu. Lu hatte eine etwas stumpfere, kleinere Nase als Laura. Einen etwas niedrigeren Haaransatz über der Stirn, die Stirn gewölbter, runder, die Gesichtsform nicht ganz so eckig, viereckig wie die Lauras. Aber der Mund! Der Mund war Lauras Mund. Lauras Mund!

»Was starren Sie mich so dämlich an?«

»Du hast mich bloß an jemanden erinnert«, sagte Reiß. »Das ist alles.«

28.

»Morgen, Herr Doktor«, sagte die Kioskverkäuferin, setzte ihr verschwörerisch-anbiederndes Lächeln auf und reichte Henseleit *Süddeutsche, Stadt-Anzeiger* und *Express*. Henseleit zahlte, grinste nur schwach zurück, hatte heute morgen keine Lust auf Klatsch, klemmte die Zeitungen unter den Arm, an dem seine prallgefüllte Aktentasche baumelte, und schlenderte vom Kiosk hinüber zur Endhaltestelle der 7 am Hermeskeiler Platz. Vielleicht lag's am immer noch trüben Herbstwetter – kein Regen mehr, aber eine deprimierend tiefhängende, dicke, graue Wolkendecke –, daß er nicht in die gewohnte optimistische Morgenstimmung kam. Die beleidigt-murrische Wortkargheit seiner Mutter beim Frühstück, weil er die Nacht wieder auf der Liege im Hobbyraum statt in seinem Zimmer verbracht hatte. Daß sie immer wieder und immer noch versuchte, ihn wie einen Schuljungen zur Ordnung zu rufen! Als ob er nie erwachsen werden würde. Es nicht schon längst sei! Frauen sind so unendlich inkonsequent. – Viel belastender aber war, daß die Maschine noch nicht richtig funktionierte. Er hatte den Perlonsack eingehängt, der im übrigen wunderbar gelungen war, hauteng; er hatte ihn, bevor er ihn einhängte, ausprobiert, phantastisch! Eine zweite Haut! Der Sitz des Tennisballs perfekt. Aber dann hatte der Mechanismus der Maschine gestreikt. Er hatte sich mit seinem ganzen Gewicht probehalber hineingehängt, versucht zu schaukeln, gerade zwei, drei Schwingungen hinbekommen, dann aber war das Ding gekippt! In dem Augenblick, in dem es in Schwingung geraten war, kippte es! Eine Fehlkonstruktion. Er hatte die halbe Nacht damit verbracht, dahinterzukommen. Wahrscheinlich lag es am Schwerpunkt. Er hatte den Achsenschwerpunkt zu hoch gelegt, deshalb kippte es. Das mußte korrigiert werden. Am Wochenende. Am Wochenende würde er den nächsten Probelauf starten. Ja! – Wenn's denn ein Wochenende geben würde, ein freies. Denn seine morgendliche Clausewitzlektüre hatte ihn auch nicht gerade erbaut. Im Gegenteil: schlimme Ahnungen in ihm geweckt, das unbestimmte Gefühl, etwas versäumt zu haben, oder das Gefühl, gerade dabei zu sein, etwas Wichtiges, Unwiederbringliches zu verpassen. Den Anschluß zu verpassen. »Strategische Mittel, den Sieg zu benutzen«, war sein Kapitel heute morgen gewesen. Und er hatte lesen müssen, daß »ohne Verfolgen kein Sieg eine große Wirkung haben kann und daß, wie kurz auch die Siegesbahn sein mag, sie immer über die ersten Schritte des Verfolgens hinausführen muß.« Vernichten beginnt mit Verfolgen. Was hatte er in diese Richtung bisher unternommen? Nun gut, er hatte Röckerath kontaktiert und mit ihm alles weitere klargemacht. Das war schon ein Schritt. Aber mit dem Verfolgen des Feindes hatte das wenig zu tun. »Das Verfolgen eines geschlagenen Gegners hebt mit dem Augenblick an, wo dieser, das Gefecht aufgebend, seinen Platz verläßt.« Das war der Punkt. Schautzer hat seinen Platz noch nicht verlassen. War es das? Der Sieg, dein Sieg, ist erst realisiert, wenn Schautzer seinen Platz verläßt! Ja. Das ist der Punkt. Du kalkulierst bereits jetzt damit, daß er ihn verläßt, seinen Platz, den Fraktionsvorsitz. Was hast du in der Richtung unternommen? Einiges. Vieles. Sicher. Du hast deine Kräfte gesammelt. Es hat sich erwiesen: sie sind die stärkeren. Aber die Schlacht ist noch nicht geschlagen. Den Sieg, den Sieg hast du erst, wenn Schautzer auf der nächsten Fraktionssitzung abgewählt ist und du an seine Stelle gewählt bist. So.

Die 7 quietschte erbärmlich im Rondell und hielt ein paar Augenblicke später. Henseleit stieg in die sich mit Scharen von Schülern füllende Bahn. Sie hatten neben ihm an der Haltestelle gewartet, jetzt erst bemerkte er sie. Er mußte drängeln, ein paar schulranzen-bepackte Zwerge mit seiner Körpermasse zur Seite schubsen, um einen Einer-Fensterplatz zu ergattern, setzte sich und schlug als erstes den *Express* auf. Fester Bestandteil seines allmorgendlichen Rituals. Bis zum Heumarkt, wo er ausstieg, hatte er alle drei Zeitungen durchzuhaben. Zuerst den *Express*, dann den *Stadt-Anzeiger*, dann die *Süddeutsche*. Wenn *Express* und *Stadt-Anzeiger* zuviel Stoff boten, und das taten sie meist, wegen der Lokalteile, dann begnügte er sich bei der Süddeutschen mit dem Streiflicht. Was fast jeden Tag vorkam. Aber das »Streiflicht« ließ er nie aus. Das einzige intellektuelle Vergnügen, das er sich gönnte – mal von Clausewitz abgesehen, der ja eine eher berufliche Pflichtlektüre darstellte. Henseleit klappte den *Express* herum, so, daß er die letzte Seite vor sich hatte: nichts, was ihn interessierte. Ein in der Mülltonne gefundenes Baby. »Mama, was hast du mit mir gemacht?« hieß die Überschrift, also lebte das Baby wahrscheinlich noch. Henseleit schlug die vorletzte Seite auf. Ein Foto von dieser widerlichen Minderheiten-Grünen, Hella, Arm in Arm mit einem riesigen Indianerhäuptling. Henseleit wollte weiterblättern, zu »Cologne intim«, als ihm im Text unter dem Foto der Grünen mit dem Indianerhäuptling das Wort »Megahalle« ins Auge sprang. Er las.

Während Öko-Paxe, Grüne und autonome Chaoten gemeinsam mit den als Indianern verkleideten Schrebergärtnern auf dem Areal der zukünftigen Megahalle gewilderte Kaninchen und illegal aus dem Rhein gefischte Zander braten und sich sonstigen nicht minder zweifelhaften Sinnesgenüssen hingeben, brodelt die Gerüchteküche über die Eigentumsverhältnisse des von ihnen besetzten Geländes. Das Kerngebiet, dort, wo die eigentliche Megahalle errichtet werden soll, gehört der Stadt. Das ist allerdings nur ein Drittel der später tatsächlich bebauten und mit Nebennutzungen der Megahalle besetzten Gesamtfläche. Wem gehören die restlichen zwei Drittel? Aus zuverlässigen Quellen im Stadtrat ist zu vernehmen, daß es sich um lediglich einen Eigentümer, die Nord-Imo-GmbH, handelt. Und weiter, daß die Nord-Imo besagtes Gelände erst vor einem halben Jahr aus diversem Streubesitz zusammengekauft hat. Zu einem Zeitpunkt, als die Megahallenpläne längst in die Schubladen der SPD-Ratsfraktion verschwunden waren und niemand wissen konnte, daß sie eines Tages doch noch realisiert werden würden. Wirklich niemand? Das ist eine Frage, die sich nicht nur die Besetzer stellen, sondern die sich auch die SPD-Fraktion gefallen lassen muß, die am nächsten Montag im Stadtrat den Antrag zum endgültigen Bau der Megahalle stellen wird.

Ist doch nicht zu fassen! Henseleit schlug mit der flachen Hand klatschend auf den *Express*. Und las den Artikel sofort noch einmal. Ist doch wirklich nicht zu fassen! Wieso weiß diese Mißgeburt von versoffenem Lohnschreiber, wieso weiß dieses Brechmittel Satorius mehr als du, als der kommende Potentat? Widerlich!

Unglaublich! Absolut nicht zu fassen! Henseleit war kurz vor einem Tobsuchtsanfall, lief rot an, die Stirnadern schwollen auf Daumesdicke, er sprang von seinem Sitz auf, wurde durch ein Abbremsen der Bahn wieder zurückgeschleudert, blieb sitzen, pumpte Luft in sich hinein, Luft, Luft. Diese schamlose Unterstellung konnte das ganze Projekt gefährden. Seinen Sieg gefährden. Alles in die Luft sprengen! Und wenn es keine Unterstellung war? Sondern eine Tatsache? Eins nach dem anderen. Zuerst die Angelegenheit im Liegenschaftsamt klären. Wer sitzt da? Heddergott, der Chef. Parteilos. Ein Bürokrat. Schwer zu beeinflussen. Stremmel leitet die Grundwerteabteilung. Auch parteilos. Aber eine schwache Figur. Labil. Vor ein paar Jahren in irgendeinen Skandal verwickelt. Trotzdem zuerst Heddergott anrufen, damit der sich nicht übergangen fühlt. Er muß Bescheid wissen. Klar, muß er. Bei der Größenordnung und dem Projekt. Und der wird auch wissen, was es mit dieser Nord Imo auf sich hat. Nord-Imo! Noch nie von gehört. Wieso eigentlich nicht? Meine Güte, du kannst dich nicht um alles kümmern. Da ist gründlich was an dir vorbeigelaufen. Das muß repariert werden. Gleich. Sofort. Heute. Und weiter: wenn das am Liegenschaftsamt geklärt ist, zuallererst zu Prietzel. Prietzel ist die Achse. Ohne den kriegst du keinen mobilisiert. Ach du Scheiße! Das ist für die Linken wieder ein gefundenes Fressen! Grundstücksspekulationen. Wenn nur von weitem etwas danach riecht, können sie sich in die moralische Brust werfen. Aber ohne das Bündnis mit Prietzel und den Linken kannst du deinen Krieg vergessen. Prietzel muß beschwichtigt, bei der Stange gehalten werden. Egal, was da gelaufen ist. An dir vorbeigelaufen ist! Mein Gott! Hauptsache jedenfalls, Gott sei dank, du hast nichts damit zu tun, kannst deine Hände in Unschuld waschen. Aber was das heißt, wissen wir ja in dem Geschäft. Geschäft? – Krieg! Die werden, Schautzer wird jede Chance sofort am Schopf packen, dich auflaufen zu lassen. Schautzer! Aber auch, wenn jetzt alles gegen dich läuft, – du ziehst es durch. Zuerst die Ratsabstimmung für die Megahalle. Dann der Fraktionsvorsitz. Du ziehst es durch. Und wenn du gegen Schautzer in die Trickkiste greifen mußt.

Henseleit wurde immer nervöser, rutschte auf seinem Sitz hin und her und wurde jetzt erst gewahr, daß die Bahn an der Einmündung vom Mauritiussteinweg zur Hahnenstraße schon eine geraume Zeitlang stand. Er sprang auf, rannte nach vorn, zum Fahrer, blickte nach draußen. Stau vorm Neumarkt. Kein Weg für die Bahn. Trotz Grün. Trotz eigener Bahntrasse. Die war blockiert. Keine Bewegung abzusehen. Er verlor kostbare Zeit.

»Machen Sie bitte die Tür auf!«, sagte er zum Fahrer.

Der drehte sich noch nicht einmal nach ihm um.

»Dat jeht nit.«

»Natürlich geht das! Machen Sie auf! Sie brauchen nur einen Knopf zu drücken. Tun Sie das!« Henseleits Stimme überschlug sich.

Der Fahrer drehte sich jetzt um, betrachtete Henseleit von oben bis unten, kam zu einem offensichtlich negativen Urteil über den fettleibigen Passagier und schüttelte den Kopf.

»Ich kann nur an Haltestellen die Türen aufmachen. Ist Vorschrift.«

»Vorschrift, Vorschrift! Ich habe absolut dringende Termine. Ich kann hier nicht so lange warten. Ich muß sofort ins Rathaus. Machen Sie auf, Herrgott noch mal!«

Der Fahrer blickte geradeaus auf den Stau, ignorierte Henseleit. Der tobte. Schlug mit seinen Zeitungen gegen die Tür. Kreischte.

»Ich muß hier raus! Lassen Sie mich sofort hier heraus! Sofort! Ich bin ein Ratsherr! Ein Ratsherr dieser Stadt! *Ihr* Ratsherr! Tun Sie, was ich Ihnen sage!«

Der Fahrer hatte offenbar etwas Interessantes im Stau vor sich entdeckt, beugte sich ein Stück weiter nach vorn, guckte gespannt auf die Autokarawane.

»Ignorieren Sie mich nicht, gefälligst! Sie müssen doch wissen, wer ich bin! Können Sie die Verantwortung übernehmen, wenn ich wegen Ihnen zu spät komme?«

»Hören Se op, he erömzuschreie. Setzen Se sich op Ihre Platz. Et jeht glich wigger«, sagte der Fahrer, ohne seinen Blick vom Schauspiel des Staus zu lassen.

»Es geht gleich weiter! Von wegen! Sie halten mich hier gefangen! Das ist Freiheitsberaubung! Sofort raus! Raus hier!« Henseleit rüttelte mit seiner freien Hand an den Türgriffen. Die Tür bewegte sich keinen Millimeter.

»Wie kann man sich nur so benehmen! Haben Sie denn keine Kinderstube?« Die Stimme einer älteren Dame im pinkfarbenen Lackmantel, gleich in der ersten Sitzreihe. Henseleit fing ein strafendes Aufblitzen ihrer Brille ein, blies sich noch einmal auf, beugte sich zum Fahrer herunter.

»Sie werden von mir hören, das verspreche ich Ihnen! Ich werde Sie so klein machen, so klein mit Hut!«

Der Fahrer blickte geradeaus, grinste, schwieg. Henseleit drehte sich um, marschierte mit durchgedrücktem Kreuz zu seinem Platz zurück. Sah über die Köpfe der Menschen im vollbesetzten Wagen hinweg, mied es, ihre neugierigen Blicke zu kreuzen, ihnen in die hämischen Gesichter zu schauen. Sein Platz war besetzt. Ein türkischer Schuljunge saß darauf, bohrte in der Nase und sah Henseleit frech entgegen. Henseleit holte tief Luft, noch einmal. Seine Lungen waren bis zum Platzen gefüllt. Kein freier Platz mehr. Henseleit wankte zurück zum Mittelteil des Wagens, mußte sich dabei an den Deckengriffen festhalten und senkte jetzt seine Stirn gegen das kühlende Metall des Fahrscheinautomaten.

29.

»Gehen wir ein Stück spazieren«, sagte Reiß.

Lu nickte. Reiß stieg aus, klappte die Rückenlehne nach vorn und ließ Lu heraus. Reiß ging auf der Clarenbachstraße zurück, zur Klosterstraße hin. Lu neben ihm her. Sie war ein paar Zentimeter größer als er. So wie Laura. Lu kickte trotzig imaginäre Steinchen mit den Stahlkappen ihrer Dr. Martens vom Bürgersteig herunter.

Fast zwanzig Minuten lang hatten sie im Wagen gesessen. Er nach hinten zurückgedreht, die Waffe fast die ganze Zeit im Anschlag. Obwohl sie bei dem zweitürigen Golf keine Chance gehabt hatte, abzuhauen. Eigentlich hatte er ihr auch nicht weiter drohen wollen, nachdem sie das Perlonseil, das sich schließlich als eine gewöhnliche Wäscheleine entpuppte, losgelassen hatte. Mit der Waffe in der Hand hatte er vielmehr die Erscheinung Lauras zum Dableiben zwingen, am Verschwinden hindern wollen. Er hatte es nicht geschafft. Laura verwandelte sich trotz vorgehaltener Waffe in ein trotziges Mädchen mit intelligenten, gutgeschnittenen Gesichtszügen und einem neongrünen Haargestrüpp, ein Mädchen, das definitiv nicht Laura sein konnte und auch nicht Laura war, das Laura aber so ähnlich sah, daß Reiß es nunmehr nicht mehr wagte, sie offen anzusehen, um nicht gleich wieder von dieser Erscheinung angefallen, heimgesucht zu werden. Sie hatten, während sie, sich gegenseitig anstarrend, im Wagen saßen, so gut wie nicht miteinander geredet. Das heißt, Reiß hatte ihr Fragen gestellt, – wer sie schickte, gegen wen außer ihn sie noch eingesetzt wäre, was und wieviel sie von der Sache, in die sie involviert war, wüßte. Lu hatte auf keine der Fragen mehr als mit einem Knurren, bestenfalls mit einem »verpiß dich« oder »leck mich« geantwortet. Bis Reiß schließlich dazu übergegangen war, ihr auf den Kopf zuzusagen, wer sie schickte, zu Stremmel und zu ihm: Ossendorf. Was sie dann doch zu beeindrucken schien. Jedenfalls hörte sie auf, Reiß zu beschimpfen. Dann minutenlanges Schweigen. Bis Reiß schließlich gesagt hatte: »Dann werd ich Ihnen jetzt mal was erzählen. Etwas, was Sie vielleicht über ihren Auftrag wissen sollten.«

Reiß bog in die Klosterstraße ein, ging sie in Richtung Dürener Straße hoch. Lu neben ihm. Machte keinerlei Anstalten wegzulaufen. Obwohl sie es leicht gekonnt hätte. Und Reiß hätte sie nicht aufgehalten, gab sich auch gar nicht den Anschein, als wenn er sie aufhalten wollte, beachtete sie nicht, ging einfach weiter, so, als ob er sich sicher wäre, daß sie bei ihm bleiben, hören wollte, was er ihr zu sagen hatte.

»Sie sollen Stremmel beschatten. Rund um die Uhr«, sagte er schließlich, ohne sie dabei anzusehen. Wartete keine Antwort ab. »Sie sollen ihn dadurch unter Druck setzen. Zusätzlich. Ihm Angst machen. Er soll ruhig mitkriegen, daß ihm eine aufgedrehte, mit Drogen vollgepumpte, halb wahnsinnige und zu allem bereite Hornisse auf den Fersen ist.«

»Eh, Moment mal!«, protestierte Lu.

»Und *warum* soll er Angst haben? *Weshalb* will Ossendorf ihn unter Druck haben?«

»Er soll über irgend etwas auf jeden Fall die Schnauze halten. Ist nämlich ein Plappermaul, Schwätzer, sagt Ossendorf.«

»Sie können ja richtig reden. Zwei fast vollständige Sätze hintereinander.« Reiß grinste Lu an. Sie grinste nicht zurück. Ernst, verbockt, trotzig, so wie Laura, wenn Laura trotzig gewesen war.

»Und über was Stremmel die Schnauze halten soll, das wissen Sie auch?« fragte er dann, nachdem er sich gezwungen hatte, seinen Blick von ihr abzuwenden, wieder vor sich hinzuschauen. Er hatte Angst, wahnsinnig zu werden, wenn er sie ansah.

»Daß Ossendorf was mit einem namens Höschler zu tun hat. Aber das wissen Sie doch!«

»Das weiß ich. Aber Sie wissen nicht, was das bedeutet, was dahintersteckt. Oder?«

»Nein. Kein Schimmer.«

Reiß bog von der Klosterstraße rechts in einen Fußweg ein. Lu folgte ihm. Sie gingen unter dem Schirm einer Allee fast schon kahler Rotbuchen den Kanal entlang, der Weg war aufgeweicht, mit nassen Blättern bedeckt. Eine Joggerin kam ihnen entgegen. Ihre Beine schienen verkehrtherum eingesetzt. Es schien, als würden sie sich jeden Augenblick verknoten, wenn sie weiterliefe. Aber sie lief weiter, ohne daß etwas dergleichen geschah, passierte sie, laut keuchend.

»Wieviel gibt Ihnen Ossendorf für den Job?«

Lu schwieg.

»Fünftausend?«

»Geht Sie nichts an«, sagte Lu.

»Es ist aber interessant. Interessant im Vergleich zu dem, um was es bei dieser Geschichte geht. Ich meine, – Sie können doch rechnen: wieviel sind fünftausend, in Prozent ausgedrückt, von sagen wir mal fünfzig Millionen?«

»Fünfzig? Millionen?« Lu sah Reiß an, verblüfft. Fast erschrocken. Das erste Mal, daß Reiß eine andere Regung in ihren Zügen sah als trotzigen Ernst oder Haß.

»Vielleicht auch sechzig. Vielleicht auch bloß vierzig. Genau weiß ich es nicht. Ich kenne die Grundstückspreise nicht. Aber in der Größenordnung bewegt sich das mit Sicherheit.«

»Grundstückspreise?«

»Ja. Ein Grundstück, das die Stadt kaufen will. Oder kaufen muß. Weil sie darauf eine ziemlich riesige Sporthalle oder so was bauen will. Grundstücke, die Höschler gehören. Die Höschler gekauft hat, nachdem klar war, daß die Stadt das Ding hochziehen will. Sie nennen es Megahalle.«

»Wie geht'n sowas? Ich meine ...?«

»Sie meinen, wie dieser Höschler darauf kommt, weshalb er das Grundstück gekauft hat? Das weiß ich nicht genau. Ich vermute, irgend jemand hat ihm gesteckt, daß irgend jemand sowas plant. Vielleicht wußte er auch nichts Genaues, vielleicht hat er nur spekuliert. Aber eher nicht. Solche Leute werfen das Geld nicht zum Fenster raus.«

»Aber fünfzig Millionen! Wie kommen Sie auf fünfzig Millionen?«

»Das ist einfach.« Reiß sah Lu an. Sie sah ihn an: ein offenes, wißbegieriges, erstauntes Gesicht. Ein ernstes Gesicht. Ein Gesicht ohne die Verwerfungen, die Selbstzweifel, Ohnmacht, Enttäuschung in ein Gesicht eingraben können. Lauras Gesicht. Er biß sich auf die Lippen, um irgend etwas zu unternehmen, dagegen anzukämpfen, sich nicht wieder überwältigen zu lassen. Er sah die Allee hinunter, den feuchten, laubbedeckten Weg, der in einen fleckigen Lichttunnel mündete. Blickte über den Kanal zur Linken: Traumbilder. Ein Laura-Traum. Einer seiner allnächtlichen Laura-Träume. Mein Gott!

»Was ist mit Ihnen? Was haben Sie? Sind Sie krank oder was?«

»Es ist einfach«, sagte Reiß, der kurz die Augen geschlossen hatte, um die Träume wegzuwischen. Er konzentrierte sich jetzt auf eine mechanische Rechenaufgabe. »Stellen Sie sich vor, Sie kaufen ein Grundstück für einen Quadratmeterpreis von, sagen wir, fünfundzwanzig Mark. Ziemlich wertloses Land. Dann wird das Grundstück aber aus irgendeinem Grund eben ganz wertvoll. Sie können es den Quadratmeter für fünfhundert Mark verkaufen. Sie machen einen Gewinn von vierhundertfünfundsiebzig Mark. Pro Quadratmeter. So. Und das jetzt mal hunderttausend. Zehn Hektar. Sie machen einen Gewinn von ...?«

»Siebenundvierzigeinhalb Millionen«, sagte Lu und sah zu Reiß hinüber. Reiß nickte.

»Ja. Das ist es. Darum geht es. Das ist der Deal.«

Lu grübelte vor sich hin, mit gesenktem Kopf, schlürfte mit den Schuhen über den Boden, so, daß sich Blätter vor ihren Fußspitzen sammelten, trat sie dann aus dem Weg.

»Die Sau!«, sagte sie schließlich.

»Sag ich doch«, sagte Reiß schnell. Bremste sich dann aber. Er war jetzt da, wo er hinwollte. Er mußte vorsichtig sein. »Er läßt

Sie für ein Butterbrot einen Job machen, von dem siebenundvierzig Millionen abhängen.«

»Abhängen? Wieso denn abhängen? Was ist'n daran so wichtig, daß ich bei dieser Ruine Stremmel 'n bißchen kille-kille mach?«

»Alles«, sagte Reiß. Blieb stehen, um dem »alles« die nötige Bedeutung zu geben. Lu blieb auch stehen. Reiß wies mit dem Kopf nach links, auf eine bemooste steinerne Brücke. »Gehen wir da rüber und auf der anderen Seite zurück.« Setzte sich in Gang. Lu hinter ihm her, holte ihn ein.

»Nun sagen Sie schon, Mann!«

»Höschler ist Ossendorf. Das ist der Punkt. Hinter Höschler steht Ossendorf. Höschler ist Ossendorfs Strohmann, hat in seinem Auftrag und wahrscheinlich mit seinem Geld die Grundstücke gekauft.«

»Ja super! Da wär ich nie drauf gekommen!« Hohn in ihrer Stimme. Etwas, das er von Laura nicht gekannt hatte. Er konnte sich nicht daran erinnern, Laura je höhnisch erlebt zu haben.

»Und warum, glauben Sie, ist es ihm so wichtig, daß das nicht rauskommt, daß Höschler sein Strohmann ist?«

»Kein Schimmer.«

»Eben.«

Er ging einen Schritt schneller. Sie erhöhte auch ihr Tempo, um neben ihm zu bleiben. Er merkte, wie sie ihn ansah, erwartete, daß er weitersprach. Das war gut so. Da wollte er sie haben. Trotzdem wartete er noch ein paar Augenblicke, bis er wieder anfing.

»Ossendorf hat eine Information bekommen, die er eigentlich nicht bekommen haben darf. Von jemandem, der sie ihm nicht hätte geben dürfen.«

»Und wer ist dieser jemand?«

»Jemand, der den Bau dieser Megahalle irgendwie kontrolliert. Jemand von der Stadt. Der Oberstadtdirektor? – ich weiß es nicht.«

»Sie wissen es nicht.« Weniger Hohn als eine Feststellung, bei der Reiß eine Spur von Bedauern mitzuhören meinte.

»Ich werd's rausbekommen. Noch heute.«

Sie sagte nichts. Ein Schweigen, das er nicht zu deuten wußte. Sie war kompliziert. Jedenfalls verstand sie es, sich nicht in die Karten blicken zu lassen. Er wußte immer noch nicht, ob sie sich auf das Spiel so eingelassen hatte, einlassen würde, so, wie er es wollte.

»Heute im *Express* steht was darüber«, sagte er schließlich. »Etwas über die Megahalle und die möglichen Hintergründe. Da wird sich jetzt 'ne Menge bewegen. Und ich schätze, zuungunsten Ossendorfs bewegen. Dem gehen die Felle schwimmen. Da bin ich ziemlich sicher. Und ich an Ihrer Stelle würde das ganz schnell noch ausnutzen.«

»Ausnutzen.« Das klang hohl und wie eine Frage.

»Ja«, sagte Reiß. »Er bescheißt Sie. Speist Sie mit ein paar Brotkrümchen ab. Bei *dem* Kuchen! Und außerdem haben Sie ihn jetzt in der Hand. Sie wissen jetzt mehr als ihm lieb sein kann.«

Sie lachte höhnisch auf. Hatte ihn jetzt wahrscheinlich endgültig durchschaut. Seine Absicht, sie gegen Ossendorf zu hetzen.

»Geile Polizeimethoden, he!?«

»Warum nicht?« sagte Reiß. Froh, sie immer noch im Glauben zu wissen, er handle als Polizist. »Bei dem Chaos, was jetzt auf ihn zukommt, und auch durch Sie auf ihn zukommt, wird er Fehler machen. Wir brauchen nur noch drauf zu warten.«

»Und Sie und Ihre Bullen finden das total okay, wenn ich ihn abzocke?«

Reiß zuckte die Schulter.

»Gegen Sie werd ich jedenfalls nichts unternehmen«, sagte er. »Wir könnten so was wie Verbündete sein, – so was ähnliches.« Er brach ab. Hatte Angst, sie könnte ihn durchschauen. In ihn hineinblicken. Seinen Jammer sehen. Seine Hoffnung. Oder was es war.

Lu grinste ihn mit schiefem Mund an.

30.

Noch immer, wenn sie ihm richtig ans Fell wollten, wenn's ganz eng geworden war, war er abgekühlt bis auf den Grund seines ohnehin tiefgekühlten Herzens. Das war etwas, da konnte er sich absolut drauf verlassen: daß er dann nicht durchdrehte, hektisch, nervös wurde, unüberlegte, panische Schritte unternahm. Klar, er kriegte dann seine Wutanfälle. Aber das waren meist inszenierte, für andere in Szene gesetzte Tobsuchtsausbrüche, scharf kalkulierte Schrei-Arien. Klar wurde er dann auch richtig wütend. Aber auch das konnte er steuern. Labte sich am Rausch seines Zorns wie andere sich Kurze hinter die Binde kippen, um, wie sie glauben, die Nerven damit ruhigzustellen. Um dann gestählt und mit kalter Gelassenheit das zu tun, was zu tun war. Das hatte er getan, als damals die Prozeßlawine gegen ihn ins Rollen kam. Hatte abgewartet. Hatte die Prozeßgegner versucht zu schmieren, einen nach dem anderen. Hatte die Leute in den eigenen Reihen, die Verkäufer, Vertriebsleiter, ruhiggestellt. Hatte die gegnerischen Anwälte unter Druck gesetzt. Und als das nicht funktionierte, hatte er bei ihnen einbrechen, die ihn belastenden prozeßrelevanten Unterlagen klauen lassen. Ihnen die Kanzleien ruinieren lassen. Hatte einem der Hansel, dem Käufer von gleich drei OHAK-Eigentumswohnungen am Prenzlauer Berg, dem der Gerichtsvollzieher die Tür eingetreten hatte, nachdem die Finanzierung geplatzt war und dessen Frau sich deswegen auch noch umgebracht hatte, der partout keine Ruhe hatte geben wollen, ihm Klage auf Klage an den Hals gehängt hatte, dem hatte er am Schluß sogar die Knochen brechen lassen. Wenn's gar nicht mehr anders geht, dann eben mit der Brechstange. Das hatte immer noch Wirkung gezeigt. Von dem Penner hatte er nie mehr was gehört. Und die anderen hatten die Schwänze eingezogen. Bei den Prozessen, die noch anstanden, ging's nur noch um *Peanuts*. – Okay. Die Sache mit den Bullen und der Lebien hatte er nicht ganz so gelassen durchgezogen. Da hatte er gezockt. Und einiges verzockt. Das war ausgestanden jetzt. Aber mit ein paar ziemlich unangenehmen Folgen.

Ossendorf wurde unruhig. Stand vom Schreibtisch auf, wanderte durchs Büro. Er mußte nachdenken. In Ruhe nachdenken. Die Schneitberger hatte Anweisung, kein Telefonat zu ihm durchzustellen. Anrufe sammeln und sortieren. – In Ruhe nachdenken. Okay. Die Lebien. Das hatte Staub aufgewirbelt, eine Menge Leute nervös gemacht. Seinem Ansehen geschadet. Am KEC-Präsidentenstuhl gesägt. Da würde er noch einiges zu tun haben, um das wieder ins Lot zu bringen. Die Präsidentschaft konnte er sich auf gar keinen Fall streitig machen lassen. Dann wäre alles aus. Dann könnte er die OHAK endgültig dichtmachen. Ohne das KEC-Image, ohne sein Foto als Ober-Hai auf den Anlage-Prospekten, konnten sich seine Verkäufer auf den Kopf stellen. Da wäre nichts mehr drin. Dafür war der Steuersparmarkt mittlerweile viel zu eng. Und jetzt auch das hier noch! Diese Schmiererei im *Express*. Wieder diese Null! Satorius! Da wird jetzt eine Menge von Leuten eine Menge von Fragen stellen. Natürlich würden sie nicht auf ihn kommen.

Die Höschler-Flanke war wasserdicht. Das hatte er im Griff. Aber die Fragen würden sich zu einer Fragen-Lawine summieren, und diese Lawine könnte am Ende dann doch das ganze Megahallen-Projekt in den Rhein spülen. Und das, – nein, das durfte er sich überhaupt nicht vorstellen, da war überhaupt kein Denken dran.

Das Telefon zirpte. Mit zwei Schritten war Ossendorf an seinem Schreibtisch.

»Ich hab Ihnen doch gesagt, keine Störung!«

»Es ist der Herr Henseleit vom Stadtrat. Er sagt, er *muß* Sie sprechen. – Und dann ist hier noch diese, diese...«

Henseleit. Klar. Dem geht jetzt auch der Arsch auf Grundeis. Der wird anfangen zu wackeln.

»Stellen Sie durch.«

»Aber was mach ich mit dieser, dieser Frau hier? Sie will unbedingt...«

»Stellen Sie durch, hab ich gesagt!«

Ein leises Knacken in der Leitung.

»Ossendorf?« Henseleits Stimme.

»Ja.«

»Sie haben mich beschissen, Ossendorf! Bodenlos beschissen!« Henseleits Stimme klang beunruhigend kühl, sachlich.

»Bleiben Sie auf dem Teppich, Henseleit. Wovon reden Sie überhaupt?«

»Wir hatten einen *politischen* Deal, Ossendorf. Rein politisch. Wir waren uns einig: wir beide wollen die Megahalle und wir ziehen sie zusammen durch. Sie haben mir verschwiegen, daß es Ihnen dabei um Ihren Reibach geht, Ossendorf. Als Sie mir den Tip mit dem Poller Gelände und dem Schrebergartengrundstück gegeben haben, hatte ich keine Ahnung, was Sie da vorhatten.«

»Was soll ich denn da vorgehabt haben? Ich hab damit nichts zu tun!« Hinhalten! Wenn du ihn hinhältst, muß er auspacken, was er weiß, was er bisher rausgekriegt hat. Ossendorf nahm den Telefonapparat hoch, trug ihn zum Fenster neben seinem Schreibtisch und schaute in den eben wieder einsetzenden Nieselregen hinaus.

31.

»Höschler! Ach, hören Sie mir auf mit Höschler. Mit dem hab ich seit drei Jahren nichts mehr zu tun. Weder privat noch geschäftlich. Das ist nachweisbar, Henseleit. Sehen Sie im Amtsgerichtsregister nach: der führt seine Firma absolut selbständig. Da hab ich nichts, aber auch gar nichts mit zu tun!«
Nachdem Lu der dämlichen Ziege mit den halbmeterlangen pinklackierten Fingernägeln ganz kurz mal ihr Butterfly-Messer – dreißig Zentimeter polierter Stahl – gezeigt hatte, war sie einfach weitergegangen, hatte die Pinklackierte zur Seite gedrückt und die Bürotür aufgestoßen und, als sie sah, daß der Bonzenarsch telefonierte, ihr dabei den Rücken zuwandte und zum Fenster hinaussah und sie offensichtlich nicht gehört hatte, die Tür leise hinter sich geschlossen. Ganz nett, mal'n bißchen zuzuhören, was der da abzulabern hat. Ganz nett, zu hören, was für Namen der da so alles ausspuckt. Höschler. Henseleit. Wer ist Henseleit?
»Hören Sie auf, Henseleit, Sie können mir nicht drohen. Das läuft nicht.« Der Bonzenarsch fauchte.
»Nein. Das werden Sie nicht. Genau das werden Sie nicht. Weil, das wissen Sie besser als ich, weil da nämlich Ihre ganze politische Karriere dranhängt! Wenn Sie das nicht durchziehen, wenn Sie die Halle nicht hinkriegen, dann fallen Ihre eigenen Leute über Sie her wie die Hyänen über einen Kadaver. Dann *sind* Sie ein Kadaver!« Er hatte sich wieder im Griff. Fauchte nicht mehr, peitschte jetzt die Worte heraus, mit kaltem, berechnendem Zorn. Lu lehnte sich mit dem Rücken an die Tür und verschränkte

die Arme über der Brust und sah zu, wie Ossendorf eine halbe Minute lang schweigend das Ohr an den Telefonhörer spreßte hielt.

»Ach?« Irgend etwas hatte ihm einen Tiefschlag versetzt. Lu glaubte zu sehen, wie Ossendorf mit einem Ruck drei Zentimeter kleiner wurde, in sich zusammensackte. Interessant.

»Sie können mir viel erzählen!« Er wehrt sich. Nicht besonders überzeugend. Hat seine Stimme nicht ganz im Griff. Klingt, als ob er einen Frosch hätte.

»Sagen Sie mir, was Sie wollen, Henseleit.« Jetzt hat er kapituliert. Eine Stimme wie ein trockener Furz. Der Ärmste! Ist doch immer wieder schön zu sehen, daß auch solche Schweine wie der ihre kleinen schwachen Stellen haben.

»Waaas?« Das hört sich an, als ob er bald ohnmächtig würde.

»Meinen Sie, ich wär 'ne Bank, Mann? Wo soll ich das denn hernehmen? – Oh Himmel! Geben Sie mir wenigstens was Zeit, Mann!«

Olala, es geht um Kohle! Lu dachte an die fünfundzwanzigtausend, die sie jetzt zusammenhatte. Zehn als Vorschuß schon eingesackt, fünfzehn standen jetzt noch aus. Zehn bereits verplant. Für den *Airrave* nächste Woche. 72-Stunden-Party. Ununterbrochen. Mit dem Flieger von Amsterdam nach Kreta, fünf top-DJ's an Bord, darunter Colin Date & Colin Faver, hatte sie schon mal in London gesehen, nicht ganz dein Stil, aber bei 'nem *Rave* kannst du nicht immer auf *Trance* sein. Auf Kreta dann die ganze Nacht am Strand tanzen, tanzen, tanzen, weitertanzen am Morgen im Hafen von Heraklion, weitertanzen am Mittag im Flieger zurück nach Amsterdam, Relaxen im Hotel, abends mit dem Bus zur *Surprise Venue*, zum *Maximum Overdrive Rave*. Wahnsinn!

»Was heißt das: ich hab 'ne Bank? Meine Güte, Doktor, ich hab 'ne kleine Teilhaberschaft bei Richthofen & Steger.« – »Ja, okay, sitz auch im Vorstand. Na und? Meinen Sie, ich könnte da einfach so hingehen und ...? – Henseleit! Henseleit!«

Aufgelegt! Sitzt ganz schön in der Scheiße, dein Bonzenarsch.

Ossendorf knallte den Telefonhörer auf den Apparat, atmete ein, als tankte er für einen Tauchgang durch den Ärmelkanal Sauerstoff, und drehte sich, den Telefonapparat in der Hand, um. Sah Lu, die sich immer noch mit überkreuzten Armen gegen die Tür fletzte und ihn mit schiefem Mund angrinste. Ihr Ellen-Barkin-

Grinsen. Ossendorf wurde bleich. Dann rot. Rot vor Zorn. Warf den Telefonapparat auf Lu.

»Scheiß-Pißritze! Drecksfotze!«

In der Luft, auf halbem Wege zu Lu, wurde das Telefon von seinem Kabel gebremst, die Schnur riß aus der Dose, der Apparat fiel zu Boden, kullerte einen halben Meter noch auf Lu zu, die sich keinen Millimeter bewegt hatte und immer noch grinste.

»Ich wollte mir meine Löhnung abholen, Boß.«

Sie sah, wie der Oberkörper, die Arme Ossendorfs sich anspannten, wie seine Gesichtszüge sich verhärteten, wie er ein Stück in die Knie ging, sich auf einen Sprung zu ihr hin vorbereitend. Lu ließ ihre Rechte zum Griff des Butterfly in einer der tausend Taschen ihrer Nahkampfhose wandern. Dann aber stieß der Bonzenarsch kurz Luft aus, atmete wieder ein, brachte sich unter Kontrolle. Machte sich locker. Hatte wahrscheinlich geschnallt, daß jetzt nichts mehr zu machen war und mit Sicherheit nahm er sich vor, nie mehr in seinem Leben mit dem Rücken zur Tür zu telefonieren.

»Okay. Sag mir, was du rausbekommen hast. Dann kriegst du deinen Zaster und dann gehst du. Und läßt dich nie mehr hier blicken. Nie mehr.«

»Zuerst die Steine.«

In Ossendorfs Gesicht erschien der Anflug eines Lächelns, das Versöhnung zu verkünden schien, aber Lu wußte, daß es nichts als höchste Gefahr bedeutete. So ein Typ wie der ist nicht so leicht übern Tisch zu ziehen. So ein Typ wie der gibt nicht so leicht auf. So einer hat immer noch was in petto. Eine Knarre zum Beispiel. So ein Typ wie der legt so was wie dich in seinem eigenen Büro um. Lus Rechte, die immer noch am Griff des Butterfly klebte, umklammerte jetzt den Griff, zog das Messer langsam ein Stück aus der Tasche. Werfen wäre gut, wenn er's jetzt versucht. Aber sie hatte keine Ahnung vom Messerwerfen.

Mit versteinertem Gesicht drehte Ossendorf ab, ging zu seinem Schreibtisch. Lu machte zwei, drei Schritte auf den Schreibtisch zu, das Butterfly jetzt fest im Griff. Mußt nahe an ihn ran, ganz nahe, dann hat er auch mit 'ner Knarre weniger Chancen.

Ossendorf war hinter dem Schreibtisch, blickte zu Lu hoch, die einen Meter neben ihm stand. Durchschaute, was sie dachte, ganz offensichtlich. Denn er grinste.

»Ich hol nur das Geld«, sagte er. Tat aber nichts. Sah Lu durchdringend und immer noch mit dem Anflug seines gefährlichen Lächelns im Gesicht an. Nicht rühren! In Spannung bleiben! Alles, alles beobachten! Dann bückte Ossendorf sich. Lu hörte das leise Knacken eines Zahlenschlosses. Kleiner Tresor im Schreibtisch. Hörte das matte Schieben eines Stahlfachs. Lu hatte das Butterfly aus der Tasche, den Griff – übereinandergeschichtete Ringe aus Holz, Stahl und Kork, sehr, sehr griffest – den Griff jetzt locker in der am Bein herunterhängenden Hand. Ein Schnapp, und die Klinge wäre draußen. Nicht verkrampfen, ganz locker bleiben, Kraft erst in der Aktion mobilisieren. Ossendorf kam mit einem Bündel Geldscheine, Hunderter mit Bankbanderole, hoch. Legte sie auf seinen Schreibtisch. Ließ die Hand auf den Scheinen. Jetzt ein Starren im Gesicht. Das Lächeln, Grinsen war verschwunden.

»Quatsch dich aus«, sagte er, seinen Blick nicht von Lu und dem Messer in ihrer Hand nehmend. »Und steck den Scheiß da weg. Du kriegst deine Kohle.«

Lu ließ ihrerseits den Blick nicht von Ossendorf. Hob das Messer, suchte den Zugang zur Tasche, fand ihn, senkte das Messer ganz langsam hinein, ohne dabei den Griff ganz aus der Hand gleiten zu lassen.

»Ich hab diesen Reiß in die Mangel genommen«, sagte sie.

Ossendorf nickte, sagte nichts, blieb hinterm Schreibtisch stehen, die Rechte auf dem Bündel Hunderter, beobachtete sie.

»Er weiß alles ...«, sagte Lu. Den Satz genüßlich offen lassend, auf seine Reaktion wartend, schauen, wie scharf er wirklich auf die Information ist, wie nervös ihn das macht.

»Alles«, wiederholte Lu und grinste dabei wieder ihr schiefes Ellen-Barkin-Grinsen.

Keine Reaktion. Jedenfalls läßt er sich nichts anmerken.

»Spuck's aus«, sagte Ossendorf, nicht sonderlich viel Spannung in der Stimme, eher müde, so, als wisse er bereits, was jetzt käme.

»Er weiß, daß Höschler Ihr Strohmann ist, daß Sie ihn vorschicken, um diese Grundstücke für diese komische Megahalle aufzukaufen. Und er weiß, daß Sie Stremmel schmieren und unter Druck setzen, damit er darüber die Schnauze hält und den Deal mit Höschler für die Stadt sauber über die Bühne bringt.« Lu machte eine Pause. Wieder keine Reaktion bei Ossendorf. Der sah durch Lu hindurch, sein Hirn schien dabei auf Hochtouren zu arbeiten.

»Weiter«, sagte er schließlich, als er merkte, daß Lu die Pause in die Länge dehnte, nur, um ihn zu ärgern, um ihn, seine Reaktion zu beobachten.

»Tja«. Lu verdrehte kokett die Augen und versuchte diesmal ein geschmäcklerisches Ellen-Barkin-Lächeln. »Und er weiß, daß Sie jemanden irgendwo sitzen haben, in der Stadt oder wo, von dem Sie die Information haben, daß und wo diese Scheiß-Halle gebaut wird. Und daß Sie diese Information eigentlich nicht haben dürfen.« Lu sah, wie die Augen Ossendorfs eine winzige Spur kleiner wurden. »Ein Geheimnis, sozusagen«, trällerte sie. »Ein Geheimnis, das, sagt Ihr Freund Reiß, so zirka fünfzig Millionen wert ist.«

Ossendorf sagte nichts. Nur blieben seine Augen klein, wurden sogar noch eine Winzigkeit kleiner. Und in seiner Birne arbeitete es weiter auf Hochtouren.

»Was will der? Was hat der vor?«

»Er will Sie ein bißchen in die Enge treiben, meint, daß Sie dann Fehler machen«, sagte Lu.

»Warum?«

»Er ist Polizist.«

»Ach Quatsch! Der ist seit gestern vom Dienst suspendiert!«

Das war ja interessant! Darauf wäre sie nie im Leben gekommen. Da mußte sie noch einmal drüber nachdenken.

»Tja«, sagte Lu gedehnt und voller Hohn. »Dann denke ich, dann muß es ja so sein, daß er ziemlich was gegen Sie hat.«

Ossendorf ignorierte das, schob die Geldscheine auf dem Schreibtisch in Richtung Lu.

»Hier. Grapsch dir deine Kohle und verschwinde.«

»Nein«, sagte Lu, legte aber trotzdem die Linke auf das Geld, die Rechte behielt sie am Griff des Butterfly.

»Bei 'nem Deal von fuffzig Millionen und bei dem, was ich da alles so drüber rausgekriegt hab, denk ich, daß ich noch zwanzig Riesen mehr brauch. Zwanzig, denk ich, wär irgendwie was Angemessenes.«

Keinerlei Reaktion im Gesicht des Bonzenarschs. Lu hatte erwartet, er kriegte jetzt einen Tobsuchtsanfall. Nichts dergleichen. Wurde nicht blaß. Die Augen auch nicht enger. Er sagte nur eine ganze Weile überhaupt nichts. Sah sie nur an. Und Lu wußte, der heckt was aus.

»Ja«, sagte Ossendorf dann.

»Ja?«

»Wenn du noch was erledigst.«

»Aha?«

»Leg ihn um!«

»Wen bitte?«

»Reiß.«

32.

»Nein, nicht im Bepi«, sagte Satorius. »Freitags geh ich nie ins Bepi. Da sind wirklich *zu viele* Arschlöcher da. Freitags geh ich am liebsten in die Puszta-Hütte am Neumarkt. Kennst du doch, oder?«

»Ja«, sagte Reiß. »Um halb eins da?«

»Um halb eins«, sagte Satorius und legte auf. Reiß hängte auch ein. Dann wäre also bald der Sack zu. Mehr konnte er dann nicht mehr erreichen. Dann würde er sein ganzes Wissen an den Mann gebracht, so viel an Intrige losgetreten haben, wie es ihm möglich war. Wie es auch Satorius möglich sein würde. Wenn der weiter mitzog. Aber der hatte Blut geleckt. Und wahrscheinlich dreiviertel der *Express*-Redakteure mit ihm. Ein-, zweimal im Jahr dem Boulevard-Gott ein Blutopfer aus den oberen Etagen bringen, tagfrisch und immer aufs Neue mit Genuß geschlachtet, ein Organ nach dem anderen freigelegt, – das gehört für sie zum Ritual, das macht ihnen Spaß. Zumal, wenn das Opfer einer wie Ossendorf ist, einer, der ohnehin schon Dreck am Stecken hat, einer, den sie nicht mögen wegen seiner Arroganz, über den sie aber notgedrungen, der Reputation des KEC's wegen, des städtischen Juwels, nicht ständig Jauchekübel ausschütten dürfen.

Aber genau an dem Punkt könnte die Geschichte natürlich auch nach hinten losgehen oder ein Rohrkrepierer werden, von einem auf den anderen Tag sang- und klanglos eingestellt werden. Wenn sich aus irgendeinem Grund, vielleicht, weil die Eishockeymeisterschaft auf dem Spiel stand oder so etwas – Reiß hatte keine Ahnung vom Eishockey –, wenn es sich also als im Augenblick als absolut nicht mit der Ehre des Vereins, mit dem Lokalpatriotismus also, vereinbaren lassen würde, den Präsidenten zu sezieren, dann würde sich auch eine genügend starke Lobby finden, die »Halt!« schreien würde. Meine Güte! Reiß stellte den Kaffeefilter, den er gerade auf die Kanne setzen wollte, wieder aufs Spülbord. Daran hatte er noch gar nicht gedacht! Dann wäre alles umsonst gewesen. Dann wäre Ossendorf nicht zu Fall zu bringen. Dann würde der seinen Deal durchziehen, als wäre nichts gewesen. Könnte sich gesundstoßen. Und exakt dazu war dieser Deal da, hatte Ines Ossendorf gesagt. Er *muß* sich daran gesundstoßen, muß sich daran gesundmachen, sonst geht er mit allem baden. Und wenn nicht, dann könnte er einfach so weitermachen, als wäre nichts gewesen. So, als hätte es ihn, Reiß, nie gegeben.

Reiß sah, daß das Kaffeewasser die ganze Zeit über gekocht hatte, während er vor dem Herd stand. Du mußt ruhig bleiben! Wart's ab. Gleich weißt du mehr und dann kannst du weiterüberlegen. Er setzte den Kaffeefilter wieder auf die Kanne, goß das heiße Wasser darüber, ein wenig nur, bis das Kaffeemehl aufquoll, dann den restlichen Inhalt des Wasserkessels, das, was nicht verkocht war.

Aber nehmen wir mal an, sie blockieren die Geschichte tatsächlich. Nehmen wir mal an, Ossendorf zieht den Deal durch. Er kam nicht davon los. Nehmen wir das mal an. Was ist dann damit, daß er Stremmel erpreßt, Stremmel geschmiert hat? Straftaten. Das müßte ihm doch nachzuweisen sein, oder? Dafür kriegte ihn ein cleverer Staatsanwalt doch in den Bau, oder? Zumindest für die *Anstiftung* zu Straftaten! – Oh Gott! Lu! Damit wäre sie ins Spiel gebracht. Reiß schüttelte unwillig den Kopf und kam sich dabei vor wie jemand nahe an der Grenze dazu, Selbstgespräche zu führen. Setzte den Kaffeefilter ab und goß sich aus der Kaffeekanne eine Tasse voll dickflüssigen Kaffees, nahm die Tasse, ging damit aus der Küche in den vorderen Raum, schlürfte aus der Tasse, ging nahe an den Fotos vorbei. Blieb davor stehen. Laura. Laura hinter einem Berg von Büchern, spielte mit verdrehten Augen die Examens-Gestreßte. Laura im Regenmantel. Laura im

Bikini. Laura auf einer Caféterasse. Laura, lachend und das Haar zurückwerfend. Laura auf einem Pferd. Laura auf einem Fahrrad. Laura. Lu. Lu! Meine Güte! Er hatte sie auf diesen Arsch gehetzt, hatte sie scharf auf ihn gemacht. Scharf auf sein Geld. Sie würde versuchen, ihn zu erpressen, ihn zumindest unter Druck zu setzen. Und das würde der sich nicht gefallen lassen. Natürlich nicht. Der würde sie über die Klinge springen lassen. Schon allein deswegen, weil sie viel zu viel wußte. Auch wenn sie's ihm nicht sagen würde. Er würde es spüren. Du hast einen Fehler gemacht! Sie läuft ins offene Messer! Und du kannst ihr nicht helfen. Jetzt nicht. Dich nicht mit ihr in Verbindung setzen. Weißt nicht, wie du sie erreichen kannst. Sie kennt nur *deine* Adresse, Telefonnummer, hat deine Karte. Sie hat keine Telefonnummer, keine Adresse, keine Karte, hat sie gesagt.

Reiß wandte sich von den Fotos ab, ging zum Fenster, starrte gegen die regennasse Betonfassade der rückwärtigen Seite des Ufa-Palasts. Vergaß die Kaffeetasse in seiner Hand. Die Nervosität kam zurück. Das Gefühl, als wenn der Magen von irgendeiner Kraft nach oben, gegen die Milz, die Lunge, gegen das Herz gedrückt würde. Aber es war nicht mehr allein dieses stumpfe, kalte Gefühl der Panik, das Gefühl, bald erbrechen zu müssen und dabei zu wissen, daß es nichts zu erbrechen gab. Jetzt spürte er einen warmen Druck gegen den Magen, spürte, wie sein Magen von einem fast heißen Strom umspült wurde. Eine verdammt merkwürdige Mischung. Wenn er es nicht so intensiv spüren würde, jetzt, würde er nicht glauben können, daß es das überhaupt gab, dieses Gefühl. Dieses Rumoren an dieser Stelle irgendwo unterhalb der Magenwand, von der er noch vor zwei Tagen geglaubt hatte, sie sei auf immer taub.

33.

Oh Scheiße, – hättest du gesagt, wenn du noch in diesem lausigen Job für'n paar müde zwanzig, dreißig wärest, die gerade für'n *Airrave* oder zwei reichen würden. Dann wär das hier wieder mal echt beschissen. Seit einer Stunde im Nieselregen stehen. Lausigkalt dazu. Mit *der* Kohle in der Tasche hättest du dir ruhig 'n Taxi oder, vielleicht besser, 'n Leihwagen nehmen können. Scheiße. Bin ich einfach nicht drauf gekommen. Oder: noch besser, es gäb 'n beschissenes kleines Café hier, wo du drin sitzen und von wo aus du den Palazzo da drüben im Auge behalten könntest. Das wär *echt* geil. Das wär 'ne echte Nummer für den Super-Schatten. Könntest 'n prima heißen Tee schlürfen, dir vielleicht sogar in aller Ruhe dabei 'n Trip einschmeißen, 'ne nette Musik dabei hören, es wär wunderbar warm – und du hättest den Steinhaufen da drüben klasse im Auge. Aber! *Aber*, das müssen wir immer wieder klarstellen, da müssen wir immer fein dran denken: wenn's nicht mehr bloß um die schlaffen zwanzig oder dreißig geht, – und da geht's hier echt nicht mehr drum, dann *ist* das hier nicht Scheiße. Dann ist das ein Klasse-Job. Ein Job, bei dem's vielleicht um 'ne halbe oder 'ne ganze Million geht. Oder vielleicht noch um mehr! Dann stehen wir nämlich gerne im Regen hier und frieren uns den Arsch ab. Mit Kußhand stehen wir dann hier!

Lu begann hinter dem ihr als Deckung dienenden Schaschlik-Brunnen vor der Börse auf der Stelle zu hopsen, den Blick dabei nicht von dem Gebäude Ecke Kattenbug und Unter Sachsenhausen lassend. Dem Gebäude, in dem – sie hatte es durchs Telefonbuch herausgekriegt – Richthofen & Steger, Ossendorfs kleine Privatbank, residierte. Mit seiner süßen winzigen Teilhaberschaft. Und seinem klitzekleinen Vorstandspöstchen. Lus Dr. Martens quietschten bei ihrem Gehopse regennaß, die Socken innen waren auch durchnäßt, ihre Zehen wahrscheinlich schon blau.

Das »rap-rap-rapraprap-rap-rap-rapraprap-rap« ihrer *Shamen* im Kopfhörer half nur mehr wenig. Ein Tröpfchen *E* wäre eigentlich schon eine größere Hilfe. Aber sie hatte es sich schon den ganzen Tag über verkniffen. Und würde, das stand fest, es sich solange verkneifen, bis das ganz große Ding an der Angel hing, bis das ganz große Ding eingesackt war.

Das, was sie tat, das, was sie noch vorhatte, war *extasy* genug, mehr hip ging's nicht. Noch mehr Dröhnung hätte ein Brett vorm Kopf bedeutet. Klar. Und ein Brett vorm Kopf ist das letzte, was du dir jetzt leisten kannst. Jetzt, wo du eiskalt, total eiskalt kalkulieren, rechnen mußt. Und wenn du das richtig gehört hast, und wenn du richtig rechnest, dann steckt dieser Bonzenarsch in der Klemme. Dann muß er Kohle loseisen. Heute. Irgendwann heute. Oder vielleicht auch erst am Montag? Nein, heute! Das klang ganz schön dringend eben am Telefon, hört sich echt nach Klemme an. Also heute. Am besten jetzt! Und *wo* wird er sie loseisen? Da drüben!

Lu mußte ihre schwarze Baskenmütze, die sie sich zur Tarnung über den Kopf gestülpt hatte, ein Stück hochschieben. Sie war nach nun anderthalb Stunden ununterbrochenen Regens vollständig naß, hatte ihre Form verloren und hing ihr wie ein Sack vor den Augen. Du siehst wahrscheinlich aus wie 'ne Jammergestalt! Wie'n Junkie auf *Turkey*. Scheiße.

Oder nicht Scheiße! Es geht um Kohle. Es geht um so viel Kohle, daß du deine *Airraves* nach Kreta oder sonstwohin vergessen, abhaken kannst. Um so viel Kohle, daß du die nächsten Jahre in den *Dauerrave* einsteigen kannst, – den absoluten, definiten *Rave*. Auf Bali oder Borneo oder Sulawesi oder Java, in Taiping oder Brunei oder Rayong oder Lombok oder wo sonst die Raver dieses Jahr ihre Strandquartiere aufgeschlagen haben. Durch das rap-rap-rapraprap der *Shamen* hindurch drang ein Geräusch an Lus Ohren.

Ein Geräusch, das sie kannte. Es kam von hinten. Nicht von vorn, wie sie es erwartet hatte. Sie drehte sich um. Und ließ sich im gleichen Augenblick platt auf den Boden fallen, lag im Wasser, in der Pfütze, in der sie die ganze Zeit herumgehopst war. Der schwarze 928er war von hinten auf den Parkplatz vor der Börse eingekreuzt, verharrte bei laufendem Motor, Scheinwerfer eingeschaltet.

Oh nein! Er hatte sie gesehen. Mußte sie gesehen haben. Mußte sie gesehen haben, als sie noch stand. Mußte spätestens durch die plötzliche Bewegung, als sie sich fallen ließ, auf sie aufmerksam geworden sein. Lu hörte das tiefe Schnurren des immer noch stehenden Wagens. Er sucht dich! Wartet, bis du dich zeigst. Lu schob sich, die Hände flach am Boden, durch die Pfütze ein Stück auf den Brunnensockel zu, noch ein Stück, so, daß sie den Brunnen zwischen sich und ihm haben würde, – falls er diesmal von vorn kam. Sie konnte ihn nicht sehen. Hörte nur das Leerlauf-Brummen des Porsches. Auf was wartet der? Eine Windbö trieb einen Schwall herunterstürzenden Brunnenwassers zur Seite, in Lus Richtung. Es klatschte ihr auf Kopf und Rücken. Du meine Scheiße. In den Guß hinein das Anspringen eines Motors. Lu hob den Kopf, sah durch das ihr von der Stirn in die Augen laufende Wasser die weißen Rücklleuchten eines Wagens, sah, wie er aus einer Parklücke zurücksetzte, manövrierte, dann wegfuhr. Und sah, wie der 928er mit sanft knurrendem Aufbrausen des Motors in die frei gewordene Lücke schoß. Nein! Das konnte es doch nicht gewesen sein! Hat der bloß auf die Parklücke gewartet? Aber er hat dich doch gesehen! Oder?

Lu wischte sich das Wasser aus den Augen, hob den Kopf, kroch ein Stück zurück, hatte den Brunnensockel jetzt als Deckung zwischen sich und dem 928er, bei dem die Lichter ausgingen. Sie machte sich sprungbereit. Bereit, abzuhauen. Die Beifahrertür des Porsches ging auf. Ein Typ, den sie nicht kannte, stieg aus. Groß, breit, kurze blonde Stoppelhaare, schwergewichtige Lederjacke mit dem Aufdruck »Revell« quer überm Kreuz, ein Rausschmeißertyp. Sah sich um. Aber kein Blick zu ihr herüber. Dann, auf der anderen Seite, stieg Ossendorf aus dem Wagen. Ossendorf in einem Trenchcoat und mit einer Aktenmappe unterm Arm. Ging, ohne sich umzublicken, sofort in Richtung seiner Bank los. Der Rausschmeißer blieb noch eine Sekunde lang am Wagen, sah sich noch mal um, sicherte wie ein Bodyguard. Er *war* Ossendorfs Bodyguard! Dann folgte er Ossendorf, holte ihn mit zwei Schritten ein, blieb kurz hinter ihm. Lu erhob sich, duckte sich hinter den Brunnen, beobachtete, wie die beiden an der roten Fußgängerampel gegenüber der Bank warteten.

Himmelarsch! Sie hatten sie nicht gesehen! Oder? War auch egal. Jedenfalls konnte sie das hier und jetzt vergessen. Gegen zwei hatte sie keine Chance. Und so, wie sie sich fühlte, klatschnaß, durchgefroren bis auf die Knochen, sowieso nicht. Aber aber aber! Sie lag richtig! Volltreffer! Da läuft ein Deal mit viel Kohle. Barer Kohle. Frage ist, wie kommst du dran? Frage ist, kriegst du noch 'ne zweite Chance? Frage ist: wann?

34.

Kurz bevor er aus der Haustür trat, mußte es aufgehört haben zu regnen. Die Leute kreuzten die Bürgersteige noch mit aufgespannten Regenschirmen, von denen die letzten Tropfen herunterperlten. Auf der Straße schlierten Spritreste und Nässe zu schwarz geränderten regenbogenfarbenen Mustern, durch die die Autos, wegen der obligaten Baustelle auf dem Friesenwall zum Schrittempo verurteilt, hindurchrauschten, ohne sie dadurch zu zerstören. Reiß ging auf den Rudolfplatz zu. Er hatte sich in den Griff bekommen. Den Kaffee nicht ausgetrunken. Statt dessen neues Wasser aufgesetzt, einen Tee gemacht, den er lange ziehen ließ, bevor er ihn trank. Auf Lu, so weit war er gekommen, auf Lu konnte er nur ein Auge halten, wenn er gleichzeitig Ossendorf im Auge behielt. Mit Sicherheit würde sie in seiner Nähe zu finden sein. Gleichgültig, was sie vorhatte, was Ossendorf mit ihr oder ohne sie oder auch gegen sie vorhatte. Wenn er sich also auf Ossendorfs Spur setzte, hatte er auch ihre Spur. Das war der Gedanke gewesen, über den er sich beruhigt hatte. Und gleich nach dem Treffen mit Satorius würde er das tun, würde er Ossendorfs Fährte aufnehmen. Und das andere? Gott! Mit ein bißchen Glück würde es so laufen, wie er es sich ausgerechnet hatte: Ossendorfs Spekulationen kamen zu Fall und das würde ihm den Hals brechen. Und wenn nicht, dann eben nicht. Dann würde er sich den nächsten Schritt überlegen. Jetzt, wo es schon einmal so weit gekommen war, jetzt, wo er frei war. Und im übrigen blieb ihm auch keine große andere Wahl. Er *mußte* es jetzt durchziehen. Ein einziger Tag müßiggängerisch, ein einziger Tag so, wie dieser

Morgen heute bereits verlaufen war, ein Tag voller Selbstmitleid, Selbstquälerei, Vorwürfe, Langeweile, Ödnis, ein einziger solcher Tag, und er würde wieder an der Flasche hängen. Acht Tage trocken ist wahrhaftig kein Weltrekord. Nach neunzig Tagen – neunzig! – kriegen die aus den AA-Gruppen ihre erste Medaille. Nach neunzig. Nach acht bist du so gefährdet wie nach einem. Und das war nur mit *einem* zu überbrücken, das hatte er jetzt erfahren: mit einer Aufgabe, die alles verlangte, jede Minute Zeit, jedes einzelne Nervenende, jeden einzelnen Gedanken. Und diese Aufgabe war Ossendorf. Ossendorfs Sturz ins Bodenlose.

Lu? Lu war keine Aufgabe. Lu war ... Reiß versuchte den Gedanken mit einer weitausholenden Armbewegung wegzuwischen, einer Bewegung, die einer zierlichen Dame mit türkisfarbenem Regenmantel den ebenfalls türkisfarbenen Regenschirm aus der Hand fegte. Reiß hob den Schirm auf, gab ihn der Frau, entschuldigte sich und ging über den Rudolfplatz.

Als er in die Hahnenstraße-Schneise einbog, den neuen gläsernen Palast der Stadtsparkasse vor sich und dann zu seiner Rechten lassend, hatte er sich wieder unter Kontrolle, konnte sich auf das konzentrieren, was vor ihm lag. Ihm fiel eine Geschichte ein, die Kayser ihm einmal en passant erzählt hatte. Eine Geschichte über den Neubau des Glaspalastes hier. Über die vorgeschriebene Höhe des Baus, die vorgeschriebene Stockwerkszahl. Daß die Bauherrin, eine Versicherung, bei der Nachkalkulation darauf gekommen war, daß, wenn die vorgeschriebene Stockwerkszahl eingehalten würde, man nicht mehr auf die nötige Rendite durch die Büromieten käme. Und was taten sie, statt sich nur einen einzigen Pfennig vom kalkulierten Profit abschneiden zu lassen? Sie setzten Himmel und Hölle in Bewegung, um gegen die Vorschriften noch ein Stockwerk obendraufsetzen zu können. Himmel und Hölle in der Person eines Sparkassen-Vorstandes, Stadtratsmitgliedes, in Personalunion außerdem noch Winkeladvokat und Fußball-Vereins-Präsident, und der schaukelte das. Wie? Das konnte er sich jetzt, nachdem er ein bißchen hinter die Kulissen geschaut hatte, sehr viel plastischer vorstellen. Da drüben im Friesenviertel, erinnerte er sich jetzt, war vor Jahren bei einem Gerling Hochhaus etwas Ähnliches gelaufen. Und was ist mit all diesen Bauten hier, rechts, links, da vorn am Neumarkt: wieviel Schmiergeld, wieviel Erpressung, Nötigung, Korruption, Klüngelei vor und zurück mochte in jeden Quadratmeter mit einbetoniert sein? Pah! Die Stadt beherrscht von Ossendorfs. Von Ossendorfs, die sich schieflachten über irgendwelche Vorschriften, Ausschreibungen, Preisbindungen, Termine, Absprachen, Gesetze. Pah! Reiß ertappte sich bei einer weiteren ausladenden Armbewegung durch die Luft, erschrak darüber. Meine Güte! Du bist auf dem besten Weg, mit dir selbst zu reden. Dreimal heute schon! Er nahm sich vor, etwas dagegen zu unternehmen. Wobei ihm als erstes einfiel, daß er eine Menge von Vorhaben hatte, etwas gegen irgend etwas zu unternehmen.

»'n Kölsch dabei?« fragte der Kellner im Vorbeigehen, ohne von Reiß irgendeine Bestellung aufgenommen zu haben. Für die Kellner bleibt nur noch die Frage des Getränkes. Es ist selbstverständlich in der Puszta-Hütte, daß man hier Gulasch zu sich nimmt. Etwas anderes gibt es nicht.

»Nein! 'ne Cola!«, schrie Reiß dem Mann nach, der bereits am Ende des Gastraumes angekommen war und einen Kranz mit leeren Kölschgläsern zur Frau hinter dem Buffet hinüberreichte. Der Kellner drehte sich nicht nach ihm um, hob nur die Rechte zum Zeichen, daß er verstanden hatte.

Satorius, Reiß gegenüber, troff der Schweiß von der Stirn in seinen Gulasch hinein. Seine Brille war beschlagen. Satorius nahm es nicht wahr oder es war ihm egal, er schaufelte die scharfe rotbraune Brühe in sich hinein, als sei dies die einzige Möglichkeit zu überleben.

»Und du ißt *jeden* Freitag hier dieses Zeugs?« fragte Reiß.

Satorius schüttelte den Kopf, schluckte, man sah dabei eine neue Hitzewelle seinen Gaumen verätzen, die Speiseröhre bis zum Magen hinunter lodern.

»Nein«, röchelte Satorius schließlich, sein linkes Auge auf Reiß, das rechte auf den Gulasch vor sich gerichtet. »*Jeden* Tag. Freitags kauf ich mir, wenn ich hier bin, immer zehn Dosen davon. Für über die Woche, zu Hause. Du kriegst das hier nämlich auch in Dosen. Irgendwie glaub ich aber, es ist nicht ganz das gleiche. Hier schmeckt's jedenfalls besser.«

Satorius beugte sich über seinen Napf – der Gulasch in der Puszta-Hütte wird nicht in Tellern, sondern in Näpfen verabreicht – und flößte sich eine neue Portion Paprika-Lava ein. Reiß sah ihm mit einer Mischung aus Interesse und Ekel dabei zu und dachte, daß er schon schlimmere Perversionen gesehen hatte als diese hier.

Satorius bemerkte Reiß' Gesichtsausdruck, grinste.

»Ich geh hier seit '64 oder '65 hin«, erklärte er. »Weil '63, glaub ich, gab's hier mal einen Skandal. Da wurden sie dabei erwischt, Katzenfleisch oder sowas in den Gulasch geschmissen zu haben. Und da dachte ich, das passiert denen nicht noch mal, das trauen die sich nicht wieder. Hier kriegst du garantiert nur richtiges Fleisch.«

Der Kellner brachte Reiß' Gulasch und eine Cola, stellte Satorius ein weiteres Kölsch neben den Gulasch-Napf.

»Loß et üch schmecke!«

Reiß rührte vorsichtig in der Brühe mit den roten Fettaugen, brachte das eine oder andere Fleischstück an die Oberfläche. Sah sich im Raum um: außer Satorius saßen noch zwei Dutzend weitere Menschen über ihre Näpfe gebeugt und schaufelten das Zeugs in sich hinein. Trotzdem! Das würde er sich nicht antun.

»Und?« er blickte zu Satorius. »Was hat sich getan?«

Satorius kratzte seinen Napf aus, leckte den Löffel ab, schielte auf Reiß' unberührten Gulasch.

»Ißt du den nicht?«

»Nein.«

»Schieb rüber!«

Satorius schnüffelte an seiner Beute, steckte den Löffel hinein, entschloß sich dann aber, wahrscheinlich, um seine Dankbarkeit für das Geschenk zu bekunden, zuerst zu sprechen, bevor er zu essen fortfuhr.

»Ich blick jetzt durch. Durch alles«, sagte Satorius. »Und mein Artikel für die Ausgabe morgen ist schon fertig.«

»Aha.«

»Tja«, sagte Satorius mit gedehntem Stolz. »Hab meine Verbindungen. – Also, paß auf ...« Bevor er weitersprach, verabreichte er sich einen Löffel, sofort bildeten sich neue Schweißperlen auf seiner Stirn, doch sobald er das glühende Zeug heruntenhatte, fuhr er fort: »Unser Mann ist Henseleit!«

Er sah Reiß mit erwartungsvollem Stolz an. Doch Reiß sagte der Name nichts. Er hob nur kurz die Augenbrauen und zuckte mit den Schultern. Satorius nahm noch einen Happen, wartete dessen Wirkung in Speiseröhre und Magen ab, und sprach dann weiter:

»Henseleit ist der kommende Mann in der SPD. Hat sich mit der SPD-Linken in der Fraktion verbündet, wahrscheinlich hat er ihnen irgendwelche Pöstchen versprochen, – das übliche. Jedenfalls haben seine Leute jetzt zusammen mit den Linken die Mehrheit in der Fraktion. Und das heißt ...« Satorius machte eine Pause, atmete tief ein: das Zeugs mußte gerade ein Loch in seine Magenwand gebrannt haben. »Das heißt, Henseleit wird neuer Fraktionsvorsitzender, wahrscheinlich schon Anfang nächster Woche. Und dann ist er der mächtigste Mann in Köln.«

»Was hat das mit dieser Megahalle zu tun?«

»Hör doch zu, es geht weiter. Das hat nämlich 'ne Menge damit zu tun. Die Megahalle ist ein altes Projekt der Sozis. Da hocken die schon seit Jahren drauf wie die Glucken auf 'nem Gipsei. Da ist bisher nie was draus geworden. Zu teuer, zu hohe Folgekosten pipapo. Henseleit hat es ausgekramt. Und, das hab ich jedenfalls gehört, nur deswegen, um etwas zu haben, mit dem er gegen den bisherigen Fraktionschef, den Schautzer, in einen Machtkampf gehen kann. Wenn er sich mit der Megahalle in seiner Fraktion gegen Schautzer durchsetzt, durchsetzen kann, dann ist er der Chef. Und das ist er jetzt. So einfach ist das.«

»Versteh ich nicht«, sagte Reiß, der das wirklich nicht verstand. »Okay, ich verstehe, weshalb die SPD jetzt die Megahalle durchzieht. Aber was hat das mit Ossendorf zu tun? Was hat dieser Henseleit mit Ossendorf zu tun?«

»Ganz einfach«, stöhnte Satorius, der die Zeit, die Reiß' Frage beanspruchte, dazu benutzt hatte, den Löffel zur Seite zu legen, sich den Napf an den Mund zu setzen und die restliche Brühe in einem Schwall herunterzukippen. Er glühte jetzt. Sein Gesicht leuchtete karmesinrot. Der Schweiß tropfte nicht mehr, er floß in Bächen von seiner Stirn herunter, innen an seinen Brillengläsern herunter, sein Hemdkragen war naß, und an seinem Kinn herunter troff die braune Gulasch-Brühe. »Das ist total einfach. Wenn man's weiß, ist es total einfach. Also folgendermaßen: wenn Henseleit sich in seiner Fraktion mit der Megahalle durchsetzt, muß er vorher wissen, ob das Ding auch machbar ist. Er muß beispielsweise ein passendes Grundstück anbieten können. Und er muß im Stadtrat eine Mehrheit dafür haben. Die hat er mit seiner SPD nicht. Da würden bei 'nem entsprechenden Antrag die Schautzer-Leute dagegen stimmen, und Henseleit säße mit seinem Antrag und seiner Megahalle auf dem Arsch. Also, was macht er?«

»Keine Ahnung.«

»Er besorgt sich die fehlenden Stimmen für die Megahalle bei der CDU. Ist doch einfach. Und diese CDU-Stimmen besorgt ihm Ossendorf. Ossendorf sitzt zwar nicht im Rat, ist aber in der CDU. Und, weil er mit der Hälfte der CDU-Ratsmitglieder irgendwelche dreckigen Geschäfte am laufen hat, hat er sie alle in der Hand und kann sie auf die Megahalle einschwören.«

»Ach ja?« Reiß trank an seiner Cola.

»Natürlich tut der das nicht umsonst. Ist doch klar. – Er besorgt das Grundstück! Capisce?«

»Ja. – Nein!« Reiß stützte sein Kinn in die Linke, ließ das Cola-Glas in seiner Rechten wieder auf den Tisch ab. »Aber warum versteckt sich Ossendorf hinter Höschler? Warum benutzt er den als Strohmann?«

»Meine Güte, das ist doch total einfach! Wenn Ossendorf die Grundstücke gekauft hätte, über eine seiner Firmen gekauft hätte, da wäre doch jeder gleich dahintergekommen, was da läuft, da hätten sie doch alle dran fühlen können! Verstehste?«

»Ja.« Also so. Es war wirklich ganz einfach. Ganz einfach für den, der sich auf diese Logik einließ.

»Und das bringst du alles?« fragte Reiß.

Satorius hatte sein bisher unangetastetes Brötchen – die obligatorische Beilage zum Gulasch in der Puszta-Hütte – in der Mitte durchgebrochen und wischte damit die Brühenreste im Napf auf.

»Na klar bring ich das! Ist alles schon im Satz, mein Lieber! Die Megahalle können die sich von der Backe putzen. Morgen wird der Henseleit hängen!«

»Und Ossendorf?«

»Du mit deinem Ossendorf! – Klar, Ossendorf auch. Zumindest kann er sich dann den Präsidentensessel beim KEC abschminken, – und damit gehen dem mit Sicherheit auch 'ne Menge anderer Felle schwimmen.«

Satorius stopfte sich eine braun-rot durchtränkte Brötchenhälfte in den Mund, kaute.

»Uns fehlt nur noch das Foto. Das krieg ich heute abend. Hab den Pick schon dafür abstellen lassen.«

»Was für'n Foto?« fragte Reiß.

»Ossendorf und Henseleit beim freundlichen Tête-à-Tête! Verstehste? Klüngel intim. Hautnah. Ganz menschlich.«

»Die beiden treffen sich? Ganz offiziell?«

»Klar! Heute abend beim Play-off-Spiel der Haie im Eisstadion. Das ist die vorletzte Play-off-Runde, da geht der Henseleit immer hin. Da sitzen die beide auf der Präsidentenbank und halten Händchen. Absolute Spitzenklasse!«

Der Kellner ging vorbei. Satorius drehte sich flink nach ihm um, rief ihm nach: »Den Nachschlag, Jakob! Und noch 'n Kölsch!«

35.

»Also ihr mit eurem Rangepisse an die Politiker-Schweine! Wer sich an die ranpisst, der wird auch 'n Schwein! Und deshalb sagen wir: keine Kompromisse mit den Schweinen!«

Die Autonomen und die SSKler in der Runde ließen laute, kehlige Rufe ertönen. Von den Shoshonen hatten sie gelernt, daß dies als ein indianisches Zeichen der Zustimmung bei Stammesversammlungen gilt. Der Sprecher, Ossi von den Autonomen, blickte starr geradeaus. Eine Reaktion auf den Beifall der Stammesrunde ist nach Indianersitte für den Wortführer verpönt.

»Mein Gott noch mal!«, versuchte Hella gegen die Schreie anzukämpfen. Sie saß dicht neben Hiawatha, von seinen übrigen Squaws in Kleidung und Haartracht nunmehr nicht mehr zu unterscheiden, eine Hand auf seinem wie immer entblößten Oberschenkel. »Es geht doch nicht um Ranpissen, Leute! Was wir vorhaben, ist nichts als bloß 'n taktischer Schachzug.«

»Taktik ist Schweine-Taktik«, entgegnete Ossi tonlos und ohne Hella dabei anzublicken.

»Nein!« Hella wurde laut, weil sie noch kein Rezept hatte, gegen diese Chaoten politische Argumente ins Feld führen zu können. »Taktik ist ... Taktik ist ...« Dann fiel ihr der rettende

Schachzug ein. »Taktik ist«, sagte sie, nun jedes Wort betonend und Ossi dabei fixierend: »Taktik ist nichts anderes als eine List, versteht ihr!? Eine List ist das, was die Indianer tagtäglich in ihrer Kriegsführung, ja sogar bei der Jagd anwenden! Listig zu sein, ist für die Indianer lebensnotwendig. Wenn wir hier mit den Indianern, mit den Shoshonen, *als* Shoshonen überleben wollen, *müssen* wir listig sein!«

Das erzielte Wirkung. Zunächst einmal. Es blieb für eine Weile still im Langhaus der Poller Shoshonen, in dem sich der Kriegsrat der Shoshonen und der Shoshonen-Retter versammelt hatte. Shoshonen und Shoshonen-Retter waren inzwischen kaum mehr voneinander zu unterscheiden. Die gesamte SSK-Mannschaft trug Federschmuck, Indianerkleidung, hatte sich die Gesichter wild bemalt. Selbst Kalle, ihr Anführer, ein fast sechzigjähriger manischer Kiffer mit schlohweißem, meterlangem Haar, trug ein grellgemustertes indianisches Stirnband. Desgleichen Arno von der Drittwelt-Initiative und Dirk von Robin Wood. Arno hatte seine peruanische Zipfelmütze gegen einen original Apachen-Häuptlings-Kopfschmuck vertauscht, Dirk hatte seine olivfarbenen Allwetterklamotten abgelegt und kuschelte sich in ein von den Shoshonen ausgeliehenes Büffelfell. Auch einige der Autonomen verzichteten mittlerweile auf die Wollmützen-Vermummung, trugen Gänsefedern im Haar, perlengeschmückte Armreife, silberne Amulette an Lederschnüren um den Hals. In Zivil waren nur noch Rudi von den Grünen und Joachim vom Sülzer SPD-Ortsverein.

»Was soll'n daran eigentlich listig sein«, hob Ossi von den Autonomen nach einer halben Minute Nachdenken wieder an, »wenn wir den Schweinen freiwillig, *freiwillig* ein Stück von unserem Gelände anbieten ... «

»Dat ess *unser* Land«, ließ sich Hiawatha mit ruhigem, aber dröhnendem Altermarkts-Bass vernehmen.

»Ich meine, von dem Gelände, das *wir* bisher als Festung ausgebaut haben!«, korrigierte Ossi mit einer angedeuteten Verbeugung zu Hiawatha hin. Der wog stumm den Oberkörper.

»Genau!«, sagte Kalle vom SSK und hielt einen halbmeterlangen Joint etwas vom Mund weg, um verständlich sprechen zu können. »Wenn wir das machen, dann verlieren wir unser Gesicht!«

Das hatte gesessen. Zustimmungsrufe aus zwei Dutzend Kehlköpfen, auch aus denen der echten Shoshonen, ertönten in der Runde.

»Wenn wir den Schweinen einen Finger reichen, nehmen sie gleich die ganze Hand«, hieb Ossi in die Kerbe. Wieder Beifallsjaulen.

»Wer sagt denn überhaupt, daß wir es ihnen *tatsächlich* geben wollen?« sagte Hella und schob ihre Brust nach vorn. »Wir *tun* doch nur so, als ob wir ihnen ein Angebot machen würden. Als ob wir ihnen entgegenkommen würden. Wir *sagen* doch bloß: hier Leute: wollt ihr eure Megahalla? Bitte, dann baut sie doch. Aber nicht auf unserem Land. Wir rücken ein Stück, alles klar, aber das Land, was wir dann besiedeln, das ist dann zuerst mal *tatsächlich* unser Land. Da gibt es dann 'nen Vertrag mit der Stadt drüber, 'n Erbpachtvertrag oder so, und dann haben wir zunächst mal ein sicheres Stück Land für uns! – Und danach, wenn wir das ...«

»Verträge sind ein bourgeoiser Scheißdreck!«, fuhr Ossi dazwischen. »Verträge sind Betrug. Schließ mit einem Schwein einen Vertrag, und es bescheißt dich. Das lehrt die Geschichte dieses imperialistischen Schweine-Staates!«

»Was wir jetzt haben, das haben wir«, sagte Kalle.

»Howgh!«, sagte Hiawatha. »Weil: dat ess unser Land!«

»Nein!« Jetzt mußte Hella auch noch dem großen Chef widersprechen! Sie saß wirklich in der Zwickmühle! Kein Mensch konnte hier wirklich *politisch* denken. »Nein! So kommen wir doch nicht weiter! Die machen – wenn die wollen, machen die uns doch platt. Versteht ihr das denn nicht?«

»*Nie* machen die uns platt!«, dröhnte Kalle hinter einer dicken Graswolke.

»Du willst dich doch nur profilieren, das kennen wir doch«, sagte Ossi. »Fernsehinterviews, Zeitungsinterviews, 'n Foto von dir im *Express*. *Das* ist es doch, was *du* willst. Die Indianer, das freie Leben in der Wildbahn, die autonome Shoshonen-Republik, das ist *dir* doch scheißegal!«

»Dat stemmt nu och widder nit!«, verteidigte Hiawatha Hella.

Peinliche Pause. Niemand sagte etwas. Hiawathas Worte besaßen Autorität.

»Wir sollten uns mal über was ganz anderes Gedanken machen«, sagte Kalle vom SSK sehr betont, langsam, legte dabei seinen Joint vorsichtig vor sich auf die Holzplanken des Langhauses. »Nämlich darüber, wie wir die Shoshonen-Festung hier auf Dauer halten können. Die Shoshonen sind uns da, glaube ich, mit gutem Beispiel schon vorangegangen. Haben gefischt, gejagt. Haben sich selbst ernährt. Und ich denke, wir sollten auch für uns so was wie 'ne Autarkie ins Auge fassen.«

»Aber doch erst, wenn die *politischen* Rahmenbedingungen geklärt sind, Mensch!« Hellas Stimme überschlug sich. »Macht doch mal einen Schritt nach dem anderen, Leute!«

»Laß ihn doch ausreden!«, sagte Ossi.

»Also, ich hab gedacht«, fuhr Kalle fort, »jetzt, wo der Seehofer den Cannabis-Anbau legalisiert hat, sollten wir die Freiflächen hier dafür benutzen.«

Beifallgejaule der SSKler.

»Auf daß nie wieder auf deutschem Boden ein Joint ausgeht«, höhnte SPD-Joachim.

»Und zwar schlage ich vor«, fuhr Kalle mit einem giftigen Seitenblick auf Joachim fort, »wir vom SSK machen in der Stadt einen Laden für Cannabis-Produkte auf. Papier – Zigaretten-Papier...«

»Aber die Cannabis-Sorte, aus der du das machst, die verschafft dir keine Dröhnung! Das ist 'ne ganz andere Sorte. Die hat nur null Komma vier Prozent Wirkstoff! Da müßtest du 'ne ganze Plantage von rauchen, um 'ne Dröhnung zu kriegen«, mischte sich Dirk von Robin Wood ein.

Wieder eine Sackgasse. Kurzes Schweigen, das Rudi von den Grünen dazu benutzte, sich zu Wort zu melden.

»Die Ideen, die hier entwickelt werden«, sagte Rudi, »die find ich ja alle ganz prima. Aber da muß ich der Hella doch recht geben: das ist alles den zweiten Schritt vor dem ersten gedacht. Können wir alles machen, prima. Da kriegt ihr auch unsere volle parlamentarische Unterstützung, das versprech ich euch. Da red ich hier auch ganz im Namen der Grünen Stadtratsfraktion. Aber! Leute! Hella hat recht: wir müssen unsere Shoshonen-Republik zuerst *politisch* festigen. – Und«, Rudi schickte einen dankbarkeitsheischenden Blick in Richtung Hella – sein Gewissen war von dem Verrat gestern belastet und er sprang Hella jetzt eigentlich nur bei, um es zu beruhigen – »und das geht nur mit einer *politischen* Aktion. Einer Aktion, die uns, unsere Idee, unser Vorhaben in den Augen der Öffentlichkeit ein für alle Male ins richtige Licht setzt!«

»Und wie stellst du dir das vor?« fragte Hella, die, während Rudi sprach, die Runde beobachtet und einige Aufmerksamkeit festgestellt, also wieder ein wenig Mut geschöpft hatte.

»Wir machen ein Happening!« posaunte Rudi.

»Was'n 'n Happening?« wollte einer der Autonomen wissen.

»Wir reißen der Bourgeoisie die Maske runter!« sagte Rudi, jetzt dem Autonomen-Affen Zucker gebend. »Wir treffen sie an dem Punkt, wo's ihr weh tut!«

»Kannste mal Klartext reden, Mann!«, sagte Ossi.

»Also, folgendes hab ich mir überlegt«, sagte Rudi und modulierte seine Stimme zu einem leisen Verschwörer-Murmeln. »Unsere Gegner sind die Spekulanten und die Profilneurotiker und Bürokraten und Sachzwangsverwalter im Stadtrat. Und die können wir treffen, mitten ins Herz treffen. Denen können wir mit 'ner richtig knalligen Aktion die Show vermasseln!«

»Klartext, Mann!« Ossi.

»Was heute im *Express* stand«, fuhr Rudi nunmehr im Inbrunstton, überzeugt von seiner Wichtigkeit und seinem milchstraßenweiten Informationsvorsprung vor den chaotischen Deppen hier fort, »das ist die Wahrheit. Wenn auch nicht die ganze, klar. Klar ist aber: dieser KEC-Präsident, Ossendorf, der steckt mit Sicherheit hinter der Megahalle. Und die SPD-Ratsfraktion, die steckt natürlich auch dahinter. Die wollen uns hier raushaben. Und denen müssen wir's zeigen...«

»Wie willst'n die hierhinkriegen?« sagte Ossi.

»*Die* kommen nicht her, das ist klar«, sagte Rudi, »deshalb gehen wir zu denen...« Rudi machte eine Kunstpause.

»Und wohin?« fragte Ossi ungeduldig.

»Ins Eisstadion«, sagte Rudi. »Da spielt heute abend der KEC, irgendein Spiel um die Deutsche Meisterschaft. Da sind alle da. Ossendorf ist sowieso da. Und zu allen wichtigen Spielen des KEC kommt immer der Henseleit von der SPD. Der sitzt im Sportausschuß. Und der ist der kommende Mann in der SPD.«

»Und was sollen *wir* da?« fragte Ossi.

»Wir machen ihnen ihre Show kaputt!« Hella strahlte. Sie hatte begriffen.

36.

Die Jeans saß ein wenig eng. Lu ging vorm Spiegel in die Knie, um zu prüfen, ob dadurch auch die Bewegungsfreiheit behindert war. War sie nicht. Okay. Blieb die Frage, wo sie das Butterfly hinstecken könnte. Die Taschen der Jeans kamen nicht in Frage. Zu eng. Viel zu schwer dranzukommen, wenn es in einer der engen Taschen steckte.

Sie ging zurück in die Umkleidekabine. Holte das Messer aus ihrer am Boden liegenden, durchgeweichten Nahkampfhose und steckte es in eine Innentasche des neuen, dunkelbraunen Lederblousons, das sie vorhin in einer Lederboutique ein Stück weiter die Ehrenstraße hoch gekauft hatte. Nicht der optimale Platz. Sie zog die Jacke an, probierte es mit der rechten Seitentasche. Das ging. Obwohl ziemlich unbequem, mit dem Ding so rumzulaufen. Wenn sie beispielsweise schnell laufen mußte, könnte es ihr rausfallen. Die Nahkampfhose war schon ein praktisches Teil gewesen. Trotzdem. Egal. Für das, was jetzt anstand, mußte sie ihr Outfit verändern. Ziemlich gründlich.

Daß sie sich bei Wolfgang Schmitz die Haare schneiden und in ihr normales Brünett hatte umfärben lassen, würde nicht reichen, wenn sie dabei weiter in der Bomberjacke und in den Nahkampfhosen herumliefe. Unauffälligkeit war angesagt. Und außerdem größtmögliche Beweglichkeit. Wie zum Beispiel die neuen Nike-Air, die sie in der Breiten Straße in einem Sportgeschäft gegen ihre Dr. Martens getauscht hatte. Lu zog das nasse Flanellhemd und dann das ebenfalls nasse T-Shirt darunter aus, streifte sich das neue T-Shirt, ein dickes schwarzes Sweat-Shirt über, zog das Lederblouson an, packte sich die nassen Klamotten und ging zur Kasse des Jeans-Ladens. Die Verkäuferin – hübsches, puppenhaftes Proletengesicht – blieb, ohne sich zu rühren, an einem Pfeiler stehen und schaute an Lu vorbei auf die Ehrenstraße hinaus. Nur ihre Kaumuskulutar bewegte sich, bearbeitete rhythmisch und ohne Unterbrechung ein Kaugummi.

»Ich behalte die Klamotten gleich an«, sagte Lu.

»Das geht nicht. Ich muß die Schildchen scannen«, quäkte die Verkäuferin mit einem halben Seitenblick auf Lu und ohne sich von der Stelle zu rühren.

Lu klatschte die nassen Klamotten auf ein Bündel funkelnagelneuer T-Shirts auf der Theke, zog aus der Gesäßtasche der Nahkampfhose das Bündel mit den fünfzehntausend, die sie von Ossendorf bekommen hatte, schälte vier Hunderter aus ihrer Banderole, legte sie auf die Theke, packte das Geldbündel in eine Seitentasche des Lederblousons und ging hinaus.

Trotz des feuchten Wetters und obwohl es erst vor einer Stunde aufgehört hatte zu regnen, wälzte bereits wieder ein Heer von Kauflustigen die beiden Bürgersteige der Ehrenstraße hinauf und hinunter, so, als sei langer Donnerstag oder Winterschlußverkauf. Dabei war es Freitag mittag, und billig war hier auf der Sweatshirt-Meile nichts. Achthundert für die Lederjacke, okay. War schließlich auch 'n stabiles Teil. Aber zweihundert für ein Paar Jeans! Hundertfünfzig für ein Sweatshirt! Lu war keineswegs eine Markenfetischistin – abgesehen von John Mikel's und Dr. Martens und ein, zwei anderen Labels. Alles nichts besonders Teures. Sie hatte sich eben einfach die Klamotten gegriffen, die ihr am besten gefielen. Zweihundert für ein Paar Jeans! Nicht zu fassen! Aber sie hatte sie genommen. Einfach so. Weil sie ihr gefielen. War es das? Sollte das die Freiheit sein? Die Freiheit, wegen der sie das Studium abgebrochen hatte, die Freiheit, wegen der sie zu den Autonomen, zur Fantifa gegangen war, die Freiheit, wegen der sie auch da wieder abgehauen war? Die Freiheit, durch Luxusläden zu laufen und sich das zu kaufen, was einem gerade gefiel? Die Freiheit, zu kaufen? Die Freiheit, die Kohle verschafft? Das ist nicht Lus Freiheit, das ist nicht deine Freiheit! Das ist die beschissene Freiheit der Bonzenärsche. Und die *sind* nicht frei. Lus Freiheit, deine Freiheit ist Freiheit im Kopf. Freiheit von allem und für alles. Von allem. Für alles. Okay. Du versuchst es mit Tanzen, ein *Rave* nach dem anderen. Vielleicht macht das frei. Vielleicht machst *du* dich dadurch frei. Wer weiß? Im Augenblick weißt du nichts anderes. Freiheit ist ein Experiment. Gut. Also probierst du's mit dem

Rave. Tut dir gut. Macht deinen Kopf klar. Okay. Es kostet. Bisher mußtest du dich für die Kohle, die es kostet, versklaven. An Idioten, die glauben, sie würden sparen, wenn sie Geld ausgeben, das sie nicht mehr als Geld zu Gesicht bekommen, Scheckkarten für die Metro verscheuern. Und jetzt? Jetzt hast du die Chance, ohne Sklaverei an die Kohle zu kommen, die du dafür brauchst, für das Experiment. Also los! Es ist ein Spiel!

Fast am Ende der Ehrenstraße, kurz vor dem Friesenwall, kam Lu nicht weiter. Ein Bollerwagen versperrte den Bürgersteig. Lu blieb stehen und sah zu, was mit dem Teil los war. Eine Zweizentnerfrau beugte sich zum Bollerwagen herunter, öffnete eine Holzkiste, die bis auf ein paar Einkaufstaschen den gesamten Innenraum des Wägelchens ausfüllte. Das Innere der Kiste barg eine Riesenmenge von Tüten mit Chips und Erdnussflips. Die Frau holte eine Tüte mit Flips heraus, riß sie auf und verteilte den Inhalt an vier Kinder und einen Dreizentnermann. Mann und Frau, fett, daß ihnen die Plastik-Regenklamotten weit vom Leib abstanden, waren offensichtlich die Eltern der ebenso schwabbeligen, übergewichtigen Kinder. Auf Einkaufstrip in der Stadt. Beherrscht von der Angst, unterwegs zu verhungern. Lu blieb so lange stehen und beobachtete fasziniert das Schauspiel, bis der Dreizentnermann sich wieder vor den Bollerwagen spannte und die Truppe über den Friesenwall in Richtung Ringe weitermarschierte. Lu folgte ihnen ein Stück, blieb dann an der Ecke Ehrenstraße-Friesenwall stehen, sah ihnen hinterher und dachte noch ein bißchen über die Freiheit nach, um die es ihr ging. Und über das *E*, von dem sie bisher gemeint hatte, ohne das klappte kein *Rave*. Dann zog sie die Visitenkarte, die der Bulle ihr am Morgen gegeben hatte, aus ihrem Lederblouson, schaute nach der Hausnummer der Adresse, sah auf die Hausnummern gegenüber auf dem Friesenwall, bog dann links ein.

Die Haustür stand weit auf, mit einem Holzkeil an der Flurwand eingeklemmt. Ein Bauarbeiter mit einem Zementsack auf der Schulter ging vor Lu hinein, verschwand im Keller. Lu warf einen Blick aufs Klingelschild unter der Gegensprechanlage, erkannte den Namen, Reiß, entschloß sich aber, erst oben zu klingeln. Kleine Überraschung. Mußte der zweite Stock sein. Auf dem zweiten Stock an der Wohnungstür, gleich unter dem Türspion, wieder das Namensschild, Reiß. Lu klingelte. Nichts rührte sich. Sie klingelte noch einmal. Wieder nichts. Na gut. Vielleicht findest du selbst, was du brauchst. Vielleicht findest du sogar mehr als du brauchst. Vielleicht ist es sogar besser, du schaust einfach selbst mal nach, was der Typ so alles auf Lager hat. Lu zog das Butterfly aus dem Lederblouson, ließ es aufschnappen, klemmte die Spitze zwischen Türrahmen und der Stelle an der Tür, wo sich das Schnappschloß befinden mußte. Vielleicht hat er gar nicht abgeschlossen. So, wie er seinen Wagen nicht abschließt. Sie schob die Klinge ein Stück in den Spalt, bohrte, schob ein Stück nach, bog die Klinge zum Rahmen hin – die Tür sprang auf.

Oh du Scheiße! Der Typ hat sie nicht mehr alle! Der muß echt krank sein. Zwei Zimmer vorne zur Straße hin, Arbeitszimmer, Wohnzimmer, eine Küche im Mittelteil der Wohnung, ein Schlafzimmer hinten, zum Hof hin. Die Wände aller Zimmer, selbst des Flurs, der Küche, ja sogar des Klos und des Bades dicht an dicht beklebt, gespickt, tapeziert mit Fotos. Schwarzweißfotos. Farbfotos. Große Fotos. Kleine Fotos. Gerahmte Fotos. Ungerahmte Fotos. Fotos, Fotos, Fotos. Auf den Schränken, im Bücherregal, auf dem Nachttisch, im Küchenregal, auf der Ablage unterm Badezimmerspiegel Standrahmen mit Fotos. Fotos, Fotos, Fotos von ein und derselben Frau. Lachend. Grimassen schneidend. Reitend, Fahrrad fahrend, in einem offenen Käfer. Am Strand spazieren gehend. Immer die gleiche Frau! Immer dasselbe Gesicht! Der Typ ist wahnsinnig! Der ist krank. Lu ging dicht an einer Wand in einem der beiden vorderen Zimmer entlang. Offensichtlich handelte es sich um Reiß' Arbeitszimmer, denn es war beherrscht von einem altmodischen schwarzen Schreibtisch, an den Wänden stand ein halbes Dutzend Bisleys und ein Regal mit juristischer Literatur. Sie entdeckte zwischen Dutzenden von Porträtfotos dieser Frau ein paar, die sie mit Männern abbildeten. Lu sah näher hin. Es war immer der gleiche Mann. Lu sagte sein Gesicht ebensowenig wie das der Frau. Obwohl: es war ein schönes Paar. Zwei schöne Gesichter. Die Frau eine nahezu klassische Schönheit: ein fast viereckig geschnittenes Gesicht mit einer geraden Nase, vollen Lippen und einem energischen Mund, das brünette Haar so zurückgekämmt, daß die leicht gewölbte Stirn ganz frei war. Der

Mann weicher, weniger energisch, aber immer noch so markant, daß er damit für ein Reklamefoto hätte posieren können. Boss oder Calvin Klein, so was. Lu schaute sich mehr von den Fotos an, auf denen dieser Mann mit der Frau zu sehen war. Auf einem – er stand dicht neben ihr, hatte den Arm um sie gelegt, sah aber nicht in die Kamera, sondern aus dem Bild heraus – erkannte sie ihn. Den Bullen. Reiß. Himmelarsch! Was war mit dem passiert? Wie lange war das schon her? Sie suchte nach noch mehr Aufnahmen, auf denen er zu sehen war. Es waren nicht allzuviele. Auf einem Foto war noch ein dritter Mann. Reiß und er hatten die Frau in ihre Mitte genommen, beide den Arm um sie gelegt, alle drei lachten in die Kamera. Lu sah näher hin. Der dritte Mann war Ossendorf! Ossendorf mit zwanzig. Himmelarsch! Ihr fiel wieder ein, weshalb sie hier war. Blickte sich um, riß in einem der Bisleys die oberste Schublade auf. Alte Rechnungen. Die nächste Schublade. Alte Garantiekarten: Staubsauger, Fernseher. Nächste: Steuerformulare. Nächste: Versicherungsverträge. Scheiße. Sie drehte sich um, wollte zum Schreibtisch. Und sah Reiß. Er stand in der Tür zum angrenzenden Zimmer. Hatte sie wahrscheinlich schon die ganze Zeit beobachtet, sich nicht bewegt. In der Rechten hielt er seine Kanone. Steckte sie jetzt langsam zurück in seine Jackentasche und setzte ein Grinsen auf. Lu versuchte ihr Ellen-Barkin-Grinsen, merkte aber, daß es ihr nicht gelang. Sie hatte Angst vor dem Typen.

»Und? Was gefunden?« sagte Reiß.

»Nicht das, was ich suche«, sagte Lu.

»Sondern?«

Lu wußte nicht, was sie sagen sollte. Die Angst war vorbei. Fast vorbei. Der Typ, so, wie er jetzt vor ihr stand und wie er sprach, wirkte ruhig, nicht wie ein Verrückter. Trotzdem. Er sah sie immer noch so merkwürdig an wie heute morgen. Etwas stimmte nicht mit ihm. Ganz gewaltig stimmt was nicht mit dem.

»Ossendorf hat Ihnen vor zwanzig Jahren die Frau weggeschnappt«, sagte Lu.

Reiß lachte kurz auf.

»Und jetzt wollen Sie sich an ihm rächen!«

»Gehn wir 'n Kaffee trinken. Die Wohnung hier ist nicht der richtige Ort, um zu sprechen«, sagte Reiß und wandte sich, ohne Lus Antwort abzuwarten, der Wohnungstür zu.

»Sondern?« rief Lu ihm nach. Dann folgte sie ihm. »'n Mausoleum oder was?«

»Ja«, sagte Reiß, der bereits in der Wohnungstür auf Lu wartete. »Ein Mausoleum.«

Das Café d'Or war vor langer Zeit einmal mit einem reichlich exotischen Anspruch eingerichtet worden. Wobei man sich nicht recht im klaren darüber gewesen sein konnte, von wo man diese Exotik entlehnen wollte: Vom alten Assyrien? Vom alten Ägypten? Von irgendeiner alten Yacouba-Kultur der Elfenbeinküste? Jetzt jedenfalls wirkte die leopardenfellverkleidete Musikbox nicht nur verstaubt, sie war verstaubt, das Fellimitat ebenso verstockt wie das Blattgold der Sphinx auf der Kamin-Atrappe. Lu war noch nie hier gewesen und bestaunte die wohl längst ausgeträumten Träume des Café-Besitzers, ohne sich einen Reim darauf machen zu können. Reiß rührte in seinem Kaffee.

»Du wolltest wissen, wer dieser jemand ist, mit dem Ossendorf den Deal mit der Stadt laufen hat?« fragte er schließlich, nachdem Lu aufgehört hatte, sich umzublicken und Zucker in ihren Kaffee zu schaufeln begann.

»Hm«, machte Lu unbestimmt.

»Henseleit heißt der«, sagte Reiß. »Wird dir nichts sagen, der Name. Irgendeiner, der bei der SPD und im Stadtrat das Sagen hat.«

»Hm«, machte Lu noch einmal, ebenso unbestimmt wie vorhin. Sie würde den Teufel tun und dem Bullen auf die Nase binden, was sie wußte, und erst recht den Teufel tun und ihm erzählen, was sie vorhatte. Reiß beobachtete sie aufmerksam.

»War's das, was du rauskriegen wolltest, weshalb du bei mir eingebrochen bist?«

»Wollt ich eigentlich gar nicht«, sagte Lu. »Aber Sie waren nicht da ...«, sagte Lu und unternahm noch einen Versuch mit ihrem Ellen-Barkin-Lächeln. Mit etwas mehr Erfolg. Aber immer noch nicht perfekt, hatte sie den Eindruck. Reiß lachte kurz. Starrte sie dabei weiter an. Der ist echt bekloppt.

»Warum willst du das wissen?«

»Steig eben gern dahinter, wenn ich mit so 'ner Sache zu tun hab.«

»Du hast also noch damit zu tun?«

Lu zuckte die Schulter.

»Warst du bei Ossendorf?«

»Warum sind Sie kein Bulle mehr? Haben sie Sie rausgeschmissen?«

»Das hat er dir also gesagt? Du *warst* also bei ihm, hast mit ihm gesprochen!«

»Ja«, sagte Lu. Irgendwie mußte sie mit dem Typen im Gespräch bleiben, auch wenn er ihr unheimlich war. Er war sozusagen ihr einziger Informant. Der einzige, der Ahnung von der Sache hatte. Haben könnte. Der einzige, der ihr einen Tip geben könnte, ihr vielleicht sagen könnte, wie's weiterging, wie und wann und wo sie die nächste Chance kriegen konnte.

»Hast du mehr Geld von ihm verlangt?«

»Hm«, machte Lu, legte aber einen Hauch von Zustimmung in das »hm«.

Reiß beobachtete sie. Und sie glaubte, so etwas wie Mitgefühl, Mitleid in seinen von Furchen durchzogenen, leicht aufgedunsenen Gesichtszügen erkennen zu können. Gesichtszügen, die ihn wie den Opa von dem erschienen ließen, den sie oben in seiner Wohnung auf den Fotos gesehen hatte. Echt bekloppt. Aber immerhin erkannte sie jetzt die Reste von Schönheit, die dieses Gesicht einmal besessen hatte. Ruinen. Der Typ da oben, der hätte ihr vielleicht gefallen können.

»Das heißt, du arbeitest noch für ihn«, stellte der Bulle fest. »Was mußt du tun?«

»Bodyguard«, sagte Lu.

»Bodyguard? – Deswegen hast du dir 'ne neue Frisur, neue Klamotten zugelegt?«

»Hm«, machte Lu.

»Was genau?« fragte der Bulle. Wieso interessiert den das so, Himmelarsch!? Was ist mit dem?

»Hat er Ihnen jetzt die Frau weggeschnappt oder hat er nicht?«

»Es war nicht seine Frau. Es war seine Schwester.« Der Bulle sah dabei durch sie hindurch.

»Seine Schwester? – Und deshalb wollen Sie sich jetzt an ihm rächen? Ist doch irre!«

»Das geht dich nichts an«, sagte er, nahm seine Kaffeetasse auf, in der er bisher nur gerührt hatte und trank. Lu trank ebenfalls. Der Kaffee war kalt. Und viel zu süß.

»Was mußt du machen, als Bodyguard?« fragte er schließlich.
»Mit ihm fahren, wenn er irgendwohin fährt.«
»Heute?«
»Klar.«
»Weißt du schon, wo ihr hinfahrt?«
»Hat er mir nicht gesagt.«
Der Bulle senkte den Blick in seine Kaffeetasse. Überlegte. Dann erschien ein schwaches Grinsen in den Kerben um seine Mundwinkel.
»Heute fährt er nirgendwohin. Heute spielt sein Verein, der KEC, hier, im Eisstadion. Und da trifft er sich mit der Prominenz. Mit Henseleit zum Beispiel.«

37.

Ist überhaupt nicht notwendig, daß dich jemand erkennt. Auch hier nicht. Wo sie dich eigentlich kennen, erkennen müßten. Aber das ist der Unterschied zwischen Macht und Prominenz. Wer mächtig ist, braucht nicht unbedingt prominent zu sein. Dem Mächtigen kann Prominenz im Gegenteil sogar schaden. Dafür kann er in der Masse schwimmen wie ein Fisch im Wasser. Wie ich. Oder beispielsweise Rühe, der Verteidigungsminister. Wenn der hier in der 16 säße, den würde kaum jemand erkennen, geschweige denn würde irgend jemand Notiz von einem seiner Staatssekretäre nehmen. Gesichter, die noch nie einer gesehen hat. Und trotzdem sind sie so unvorstellbar mächtig, verfügen über zig Milliarden, den größten Etat im Bundeshaushalt... Nein. Er legte keinen Wert auf Prominenz. Auf Macht ja. Unbedingt. Auf seine Rolle als die Graue Eminenz dieser Stadt, die sich heute wieder einmal eindrucksvoll bestätigt hatte. Und da wäre es doch eigentlich ganz schön, einer der Kumpels hier, mit denen er schon seit Jahren ins Eisstadion fuhr, einer von diesen Rot-Weißen oder neuerdings Schwarz-Gelben würde ihm nach so einem harten Tag vertrauensvoll oder aufmunternd auf die Schulter klopfen und so was sagen wie »Mach, weiter so, Henseleit!« – oder so. Und das heute morgen, diese Peinlichkeit in der 7, die wäre ihm dann auch erspart geblieben, – bei ein bißchen mehr Prominenz, wenn der Fahrer ihn beispielsweise erkannt hätte, gewußt hätte, wer er war. – Na gut.

In der Tat nahm keiner der KEC-Fans, die die U-Bahn füllten, Notiz von dem kleinen fetten Mann, der sich am Friesenplatz zu ihnen gesellt hatte, seine schwergewichtige Aktentasche an sich preßte, als hätte er Angst, jemand würde sie ihm klauen wollen.

Es war wirklich ein harter Tag gewesen. Angefangen mit der Erkenntnis, daß Ossendorf ihn hereingelegt hatte. Ihm verschwiegen hatte, daß er mit dem *Deal* mehr als nur die Interessen seines Vereins verfolgte, daß er sich daran zu bereichern gedachte. Die Sau! Es hatte zehn Stunden Schwerstarbeit gekostet, die Gefahren, die daraus und vor allem aus dem Publikwerden dieser Schweinerei unweigerlich erwachsen würden, eine nach der anderen aus dem Weg zu räumen. Dafür mußte Ossendorf jetzt büßen! Meine Herren! Die eigenen Leute und vor allem Prietzel davon zu überzeugen, daß nichts, aber auch gar nichts an den Gerüchten dran war. Da hatte ihm teilweise der Schweiß auf der Stirn gestanden. Aber das Schwerste war gewesen, Roettgen-Mayfeld, den Chefredakteur, umzustimmen. Sich eine geschlagene Stunde lang dieses Geschwafel von »Wahrheitsrecht« und »Wahrheitspflicht« der Presse, das »Recht des Publikums auf Aufklärung« und »schonungslose Offenlegung« anhören zu müssen! Er hatte es aus purer Höflichkeit, Rücksichtnahme auf die Gefühle des anderen getan. War nicht gleich mit seiner Offerte herausgerückt. Seinem Angebot, von dem er wußte, daß er es annehmen würde, ja, annehmen *mußte*. Allein schon, weil es eine dreimal größere Schlagzeile bringen würde, und zwar auf der Titelseite, als die, auf die es das undurchsichtige und unverständliche Gemauschel um die eigentlich völlig uninteressante Megahalle je bringen könnte. Und natürlich hatte er es angenommen. *Zugeschlagen* hatte er! Na gut. Er hatte einen Mann opfern müssen. Vor allem damit der Partei geschadet. Aber erstens war es ein Mann Schautzers gewesen. Zwar nicht im Rat, aber immerhin auf den Unterbezirksparteitagen. Und zweitens – na schön, die Partei! Das Wahlvolk vergißt schnell. Und die anderen haben auch ihre schwarzen Schafe. Aber! Drittens! Mit dem Schachzug setzte er gleich zwei Figuren unter

Druck. Nicht bloß den Geopferten. Vor allem auch Schautzer. Der würde heute nacht schon schwarz auf weiß im *Express* nachvollziehen können, über welche Schätze er, Henseleit, die Graue Eminenz, verfügte. Und wie er sie zu nutzen wußte. Und was ihm, Schautzer, alles zustoßen könnte, wenn er, Henseleit, mal in sein Schautzer-Schatzkästlein griff. Und Schautzer *wußte*, daß er, Henseleit, da was in petto für ihn hatte. Ha! Er hatte Ossendorf eben nur anzudeuten brauchen, daß er nämlich auch ohne die Megahalle den Fraktionsvorsitz haben konnte, weil er nämlich inzwischen etwas gegen Schautzer in der Hand hatte. Da hatte Ossendorf augenblicklich gekuscht! Ha! So stand's also mit dem! Der scheint die Megahalle und sein damit verbundenes Geschäft dringender zu brauchen als du. Immer sehr ergötzlich und beruhigend, wenn man so etwas weiß!

Unterm Ebertplatz strömte noch einmal eine halbe Hundertschaft KEC-Fans in die U-Bahn, es wurde laut und es wurde eng. Bierdosen in der Hand drängten sich die Fans ausgerechnet um Henseleits Sitzplatz, er konnte ihren Bieratem riechen, den Muff der wahrscheinlich während der ganzen Play-off-Runde nicht mehr gewaschenen Trikots, die sie sich, bevor sie zu Hause losgingen, einfach über ihre Jacken und Pullover stülpten, mußte ihr lautes Gelaber über die vermeintlichen Schwächen des Gegners, des EC Mannheim, über den Trainingsrückstand von Thomas Brandl, den Krach Murdochs mit der kompletten zweiten Sturmreihe während des Vorbereitungstrainings mit anhören. Etwas, was er bisher immer genossen hatte, worin er hatte baden können: das Gedränge, die Enge, die lauten Gespräche, die Euphorie der Fans, ihr Geruch nach Bier, Nikotin und ungelüfteten Wäscheschränken. Was ihn heute aber doch irgendwie störte. Seltsam. War ihm nicht in den Kleidern hängengeblieben, der Tag. Und die Nervosität angesichts dessen, was jetzt noch anstand. Mein Gott! Er war nervös! Henseleit ist nervös!

Aber meine Güte, es *mußte* sein! Wenn er Ossendorf nicht unter Druck setzte, ihm ein Opfer dieser Größenordnung abverlangte, und zwar jetzt, heute, dann würde der ihm auf der Nase herumtanzen. Weil er möglicherweise Schiß kriegte. Vor allem war dann nicht sichergestellt, daß der seine Leute in der CDU-Fraktion nächste Woche für die entscheidende Ratssitzung auf Linie bringen würde. Aber wenn er jetzt noch einmal so viel investieren mußte, – mal ganz davon abgesehen, was er bereits an Stremmel und Höschler und werweißnochalles an Schmier- und Schweigegeldern hatte blechen müssen, wenn er also jetzt mal richtig bluten mußte, dann *mußte* er bei der Stange bleiben. Dann gibt's kein Zurück mehr für den. Dann hatte er so viel in die Megahalle gesteckt, daß er sie durchziehen, das Geld wieder herausholen mußte. Raffiniert! Meine Güte, – die Clausewitz-Schule brachte Früchte, macht die Scheuer voll. Mit Komplikationen leben können! Die Komplikation entflechten, einen Faden nach dem anderen ziehen, einen Zahn nach dem anderen. Aber was heißt hier überhaupt Komplikation? Die zwei Millionen Ossendorfs stellten alles andere als eine Komplikation dar! Einerseits waren sie die Lösung eines Problems, des Problems nämlich, Ossendorf bei der Stange zu halten. Und zweitens, – zweitens eröffnete sich damit doch eine vollkommen neue Dimension! In zwei Stunden würde er über eine Kriegskasse verfügen, wie sie kein anderer Bundestagskandidat der SPD in der ganzen Bundesrepublik sein eigen nennen konnte! Und mit zwei Millionen in der Wahlkampfkasse *konnte* er ein Bundestagsmandat nicht nur anstreben, – er würde es *bekommen*! – Bis zu den Wahlen in zwei Jahren würde er der unangefochtene Fürst Kölns sein. Eine unschätzbare Hausmacht aufgebaut haben, die ihm in Bonn oder Berlin ein nicht zu übersehendes Profil verschaffen würde. Und dann Verteidigungsausschuß! – Die Hardthöhe!

Vor Euphorie um zwanzig Kilo leichter schwebte Henseleit unterm Reichenspergerplatz aus der U-Bahn, schwebte die Rolltreppe hinauf und schwebte inmitten einer Traube von KEC-Fans aufs Eisstadion zu.

38.

Ossendorf beobachtete schon eine Viertelstunde lang den *Express*-Fotografen, Zick oder Pick oder Tick oder wie der hieß, wie er in der VIP-Lounge herumschlawenzelte, ein Kölsch nach dem anderen schnorrte, zwei Fotoapparate umgehängt, aber ohne die geringsten Anstalten zu machen, sie auch zu benutzen. Mondorf kam, der Obmann, sagte ihm, so, daß es alle anderen, die um Ossendorf herumstanden, auch hören konnten, er, Ossendorf, solle den Spielern nachher, wenn er nach unten ginge, von ihm, Mondorf, ausrichten, wenn sie gewännen, würde er, Mondorf, die ganze Mannschaft ins La Vita einladen. Blöder Angeber.

»Warum denn nicht ins Picciono?« sagte Ossendorf. »Da hab ich auch was davon.«

Bock von der CDU-Ratsfraktion, der neben Ossendorf stand, lachte dröhnend über Ossendorfs Witz. Die Kilian von der SPD, die auch sektglashaltend in der Runde stand, verzog nur säuerlich das zugetünchte Gesicht. Hasselmann sah weg. Dann nahmen sie ihr Gespräch wieder auf. Natürlich ging's um die Megahalle. Jeder zitierte nur das, was er in den Zeitungen gelesen hatte, ließ dabei aber durchscheinen, daß er natürlich sehr, sehr viel mehr wisse. Ossendorf hörte nicht hin, sah sich weiter im Raum um. Von Henseleit noch keine Spur. Dieter mit dem Geld und der dicken Beule in der Lederjacke stand in einer Ecke neben der Sektbar, sah durch alle und alles hindurch. Am Biertresen flezten sich ein paar Pressefritzen, Kuballa natürlich dabei. Aber dieser *Express*-Fotograf, Zick oder Pick oder wie der hieß, der irritierte ihn, der ging ihm auf die Nüsse, der streunte noch immer um die Gruppe herum, in der er stand, schien ihn im Auge behalten zu wollen. Schien auf irgend etwas zu lauern.

Ossendorf löste sich von den anderen, ging ans Fenster und schaute aufs Stadion hinunter. Durch die Glasscheiben gedämpft war das »Hey KEC, hey KEC« der *Drei Söck* aus den Lautsprecherboxen zu hören. Die Stehplatzseite gegenüber und die beiden anschließenden Kurven fast schon ganz gefüllt. Die Sitzplatzgerade unter ihm nur spärlich besetzt. Das war normal, würde sich erst im letzten Spiel der Play-off-Runde ändern. Noch zehn Minuten bis zum Anpfiff. Die beiden Eismaschinen mit der Fleischhauer-Reklame zogen ihre Bahnen, polierten das schlechteste, holprigste Eis der Liga. Das würde sich ja bald ändern.

Lu ließ sich kraftlos in der Masse der Fans treiben, zwischen den Buden, in denen Bier und Bratwürste und KEC-Devotionalien verkauft wurden, hindurch, auf die schweren weißen Betonpfeiler, die Eingänge ins Innere des Stadions zu. Scheiße. Sie hatte Pech gehabt. An der Kasse vor dem Stadion zwar noch eine Karte gekriegt. Stehplatz. Wollte mitten unter den Fans sein, von da aus unentdeckt beobachten. Aber dann, am Eingang, hatten die Lederjacken sie gefilzt. Ihr das Butterfly abgenommen. Hämisch grinsend gesagt, sie könnte es sich nach dem Spiel wieder bei ihnen abholen. Scheiße.

Scheiße vor allem, weil das *E* nicht kam. Obwohl sie es portioniert hatte wie immer: hundertfünfzig Milligramm in Himbeersaft aufgelöst. Irgendwie schien es jetzt trotzdem nach hinten loszugehen. Wer weiß, hatte sie gedacht, als sie den Saft gegen ihre Vorsätze herunterschluckte, vielleicht brauchst du zuätzlich Power, wenn's losgeht. Und jetzt schien das Zeug ihr im Gegenteil die Power aus den Knochen zu ziehen.

Sie wurde mit den anderen in einen Maschendrahtkäfig geschoben. Du Scheiße! Wie im Knast. Dann drückten die hinter ihr sie eine Treppe hinauf, an einer mit irgendwelchen Zahlen und Buchstaben beschrifteten Sichtbetonwand entlang, auf die Ränge hinauf. Dichtbesetzt alles, lachend, grölend, Bier trinkend, rauchend. Laute Musik: »Hey KEC! Hey KEC!« Total nervig. Neben einer Gruppe älterer Typen – zwischen dreißig und vierzig und trotzdem in diesen merkwürdigen Kostümen, rot-weißen Trikots, steckend – kam sie zum Stehen, fand eine Nische, wo sie nicht mehr weiter vorangeschubst wurde. Sie sah sich um. Weit unter ihr die Eisfläche. Zwei komische Kastenwagen flitzten darüber, glatte Spuren hinter sich lassend. Gegenüber Sitzplätze, gerade zu einem Drittel besetzt.

»Wo sitzt'n der Präsident?« fragte Lu einen der Typen neben ihr, mußte schreien, um gegen das »Hey KEC! Hey KEC!« aus den Lautsprechern anzukommen.

»Der Präsident?« Der Typ lachte meckernd. Er zeigte auf einen Glaskasten rechts oberhalb der Sitzplatzreihen. »Der säuft Sekt da oben in der VIP-Lounge!«

Ach du Scheiße! Das kann doch nicht wahr sein!

»Bleibt'n der die ganze Zeit da oben?«

»Meistens«, sagte der Typ, wandte jetzt den Blick von Lu, sah hinunter auf die Eisfläche, wo die Kastenwagen abzogen und ein paar Männer sich daranmachten, mit Bohrmaschinen die Tore aufs Eis zu schrauben. »Aber manchmal, meistens im zweiten oder im letzten Drittel, kommt er raus, setzt sich hinter die Spielerreihe und macht sich wichtig.«

»Die Spielerreihe? Wo ist'n die?«

»Da!«

Der Typ wies auf die vorderste Reihe in der Sitzplatzgeraden. Du Scheiße! Vor ihr, unter ihr, neben ihr Hunderte und Aberhunderte Fans, dichtgedrängt, da unten die Eisfläche, wo's gleich losgehen würde. Dahinter die Boxen, in denen die Spieler sitzen würden. Und dahinter erst ... Wie im Leben sollte sie da jemals hinkommen?

Reiß hätte mit seiner Pressekarte in die VIP-Lounge gehen können. Tat es aber nicht. Dort würde Lu keinesfalls aufkreuzen. Er streifte in den Katakomben vor den Eingängen zum Inneren der Halle umher, hielt unter den wenigen Besuchern, die jetzt noch kamen, nach ihr Ausschau. Nichts. Trotzdem war er sicher, daß sie hier war. War sicher, daß sie nicht mehr für Ossendorf arbeitete. – Warum sonst hatte sie ihn mit der Bodyguard-Geschichte belogen? – War sicher, daß sie trotzdem irgend etwas im Schilde führte, irgend etwas mit Ossendorf vorhatte. Warum hatte sie aufgemerkt, war ganz hellwach geworden, als er ihr erzählte, daß Ossendorf hier heute abend die Lokalprominenz treffen würde? Henseleit treffen würde? Sie *mußte* hier sein. Irgendwo. Er sah auf die Uhr. In ein paar Minuten würde es anfangen. Über die Lautsprecher hörte er, daß der Stadionsprecher bei einem Quiz unter den jugendlichen Fans war, irgendeinem Fragespiel, bei dem es KEC-Trikots zu gewinnen gab: »Wer schoß im Spiel gegen Freiburg das erste Tor ... ?« Reiß ging hinein, stieg die Treppe hinauf, blickte über die Sitzplatzreihen und entdeckte unten, gleich hinter der Absperrung zur Eisfläche, die Presseplätze. Gut. Von da aus könnte er alles im Auge behalten. Vielleicht würde er sie irgendwo sehen.

Soentgenrath, der zweite Pressesprecher im Präsidium, hatte ihm die Karte besorgt. Hatte offenbar noch keinen Wind von seiner Suspendierung bekommen. Was bedeutete, daß Ottersbach und Schumacher die Angelegenheit noch unterm Deckel hielten. Wieso eigentlich? Waren sie sich ihrer Sache doch nicht mehr so sicher? Reiß stieg hinunter zu den Presseplätzen und lief Satorius in die Arme.

»Was machst'n du hier?« Satorius wirkte hektisch, seine Augen zuckten, in jeweils unterschiedlichen Richtungen, nach allen Seiten gleichzeitig, suchend, unkonzentriert.

Reiß zuckte mit den Schultern. Satorius hatte offenbar auch keine Antwort erwartet, sah sich weiter um.

»Hast du irgendwo Pick gesehen?«

»Pick?«

»Mein Fotograf, Mensch, ich brauch den Typen. Jetzt. Wir müssen weg.«

»Weg? Wieso weg? Ich denk, ihr wollt Henseleit und Ossendorf knipsen!?«

»Ach das! Das kannste vergessen!«

»Vergessen?«

Jetzt sah eins von Satorius' Augen Reiß doch an, wenn auch nur kurz und immer noch unkonzentriert.

»Die Ossendorf-Henseleit-Story haben sie gekippt. Tut mir leid.«

»Gekippt? Heißt das, dein Artikel kommt nicht?« Reiß merkte, wie seine Stimme brüchig wurde.

»Ja, ja. Ich meine nein. Der ist raus.« Über Satorius' Stirn zitterten ein paar Unmutsfalten. Aber nur für den Bruchteil einer Sekunde. Dann grinste er fröhlich und unternehmungslustig. »Dafür haben sie mich aber auf 'ne total heiße Kiste angesetzt. Stell dir vor: den Huckelbach von der SPD, der Bundestagsabgeordnete, den sind wir dabei, als Ex-Stasi-Spion zu enttarnen. Und als schwulen Kinderschänder! Das hältst du im Kopf nicht aus, sag ich dir! *So* 'ne Kiste! Und das beste ist, das allerbeste, wir haben die Infos vor den Bullen und vor dem BND! Zwei Stunden Vorsprung! Wir machen zuerst 'n Interview mit dem Drecksack, tun so, als wenn nichts wäre, und dann fotografieren wir ihn, wie sie ihn verhaften! – So was hab ich noch nie, noch nie erlebt! Das ist investigativer Journalismus pur, vom feinsten! Vom aller ... « Satorius unterbrach seinen Redeschwall, er blickte nach oben, zur VIP-Lounge hoch. Reiß folgte seinem Blick. Sah einen mit Fotoapparaten behängten Mann aus der Kabine kommen.

»He! Pick!«, schrie Satorius.

Dann wurde es dunkel, ein Geräusch, als nähere sich ein Dutzend schwerkalibriger Kampfhubschrauber der Eisfläche, kam durch die Lautsprecher, Punktscheinwerfer jagten übers Eis, verfolgten die KEC-Spieler, die, wie gehetzt und mit weit schwingenden Armen, einer nach dem anderen in die Mitte des Spielfeldes schlitterten.

»Und hier, mit der Nummer eins: Bepi ...«, dröhnte der Stadionsprecher jetzt über die Lautsprecher.

»Heiß!« kam es aus Tausenden von Kehlen.

Hella strich Hiawatha zärtlich übers dicke, schwarze Haar. Dann zog sie sein perlenbesticktes Stirnband aus ihrer Umhängetasche und streifte es ihm über, holte noch eine einzelne Adlerfeder aus der Tasche, steckte sie hinten zwischen Stirnband und Haar. Die anderen Shoshonen und die Shoshonen-Retter legten selbst ihre Indianer-Kleidung an, begannen dann, sich gegenseitig die Gesichter zu bemalen: die Kriegsbemalung der Shoshonen.

Ein taktischer Schachzug Hellas: nicht im Indianer-Aufzug ins Eisstadion zu kommen – das könnte sie vielleicht vorwarnen, zumindest stutzig, mißtrauisch machen. Aber so, wenn sie jetzt, während des ersten Drittels urplötzlich aus den Reihen der Mannheimer Fans herausströmen, sich wie eine wilde Horde nach allen Seiten hin übers Eis ergießen würden, mitten in die puckschlagenden Spieler hinein, womöglich bei einem Bully, bei einem torgefährlichen Angriff der KEC-Spieler – *das* würde die Überaschung des Jahrhunderts werden! Das würde in die Annalen des KEC eingehen wie eine Meisterschaft.

Mehr als eine Meisterschaft! Das würde in die Geschichte der Stadt eingehen. Das würde die Geschichte der alternativen Protestbewegung umkrempeln, der Neubeginn wirklich subversiver, phantasievoller Aktionen sein!

Die umstehenden Mannheimer Fans nahmen die Umkleide- und Schmink-Prozedur, der sich Shoshonen und Shoshonen-Retter unterzogen, kaum wahr. Starrten mit zusammengebissenen Zähnen auf das Eis. Durch überfallartige, blitzschnelle Konter des ersten KEC-Sturms war ihre Mannschaft innerhalb der ersten sechs Spielminuten in einen 0:2 Rückstand geraten. Die Halle barst vor den Schreien der KEC-Fans: »Hai-e! Hai-e! Hai-e!«

Henseleit schlug sich mit den flachen Händen auf die Oberschenkel: er liebte es, den KEC in so großartiger Spiellaune zu sehen. Er liebte es, den KEC auf so geradlinigem Weg zur Meisterschaft zu sehen. Er liebte die Atmosphäre in der Halle, die großartige Stimmung, die Hitze, die ihn von den Stehplätzen von der anderen Seite herüber anzuatmen schien, sich dabei mit dem kühlen Hauch des Eises von der Spielfläche unten durchsetzend. Eine Brise wie von einem tropischen Meer.

Er liebte es, hier zu sitzen. Er liebte die Vorstellung, gleich mit zwei Millionen Mark hier zu sitzen. Bar. Zur freien Verwendung für seine Wahlkampf-, seine Kriegskasse. Keiner Partei, keinem Sponsor, keinem Finanzamt Rechenschaft schuldig. Er konnte das Geld da einsetzen, wo er es für sinnvoll hielt. Immer wieder schlug er sich mit den Händen auf die Oberschenkel, rieb die Hände auf den Oberschenkeln, spürte den Stoff auf seiner Haut heiß werden. Und mußte an die Maschine denken. Die Maschine muß weg! durchfuhr es ihn. Sie muß weg! Heute abend noch! Na gut. Sie *einmal* ausprobieren, vielleicht. Ein einziges Mal sie ausprobieren. Ein einziges Mal. Und dann weg. Abreißen. Vernichten. Die Maschine könnte ihm zum Verhängnis werden. Sie hatte ihn viel zu sehr abgelenkt in der letzten Zeit. Er hatte viel zu sehr daran gedacht, sich nicht darauf konzentriert, was eigentlich wichtig war: sein Krieg. Und im übrigen – bei diesem Gedanken glomm ein feuriges Sodbrennen seine Speiseröhre hinauf: wer weiß, wieviele Schnüffler ihm bei diesem Stand der Dinge, bei dem Grad, den die Eskalation, sein Krieg, bisher schon erreicht hatte, wieviele Spürhunde, Blutlecker, Spione ihm bereits auf der Spur waren? Sein Privatleben durchforsteten. Mit Ferngläsern und Teleobjektiven und Wanzen auf der Lauer lagen. Womöglich jetzt, in diesem Augenblick, bei ihm einbrachen, das Schloß zu seinem Hobbyraum knackten und seine Maschine entdeckten. Was sie sehen würden, würde keinesfalls der Eindeutigkeit entbehren. Er sah sich bereits im *Express* als Onanist und Gummifetischist enttarnt. Ihm wurde schwarz vor Augen, und er verpaßte, wie die Kölner auf dem Eis den ersten Gegentreffer kassierten. Die Maschine muß weg! Mein Gott im Himmel! So etwas kann das Ende der politischen Karriere bedeuten. Den Sturz ins Bodenlose. Wie oft hatte er das schon erlebt! Wie oft hatte er solche Dinge selbst schon in Szene gesetzt. Heute morgen noch. Huckelbach. Oh Gott! – *Einmal*, ein einziges Mal ausprobieren. Und dann: vernichten!

»'n abend Herr Doktor!«

Henseleit drehte sich nach links. Ossendorf hatte sich neben ihn gesetzt, und noch ein Typ, ein Schrank mit blondem Bürstenhaarschnitt in einer Lederjacke.

»Ist Ihnen schlecht, Herr Doktor?« fragte Ossendorf und sah Henseleit mit einer Spur geheuchelter Besorgnis an.

»Nein, nein«, sagte Henseleit. »Alles in bester Ordnung.«

Lu hatte Ossendorf gleich gesehen, als er aus der Tür der VIP-Lounge kam und die Sitzplatzreihen hinunterging, bis kurz hinter die Box, in der die KEC-Spieler saßen, gefolgt von dem Typen in der Revell-Jacke, mit dem sie ihn heute morgen schon gesehen hatte, bei der Bank. Der Typ mit der Jacke trug eine bordeauxfarbene Aktentasche unterm Arm. Ossendorf hatte sich neben einen kleinen, fetten Mann gesetzt, der Typ in der Revell-Jacke neben Ossendorf. Ossendorf hatte ein paar Worte mit dem kleinen Fetten gewechselt. Sie konnte von hier aus sein Gesicht nicht erkennen. Aber jetzt sah sie, wie er sich von dem Revell-Typen die Tasche reichen ließ, sah, wie er sie ein paar Augenblicke lang auf seinen Knien hielt, sah, wie er sie dann zwischen sich und den Fetten legte, sah, wie der Fette flink eine Hand auf die Tasche legte. Das war es! Das war die Übergabe! Der Fette war Henseleit. Henseleit hatte das Geld. Jetzt war Henseleit ihr Mann. Das änderte die Lage. Das war vielleicht eine neue Chance.

Hella hatte keine Ahnung vom Eishockey. Aber sie wußte, daß jetzt der richtige Zeitpunkt gekommen war. Die Mannheimer hatten einen zweiten Gegentreffer erzielt. Es stand 2:2, und die Euphorie der KEC-Fans war danach verraucht wie der Qualm ihrer Feuerzeuge und Wunderkerzen nach den ersten beiden Toren für die Kölner. Die KEC-Spieler auf dem Eis schienen unter dem Druck der Mannheimer in Konfusion geraten zu sein, rannten dem Puck hinterher, statt das Spiel zu kontrollieren. Anfeuerung war angesagt. Statt »Hai-e! Hai-e!« kamen jetzt vereinzelt Chöre hoch mit dem Ruf »Hai-e kämp-fen! Hai-e kämp-fen!«, schwollen an, bis sie sich zu einem großen, die Halle donnern lassenden Kampfgesang zusammenfanden. – Jetzt!

Reiß hatte Ossendorf entdeckt. Er saß zwischen einem kurzgeschorenen Schlägertypen und einem fetten kleinen Mann, gleich hinter der Spielerbox. Im gleichen Augenblick, in dem er die drei gesehen hatte, brach auf dem Eis ein Tumult los. Zuerst eine rundliche Indianerin, perlenkettenbehangen, dann ein riesiger Häuptling, und dann zwei, drei Dutzend als Indianer verkleidete junge Leute, Männer und Frauen, Krieger und Squaws, grell die Gesichter bemalt, bunt kostümiert, kletterten über die Absperrung zwischen der rechten Stehplatzkurve und dem Eis, aus dem Block der Mannheimer Fans heraus, schlitterten aufs Eis, zwischen die Spieler, füllten die Spielfläche, das Spiel brach sofort ab, die Indianerin hatte sich den Puck geschnappt und in die Stehplatzgerade geworfen, drei, vier, sechs Indianer hatten in der Mitte des Spielfeldes ein Transparent entrollt. Reiß konnte nicht erkennen, was darauf stand, die Aktion schien nicht genügend eingeübt worden zu sein, die Indianer bekamen das Transparent nicht richtig auseinander, verhedderten sich in der langen weißen Fahne. Das Ganze hatte bisher vielleicht zehn, höchstens fünfzehn Sekunden gedauert. In dieser Zeit waren die Anfeuerungsrufe der Fans verstummt, es war still in der Halle geworden. Die Spieler auf dem Eis waren, nachdem sie ihre Aktionen gestoppt hatten, zunächst erstarrt, hatten staunend die sie umgebenden Indianer beobachtet, konnten das nicht einordnen, begriffen nicht, was das sollte: vielleicht eine Werbeaktion eines Sponsors? Waren dann aber wohl zu der Überzeugung gelangt, daß das nicht sein mußte, daß es so etwas im Deutschen Eishockey noch nie gegeben hatte und auch hier und jetzt nicht geben könnte. Daß das irgendein Scheiß sei, der schnellstmöglich beendet werden mußte. Denn sie wurden jetzt aktiv. Den riesigen Häuptling erwischte es als ersten. Mit voller Wucht donnerte der Schläger eines KEC-Spielers gegen die rechte Backe des Häuptlings, sein Kopf wurde zur Seite gerissen, ein schwarzes Toupet beschrieb, sich dabei von einem Stirnband und einer großen Feder lösend, eine fast perfekte Ellipse durch die Luft, dem Häuptling riß es die Beine weg und seine Glatze krachte aufs Eis. Den restlichen Indianern ging es nicht viel besser. Wer nicht durch Schläger- oder Fausthiebe der Eishockey-Spieler zu Boden gestreckt wurde, suchte sein Heil in der Flucht, doch die Spieler und jetzt auch immer mehr über die Absperrungen kletternde Fans verfolgten die Indianer übers Eis, brachten sie auf dem Spielfeld zur Strecke oder trieben sie gegen die Absperrungen, wo sie dann spätestens beim Versuch, darüberzuklettern, an

Beinen und Armen gefaßt, aufs Eis geschleudert und mit Fußtritten behandelt wurden. Das Transparent der Indianer lag unentfaltet, verzwirbelt und unleserlich, quer über der Mittellinie der Spielfläche.

Lu begriff, als die ersten Fans über die Absperrungen aufs Eis kletterten, um ihren Spielern bei der Beseitigung der Indianer behilflich zu sein, daß dies die Chance war. Daß es so eine Chance nicht mehr geben würde. Sie drängte nach vorn, nach unten. Plötzlich war die Power wieder da. Sie schob die brüllenden, die Spieler und ihre Freunde, die auf dem Eis die Indianer verprügelten, anfeuernden Fans auseinander, war in zwei Sekunden unten, sprang über die Absperrung, rannte übers Eis, zwischen am Boden liegenden, röchelnden, blutenden Indianern und Indianerinnen hindurch und war auf der anderen Seite.

Ossendorf erkannte Lu erst, als es zu spät war. Als sie, von links kommend, über die Sitzplatzreihe vor ihnen sprang, bei Henseleit war, ihm die Tasche vom Schoß riß. Dann war sie weg.
»Dieter! Da! Schnapp sie dir!«
Ossendorf drehte sich nicht zu seinem Leibwächter um, sein Zeigefinger wies auf Lu, die schon drei, vier Sitzplatzreihen weiter war.
Dieter, der Typ in der Revell-Jacke, erhob sich langsam, der quer durch die Sitzplatzreihen flüchtenden Lu hinterherblickend.
»Esune Arsch ess schnell geleckt«, sagte er, sprang aus dem Stand über die Rückenlehne seines Platzes und folgte Lu.

39.

Als Reiß nach draußen kam, konnte er zuerst nichts sehen. Der Übergang von der Helligkeit im Eisstadion zur hier draußen herrschenden Dunkelheit war zu abrupt gewesen. Er war gerannt. So schnell gerannt wie seit Jahren nicht mehr. Quer hoch über die

Sitzplatzbänke im Stadion gesprungen, gehechtet, gestolpert, dann eine Treppe hinunter, einen breiten Gang entlang, nicht auf den Haupteingang zu, in die entgegengesetzte Richtung, dann durch eine Notausgangstür hinaus. Immer dem Kerl mit der Revell-Jacke nach. Der legte ein ganz schönes Tempo vor. Lu mußte aber noch schneller sein. Jedenfalls hatte er sie noch nicht eingeholt. – Erst im letzten Augenblick hatte er Lu gesehen. Wie sie mit einem Mal bei Ossendorf war und gleich weglief, verfolgt von dem Kerl. – Jetzt konnte er sich orientieren. Er stand auf einer von Gittern umzäunten Betonfläche, die nur im Sommer benutzt wurde, als Liegeplatz des Schwimmstadions. »Nuttengrill« hatten sie als Schüler dazu gesagt. Weil sich im Sommer hier das Eigelstein-Milieu zu bräunen pflegte. Links daneben das Gebäude mit den Generatoren und Kläranlagen. Vorn, ganz im Dunkeln, die Schwimmbecken, die Liegewiesen, die sie umrahmenden Bäume, Büsche. Schwarze, rissige Konturen. Zwischen denen das Weiß des ›Revell‹ aufblitzte. Dreißig Meter vor ihm. Reiß rannte. Nestelte beim Rennen die Pistole aus der Jackentasche. Was Mühe machte, ihn beim Laufen hinderte, weil sein Regenmantel ihm um die Beine, vors Jackett schlug. Die Revell-Jacke gewann Abstand, spurtete jetzt ums Kinderbecken herum, – das ging auf die Auffahrt zur Zoobrücke zu.

Lu war immer noch nicht zu sehen. Die Schwierigkeit für sie würde kommen, wenn sie über die Mauer mußte, die Mauer, die das Stadiongelände umgab. Wenn sie nicht schnell genug war, hatte die Revell-Jacke sie spätestens dann. Jetzt schlug der Kerl einen Haken, lief nach rechts. Und jetzt sah Reiß Lu. Ein dunkler Schatten an einer tags weißen, jetzt grauen Mauer. Tatsächlich. Sie versuchte hochzuklettern. Die Revell-Jacke blieb stehen, zehn Meter von Lu entfernt. Ging langsam auf Lu zu. Ließ sich Zeit. Lu klebte mit an der oberen Kante der Mauer festgekrallten Händen fest, versuchte, ihr rechtes Bein auf gleiche Höhe zu bringen, rutschte ab. Der Kerl konnte sich tatsächlich Zeit lassen. Lu kam nicht hoch. Und dann hatte der Kerl plötzlich eine Waffe in der Hand. Ein große Waffe, einen langläufigen Revolver, Python oder so was.

»Polizei!«, rief Reiß. Ihm fiel nichts besseres ein. Er hob seine Waffe, richtete sie auf den Kerl. Entsicherte. Lud durch. »Beweg dich nicht!«

Der Kerl drehte sich zu ihm um. Fünf, sechs Meter vor ihm. Er konnte sein Gesicht nicht erkennen. Aber er konnte erkennen, daß er seinen Revolver auf ihn richtete.

»Laß fallen!« Aber er wußte, daß der andere das nicht tun würde. Reiß hatte den Zeigefinger ganz nah am Druckpunkt. Zögerte. Aber der andere stoppte seine Bewegung nicht. Führte sie ganz ruhig weiter. Seine Waffe war jetzt auf Reiß' Bauch gerichtet. Jetzt! Reiß zog durch. Wie, als habe ihn sein eigener Schuß getroffen, schlug ihm etwas wie ein Ziegelstein in den Magen, mit solcher Wucht, daß er nach rückwärts taumelte, fiel, auf den Rücken fiel. Eine halbe Sekunde lang konnte er seine Füße, seine Beine über sich sehen.

Du Scheiße!

Ein Gefühl wie früher im Sportunterricht. Wenn einer den Fußball aus ein paar Metern Entfernung voll abgezogen hatte und seinen Bauch, den Solar-Plexus getroffen hatte. Ihm fiel ein Peter-Müller-Witz ein. Der Trainer hatte dem Boxer gesagt, er solle den Solar-Plexus des Gegners suchen. Nach der zweiten Runde, in der Pause, sagte der Trainer, warum er, Müller, nicht tue, was er ihm gesagt habe. »Ich finge dat Scheiß-Dinge einfach nit!«, antwortete Müller. Wieso fällt dir *jetzt* so ein Quatsch ein? Oh Himmel, ist mir schlecht. Ich muß kotzen. Er wollte sich zur Seite drehen, aber es funktionierte nicht. Die Schulterblätter schienen an den nassen Rasen angeschraubt. Und statt irgendeinen Schmerz spürte er jetzt, wo ihm gewahr wurde, daß er platt und unverrückbar auf einer Wiese lag, wie daraus kalte Feuchtigkeit in seinen Rücken hochzog. Du wirst dich erkälten! Da fiel ihm der Witz ein, wie Tünnes zum Arzt ging ...

»Eh, Bulle! Was ist mit Ihnen?«

Laura! Lauras Gesicht unmittelbar über seinem.

»Eh Mann! Sagen Sie was! Was ist mit Ihnen?«

Warum schreit sie so? Was ist mit ihr? Hat sie Angst?

»Laura«, sagte Reiß, versuchte Beruhigung, Tröstung in seine Stimme zu legen.

»Lu! Lu! Nicht Laura.«

»Lu?«

»Was ist mit Ihnen, hat er Sie getroffen?«

Lu? Meine Güte! Lu! Sie ist in Gefahr!

»Der Typ mit der Revell-Jacke! Paß auf!«

»Der Typ liegt da. Sie haben ihm ein sauberes Loch in die Birne geballert.«

Merkwürdig. Irgendwie merkwürdig.

»Eh Mann! Reden Sie!«

»Ja, ja«, sagte Reiß. Er war plötzlich müde. Und ihn fror. Ihr Gesicht, Lauras Gesicht, näherte sich wieder dem seinen. Er konnte ihren warmen Atem spüren. Das war schön. Jetzt, wo ihm so kalt war. Aber sie sah bekümmert aus. Was ist mit ihr?

»Sie müssen wach bleiben, Mann. Reden Sie, reden Sie irgendwas!«

»Ja, ja«, sagte Reiß. »Ich bin wach.«

»Weiter! Reden Sie weiter!«

»Ja, ja.«

»Mehr! Weiter!«

Warum schreit sie so?

»Wer ist die Frau auf Ihren Fotos? – Ossendorfs Schwester? – Was ist mit ihr? Warum haben Sie all diese Fotos von ihr in Ihrer Wohnung hängen? Kommen Sie! Erzählen Sie's mir!«

»Laura?«

»Ja. Laura. Sie heißt Laura? Erzählen Sie von ihr!«

Meine Güte! Sie ist gar nicht Laura! Lu! Lu ist in Gefahr!

»Machen Sie schon! Sie müssen reden, Sie müssen wach bleiben!«

»Ja, ja«, sagte Reiß. »Laura...«

»Ja. Laura. Was ist mit Laura?«

»Er hat sie getötet.«

»Wer hat Laura getötet?«

»Ossendorf. Ossendorf hat sie umgebracht.«

»Sie meinen, richtig ermordet und so?«

»Sie hatte Glomerulonephritis.«

»Was?«

»Nierenentzündung. Chronisch. Hing seit drei Jahren an der Dialyse. Das war damals das äußerste. Länger ging nicht mehr.«

»Und da hat Ossendorf sie umgebracht?«

»Er hätte spenden können. Seine Werte stimmten mit ihren überein. Es wäre gegangen.«

»Und er hat es nicht gemacht!«

»Er hatte es ihr versprochen. Sie hatte sich darauf verlassen.«

»Und er hat es trotzdem nicht gemacht?«

»Er hat es nie gewollt. Hat es nur gesagt.«
»Warum nicht? Warum hat er das gemacht?«
»Ich glaube, es war ihm egal. Er hat's immer wieder rausgezögert. War dann, als sie starb, in den USA, wegen irgendwelcher Geschäfte ...«

Er konnte nicht mehr reden. Hatte plötzlich Schmerzen. Furchtbare Kopfschmerzen. Wieso Kopfschmerzen? Merkwürdig. Und kalt war ihm, kalt!

»Reden Sie weiter!«, sagte Lu und griff nach seiner rechten Hand, die kraftlos neben ihm auf dem nassen Gras lag.

»Ich glaube, du mußt jetzt abhauen«, sagte Reiß. Hielt aber trotzdem ihre Hand fest. Es war das einzig warme, was er noch spürte.

»Ja, mach ich«, sagte Lu.

40.

Die prallen Knospen des Apfelbaums zitterten an den Ästen, noch bevor die Schaufel des Räumbaggers den Stamm des Baumes erreicht hatte. Dann schnitt sie in den Stamm, schnitt ihn durch, daß es splitterte, dann ein Sausen, Rauschen, der Baum brach, fiel ein Stück, doch seine Krone wurde von der des nächststehenden Baumes aufgefangen, dann aber mit unerbittlicher Gewalt in sie hineingeschoben. Die dünneren Äste mit den Knospen daran bogen sich gegen- und ineinander, schnellten dann wie Peitschen hoch, als der Druck zu stark wurde und die kräftigeren Äste aufeinanderprallten, sich gegeneinander stemmten, bis sie brachen.

Hella, Hiawatha, die Shoshonen und die verbliebenen Shoshonen-Retter, die Autonomen und die SSKler – Rudi von den Grünen hatte heute dringende Ratstermine, Joachim von der Sülzer SPD hatte sich nach der mißlungenen Eisstadion-Aktion mit einem Grundsatzpapier von den Shoshonen distanziert, Dirk und seine Leute von Robin Wood hatten schon im Januar das Projekt aufgeben müssen, weil der Robin Wood-Bundesvorstand eine ökologische Zielsetzung bei den Shoshonen nicht mehr gegeben sah –, die letzten Kölner Indianer also standen in einer geschlossenen Kette vor ihrem Dorf und sahen mit versteinerten Mienen zu, wie die Bagger sich ihnen mühsam, aber unerbittlich näherten.

»Dat ess *unser* Land!«, sagte Hiawatha jetzt schon zum zehnten oder elften Mal. Er sagte es wie die neun oder zehn Male zuvor tonlos, ohne eine Klage oder einen Vorwurf in die Worte zu legen. Stellte nur fest. Betonte nur das »unser«.

Das Gelände vor den Indianern sah aus wie der Stadtpark von Nagasaki am 9. August 1945. Zerschundene Baumleichen, aufgerissene Baumstämme, aus denen Harz floß, als könne es noch die Wunden schließen, aberwitzig ineinandergeschobene Baumkronen und Sträucher, die Knospen und jungen Blättchen grau und gelb vom Staub, säumten rechts und links die Spur der tiefen Furchen, die die Zähne der Bagger im Erdreich hinterließen. Aus dem Geröll von Steinen, Erde und Sand ragten nur noch die abgerissenen Wurzeln der Pflanzen. Sonst war die Fläche kahl, bereit für den nächsten Bautrupp. Ein Indianerpony, das sich losgerissen hatte, galoppierte orientierungslos, mit weit geblähten Nüstern und wie im Wahnsinn verdrehten Augen über die Steppe, wußte nicht, wohin es sich wenden sollte.

Die Bagger – fünfzehn gelbe Ungetüme mit weit über zwanzigtausend PS – hatten die Front der Spanischen Reiter, welche die Shoshonen-Retter um das Dorf postiert hatten, erreicht, die Diesel dröhnten im Leerlauf. Die beiden Hundertschaften Polizei, die bisher hinter den Baggern hergestolpert waren, traten zwischen den Riesen hervor: zweihundert Schutzhelme, zweihundert Plexiglasschilde, zweihundert Holzknüppel. Drei, vier Sekunden lang keine Bewegung in den beiden Fronten. Nur das Dröhnen der Diesel. Der Kopf, dann der Oberkörper des Einsatzleiters der Polizeitruppe, erschien aus der Dachluke eines der gepanzerten Unimogs, die die Phalanx der Bagger flankierten. Er blickte hinter sich, auf eine hundert Meter hinter der Front am Straßenrand parkende silberne Limousine mit hochgekurbelten Fenstern. Das rechte hintere Fenster senkte sich um fünf Zentimeter. Das war das Okay. Der Einsatzleiter gab das Zeichen zum Sturm. Die Bagger setzten sich in Bewegung, zermalmten die Spanischen Reiter, als wären sie Kinderspielzeug, schoben die Stacheldrahtrollen vor sich her, auf die Front der Shoshonen und ihrer Retter zu.

Die Retter spannten ihre Bogen, schossen, zwei Dutzend Pfeile prallten an den Plexiglasschilden der Polizisten und den stählernen Schaufeln der Bagger ab. Noch einmal eine Pfeilwelle. Dann waren die Polizisten bei den Shoshonen und ihren Rettern. Die konnten sich nicht rechtzeitig und nicht richtig zur Wehr setzen, weil sie mit dem dritten Spannen ihrer Bögen beschäftigt waren, Knüppel prasselten auf Köpfe, Schultern, Arme, Fußtritte trafen Bäuche, Geschlechtsteile, Gesichter.

»Ameisen!«, sagte Röckerath, ohne den Feldstecher vom Auge zu nehmen.

Henseleit, im Fond des silbernen Oberstadtdirektor-Dienst-Scorpios neben Röckerath sitzend, wälzte sich ein kleines Stück zur Seite, von Röckerath weg. Schwieg zuerst. Sah sich weiter die Schlacht um die Megahalle an, ohne Fernglas. Dann beschloß er aber doch, die verächtliche Bemerkung des Oberstadtdirektors zu kommentieren.

»Wen meinen Sie: die Polizisten oder die Indianer?«

Röckerath setzte kurz den Feldstecher ab, blickte zu Henseleit. Der aber sah geradeaus, wartete auf keine Antwort. Röckerath hob den Feldstecher wieder vor die Augen.

Seitdem er Fraktionsvorsitzender war, ließ Henseleit kaum eine Gelegenheit aus, Röckerath zu signalisieren, daß er ihn für ein Arschloch hielt. Eigentlich ein Fehler. Ein paar Mal zu oft hatte er sich hinreißen lassen. Das würde sich vielleicht rächen. Zumal jetzt, wo er auf dem Sprung nach Bonn war, sein Amt quasi nur noch kommissarisch verwaltete und seinen von ihm ausgesuchten Nachfolger einarbeitete. Pfeiffer war loyal. Aber Pfeiffer war nicht stark. Hatte bei weitem nicht sein, hatte nicht Henseleits Format. Röckerath würde es ihm schwer machen. Auch schwer machen, in der Partei seine, Henseleits Hausmacht zu organisieren. Was Henseleit als Pfeiffers eigentliche Aufgabe ansah.

»Wenn Sie mit Pfeiffer Schwierigkeiten kriegen, melden Sie sich bei mir«, sagte Henseleit. »Ich kümmer' mich dann drum.«

Röckerath setzte erneut den Feldstecher ab. Sah Henseleit an, erstaunt, ihn einen solch warmen, fast freundschaftlichen Ton anschlagen zu hören.

»In Ihrem Sinne, selbstverständlich«, setzte Henseleit hinzu und schenkte Röckerath ein kurzes, unaufmerksames Lächeln.

»Ja. Gut«, sagte Röckerath, bemüht, den anderen sein Mißtrauen nicht spüren zu lassen.

Henseleit streckte sich ein wenig. Schloß für ein paar Sekunden die Augen. Mehr konnte er hier im Augenblick nicht tun. Er mußte sich auf den Bundestag und seine Aufgaben im Verteidigungsausschuß konzentrieren. Sich da vorab einen Sitz zu sichern, hatte ihn die Hälfte der Million gekostet, die er Ossendorf noch zusätzlich zu dem geraubten und wahrscheinlich auf immer verschwundenen Geld abgepreßt hatte. Gezielte Spritzen in die richtigen Stiftungen. Natürlich nicht von ihm persönlich. Potente Gönner aus seinem Wahlkreis fungierten als Absender der Spenden. Henseleit kicherte in sich hinein, was einen raschen, mißtrauischen Seitenblick Röckeraths zur Folge hatte.

Aber als Röckerath sah, daß Henseleit gar nicht nach draußen, auf die Schlacht um die Megahalle, sah, nicht mitbekommen hatte, wie vier Polizisten gleichzeitig einen Autonomen mit Stiefeln, Knüppeln, Fäusten traktierten, wandte er sich beruhigt wieder dem Geschehen ums Shoshonen-Dorf zu.

Henseleit war ganz irgendwo anders. Auf den Schlachtfeldern der Zukunft. Auf dem Balkan. In Kurdistan, wo er seit langem schon den nächsten Einsatzort der Bundeswehr im Rahmen der schnellen NATO-Eingreiftruppe ausgemacht hatte. Die Megahalle: Schnee von gestern. Jetzt konnte sie ihren Zweck erfüllen: seinen, Henseleits Namen hier in Köln präsent zu halten, während er in Bonn sich anschickte, die Hardthöhe zu erklimmen.

Hella, Hiawatha und ein paar von Hiawathas Frauen hatten sich rechtzeitig, bevor der Sturm begann, und im Wissen, daß jeglicher Widerstand lediglich noch symbolischen Charakter haben konnte, auf eine kleine Erhebung hinter dem Indianerdorf zurückgezogen. Sie mußten mit ansehen, wie ihre Retter und die Shoshonen-Krieger von den Polizisten weggeschleppt wurden, und wie die Bagger sich über das Dorf hermachten. Wie das Langhaus zerbarst und wie das Tipi des Sachems niedergedrückt und dann zerfetzt wurde und wie sich die kostbaren Büffel- und Hirschhäute in eine gelbgraue Wurstpelle verwandelten, die vor einer Baggerschaufel ein Stück hergeschoben wurde, bis sie dann unter die Schaufel gerieten und von den Ketten des Baggers zermalmt wurden.

»Typisch«, sagte Hella bitter. »Bei so was sind die Medien nie dabei!«

Köln-Krimis im Emons Verlag

TÖDLICHER KLÜNGEL von Christoph Gottwald
Manni Thielen, Zocker und Gelegensheits-Detektiv aus Geldnot, recherchiert auf eigene Faust. Der Job scheint eine Nummer zu groß für ihn zu sein, doch er jagt seine Gangster kreuz und quer durch Köln und bringt sie schließlich zur Strecke. Sein erster Fall.
»Das sonst so gemütliche Köln erscheint hier im düsteren Flair jener amerikanischen Städte, durch die einst Humphrey Bogart wandelte. Das ist viel für einen deutschen Krimi.« *Frankfurter Allgemeine Magazin*
Köln-Krimi 1, Paperback, 144 Seiten. ISBN 3-924491-01-1, 14.80 DM

DREIMAL NULL IST NULL von Frank Schauhoff
Eine eigenwillige Story um skrupellose Umweltgangster, schnell und kompromißlos. Ein Manuskript und kein Autor. Ein Pferdegesicht und ein Schwein. Zwei gebrochene Finger und jede Menge Ärger mehr für Tom und Jupp.
»Amüsant die mitunter genußvolle Beschreibung banaler Details, der schnoddrige Staccatostil, der mit pseudo-philosophischen Sprüchen durchsetzt ist.« *Kölner Stadtanzeiger*
Köln-Krimi 2, Paperback, 152 Seiten. ISBN 3-924491-03-8, 14.80 DM

LEBENSLÄNGLICH PIZZA von Christoph Gottwald
Mannis zweiter Fall: Nicht nur sprichwörtlich bekommt er lebenslänglich Pizza, wenn er die Unschuld von Paolos Vater beweisen kann. Liebe, Mord und Kokain zwischen Eigelstein und Barbarossaplatz.
»Nicht so schick wie ›Kir Royal‹, aber mindestens genauso entlarvend... der Raymond Chandler vom Rhein.« *Kölner Express*
Köln-Krimi 3, Paperback, 142 Seiten. ISBN 3-924491-07-0, 14.80 DM

YELLOW CAB von Uli Tobinsky
Eine Jagd durch die Kölner Rockszene. Ein kölscher Cowboy als Detektiv, ein New Yorker Taxi und ein fast genialer Computerfreak und jede Menge Musiker sind die wichtigsten Zutaten. Das Problem: ein toter Toningenieur und ein verschwundenes Tonband.
»In flott flapsiger Sprache entwickelt Tobinsky seine Crime Story. Die Diktion ist Pop, das Tempo Speed.« *Music-Express*
Köln-Krimi 4, Paperback, 156 Seiten. ISBN 3-924491-10-0, 14.80 DM

Köln-Krimis im Emons Verlag

DER SCHWARZGELDESSER von Frank Grützbach
Fred Singer synchronisiert dubiose Importpornos. Dick Trapp ist Schweißer, hat aber die Stimme für einen Schmuddelgangster. Sie haben vom Chef kein Honorar bekommen. Als Dick rauskriegt, daß Geld aus der Firma nach Belgien verschoben wird, läßt Fred sich zur Selbsthilfe überreden. Doch als ihnen dabei schlappe zweikommaeins Millionen Mark in die Hände fallen, haben die beiden eine Lunte in der Hand, die sich nicht mehr austreten läßt.
»Hollywood-Spannung von der ersten bis zur letzten Seite.« *Ruhr Nachrichten*
Köln-Krimi 5, Paperback, 204 Seiten, ISBN 3-924491-16-X, 14.80 DM

TOD IN DER SÜDSTADT von Rüdiger Jungbluth
Blankenheim, Maler erotischer Bilder und Thekensteher aus Passion, und Viola Cortier, Steuerberaterin und seine Mäzenin aus Liebe, lieben die Südstadt und ihre Kneipen, besonders lieben sie eine davon. Plötzlich ist die südliche Idylle gestört: Eines Tages hängt Jupp, der Wirt ihrer Lieblingskneipe, tot überm Tresen. Selbstmord. Aber warum? Blankenheim legt den Pinsel aus der Hand und nimmt sich der Sache an. Er und Viola, die beiden Detektive im Privaten, fahnden am Kartäuserwall und im Klüngel, in Kneipen und auf Ämtern.
»KölnBestseller des Jahres '90« *köln im ...*
Köln-Krimi 6, Paperback, 160 Seiten, ISBN 3-924491-26-7, 14.80 DM

SCHMAHL von Peter Meisenberg
Schmahl lebt auf geklaute Kreditkarten. Horst ist fanatischer Krimileser, und, wie die meisten Anhänger dieser Passion, gänzlich ohne eigene kriminelle Erfahrung. Deshalb ist Horst froh, in Schmahl einen richtigen Gangster gefunden zu haben. Denn Horst hatte immer schon eine Idee, und die stammt aus einem amerikanischen Krimi. Nun ist Köln aber nicht Detroit oder New York. Am Tag nach ihrem ersten Raubüberfall finden Schmahl und Horst ihre Konterfeis lebensecht im Express wieder. Was sie freilich nicht davon abhält, weiter an ihrer kleinkriminellen Karriere zu stricken. Bis eines Tages ein Bulle auftaucht. Ein echter Bulle, der sie zum ganz großen Coup anstiftet.
»Ein starkes Stück Großstadtliteratur.« *Kölner Express*
Köln-Krimi 7, Paperback, 146 Seiten, ISBN 3 924491-31-3, 14,80 DM

Köln-Krimis im Emons Verlag

HUNDERT NÄCHTE LÖSEGELD von Rolf Hülsebusch
Harry jobbt als Nachtportier in einem der höchsten Hochhäuser Kölns und glaubt, daß er als Bildjournalist kurz vor seiner großen Karriere steht. Da taucht Sylvia auf, die ihm vor Monaten den Laufpaß gegeben hat. Sylvia wird erpreßt. Das Lösegeld muß sie des Nachts in Majewskys Appartement zahlen. Auch Harry gerät in die Fänge des professionellen Erpressers. Jetzt muß er nicht nur Sylvia, sondern auch sich selbst befreien.
»Er ist nicht nur glänzend konstruiert und geschrieben. Die Handlung ist so angelegt, daß der Leser sich nicht anders als der Ich-Erzähler verhalten hätte.« *Handelsblatt*
Köln-Krimi 8, Paperback, 150 Seiten, ISBN 3-924491-36-4, 14,80 DM

KAMELLE von Ralf Günther
Kutscher hat ohne Talent und Interesse die Kölner Süßwarenfabrik geerbt, die seit jeher das Festkomitee zu Karneval mit Kamellen beliefert. Lieber liest er seine Comics, in deren Welt er vollkommen aufgeht. Bastone ist ein waschechter Sizilianer mit der Bonbonfabrik Mille Bacci. Er will Kutscher das Geschäft abspenstig machen, und dafür ist ihm jedes Mittel recht. Margot, langjährige Privatsekretärin der Firma Kutscher, versucht, die Firma zu retten. Nicht nur ein von ihr beauftragter Privatdetektiv scheitert tödlich. Die Prinzipien des Festkomitees werden völlig auf den Kopf gestellt, als Bastone nun auch noch Karnevalsprinz werden will.
»Ein spritziger Cocktail, den Karnevals-Insider Ralf Günther mit leichter Hand schüttelt.« *Kölnische Rundschau*
Köln-Krimi 9, Paperback, ca. 170 Seiten, ISBN 3-924491-39-9, 14,80 DM

MARIE MARIE von Christoph Gottwald
Die Straßen Kölns haben Manni Thielen wieder. Mittlerweile Familienvater, taucht der Amateurdetektiv nach fünf Jahren Enthaltsamkeit tiefer denn je in die Kölner Unter- und Halbwelt ein. Und er muß feststellen, daß die Zeiten anders geworden sind. Härter. Besonders, wenn man zufällig in den Besitz russischer Hightech-Waffen im Wert von einer schlappen Million Dollar gelangt, die Spielregeln des Kölner Maggel-Geschäftes aber nicht mehr kennt.
»Spannend, mit viel Witz und detailgetreu erzählt - ein Jubiläums-Werk. Ein ersklassig geglückter, aberwitziger Köln-Krimi.« *Kölner Express*
Köln-Krimi 10, Paperback, 177 Seiten, ISBN 3-924491-46-1, 14,80 DM

HAIE von Peter Meisenberg
Köln-Krimi 11, Paperback, 220 Seiten, ISBN 3-924491-66-6, 14,80 DM

Köln Krimi *Classic*

Köln wie es war. Die Krimis der Reihe Köln-Krimi-*Classic* laden ein zu einer Entdeckungsreise in Kölns Vergangenheit: von der Antike bis zu den 1970er Jahren. Genaue Recherchen verknüpft mit Spannung und Witz lassen die alten Zeiten wieder lebendig werden. Nur die Toten bleiben tot.

NACHT ÜBER NIPPES von Edgar Noske
Die 50er Jahre im Schieber- und Gaunermilieu der Domstadt. Wenn man da neben einer unbekannten Toten erwacht, ist das ganz schön häßlich. Was tun, wenn einem ein Mord angehängt werden soll, man sich an nichts erinnern kann, die Polizei einem als stadtbekanntem Schmuggler sowieso mißtraut, die Geliebte einen verlassen will und die Ex-Frau sich mit dem Obergauner liiert hat? Leo Saalbach muß den Mörder selbst suchen, wenn er nicht den Rest seines Lebens im Klingelpütz verbringen will.
»Noske liefert mit seinem Erstlings-Roman ein kleines Meisterstück ab. Von Edgar Noske möchte man noch mehr lesen.« *Kölner Express*
Köln-Krimi-*Classic* 1, Paperback, 160 S., ISBN 3-924491-45-3, 14,80 DM

TOD UND TEUFEL von Frank Schätzing
Köln im September 1260: Jeder steht gegen jeden. Erzbischof und Bürger versuchen, einander mit allen legalen und illegalen Mitteln in die Knie zu zwingen. Jacop der Fuchs, Dieb und Herumtreiber, zeigt an den erzbischöflichen Äpfeln indes mehr Interesse als an der hohen Politik. Was ihm nicht gut bekommt: In den Ästen sitzend, wird er Zeuge, wie ein höllenschwarzer Schatten den Dombaumeister vom Gerüst in die Tiefe stößt. Er hat den Mord als einziger gesehen. Aber der Schatten hat auch ihn gesehen. Er heftet sich an Jacops Spuren und bringt jeden um, den Jacop einweiht. Als Jacop begreift, daß der Sturz vom Dom nur Auftakt einer unerhörten Intrige war, ist es fast schon zu spät...
»Ein ungewöhnliches Buch. Ein spannender Mittelalter-Krimi« *Express*
Köln-Krimi-*Classic* 2, Paperback, 380 S., ISBN 3-924491-59-3, 19,80 DM

Der Bergische Krimi

Wo die Wälder noch rauschen, singt nicht immer gleich die Nachtigall. Auch im romantischen Schatten der Eichen passieren Dinge, die man lieber nur in der Großstadt hat. Es gibt Revier-Krimis, es gibt Köln-Krimis und Florida-Krimis. Die neue Reihe *Der Bergische Krimi* führt uns in eine Region, die es in sich hat.

ÜBER DIE WUPPER von Edgar Noske und Klaus Mombrei
Da rockt eine Band durchs Bergische Land. Nach einem Konzert von »Bombay Black« wird eine junge Frau ermordet im Bandbus aufgefunden. Sämtliche Indizien verweisen auf Max Hellenrath, den Sänger der Band. Auf Kaution freigelassen macht er sich auf die Suche nach dem wahren Mörder und muß sich durch einen Dschungel von Mord, Intrigen und Erpressung kämpfen. Dabei geht es quer durchs Bergische, über Wermelskirchen, Opladen, Remscheid, Wuppertal, vorbei an Sehenswürdigkeiten wie dem Altenberger Dom, Schloß Burg und der Bever Talsperre, zum Finale auf der Müngstener Brücke: hier entscheidet sich, welcher der Kontrahenten »über die Wupper« geht.
»Bombay Black« gibt es wirklich. Die Band hat unter dem Titel »Tune In« bereits eine eigene CD veröffentlicht. Für den Roman wurden lediglich die Namen der drei Musiker geändert.
»Mörder-Jagd im Bergischen Land. Viel Lokalkolorit, viel Action, viel Fäuste« *Bild-Zeitung*
DER BERGISCHE KRIMI 1, 160 Seiten, Broschur, ISBN 3-924491-60-7
DM 14.80

Weitere Krimis im Emons Verlag

DER KOKAMANN von Pedro Casals
Wer liest schon gerne seine eigene Todesanzeige in der Zeitung? Auch wenn der Schütze nicht ins Herz, sondern nur das rechte Knie getroffen und somit zur Verlängerung seines Wochenendes beigetragen hat, ist bei Lic Salinas, von Beruf Rechtsanwalt, Gelegenheitsdetektiv aus Neigung und durchaus ein Mann mit Humor, die Toleranzgrenze überschritten. Die Sache ist ernst und, wie sich bald herausstellt, auch kompliziert. Die Liaison einiger alteingesessener Geschäftsleute mit der brutalen Welt der Kokainkartelle ergibt ein brisantes Gemisch, das der in Deutschland erstmals veröffentlichte spanische Bestsellerautor Pedro Casals gekonnt in Szene setzt. Virtuos erzählt, amüsant die Dialoge und ein Knalleffekt zum Schluß.
Hardcover, 208 Seiten, ISBN 3-924491-22-4, 20,- DM

ZWÖLF UHR MAJAKOWSKIJPLATZ von Sergej Ustinow
Glasnost in Moskaus Unterwelt. Sergej Ustinow hat den russischen Kriminalroman vom Kopf auf den Boden gestellt. Moskau: Journalist Igor Maximow findet die Leiche seines alten Lehrers Krüger. Der Schüler Sacha Latynin, offensichtlich in kriminelle Geschäfte verwickelt, ist verschwunden. Maximow macht sich auf die Suche quer durch die Schichten der Moskauer Gesellschaft. Eine Geschichte aus dem Moskauer Alltag, rund um den Majakowskijplatz, die schließlich in dem Vorort Krylazkoje absolut nicht so endet, wie ihr Held es gedacht hatte.
»Ein ›Glasnost-Krimi‹ der ersten Garnitur.« *Hamburger Morgenpost*
Hardcover, 217 Seiten, ISBN 3-924491-23-2, 20,- DM

HÄNS. DIE GESCHICHTE EINES KÖLNER GANGSTERS
Autobiographischer Roman von Hans Becker.
1970 überfiel Hans Berger ein Juweliergeschäft. Es war der Ausstieg aus dem bürgerlichen Leben und der Beginn einer kriminellen Existenz. Zwischen 1970 und 1984 saß er insgesamt zwölf Jahre im Gefängnis, siebenmal brach er aus. In der Haft schrieb er dieses Buch.
»Berger, Hans, 33 Jahre, 1,86 groß, kräftige sportliche Figur, Haare dunkelblond, braune Augen, elegant gekleidet. Macht rücksichtslos von der Schußwaffe Gebrauch.« So sah es die Polizei.
»Ich habe ein Linolschnitt-Besteck. Damit mache ich Linolschnitte Und jedesmal, wenn ich einen neuen Mercedes brauche, dann drucke ich mir von diesen Linolschnitten einen Stapel Fünfundsiebzigmarkscheine. Damit ich bar bezahlen kann.« So sah es Hans Berger.
Englische Broschur, 243 Seiten, ISBN 3-924491-04-6, 14,80 DM

... und nicht nur Krimis

GEH MAL ZUR SEITE, KLEINER
Geschichten aus dem Halbschatten von Peter Meisenberg

»In seinem zweiten Buch *Geh mal zur Seite, Kleiner* setzt Peter Meisenberg seine Kunst der Beschreibung fort. Das Leben einer alternden Dirne wird zunächst vorgestellt. Der stets Verschwörungen vermutende Container-Otto, ein Stammgast einer Kölner Kneipe, wird irrtümlich von Polizisten auf der Straße niedergeschlagen und stirbt betrauert von seinen Freunden. Spannend und berührend ist die Geschichte des Europa- und Weltmeisters Adolf Heuser. Büb, ein dreihundert Kilo schwerer Bursche, erlebt sexuelles Vergnügen in Bangkok und kommt mit einer Siamesin zurück nach Köln, wo ein Zuhälter sie ihm sofort ausspannt. Der Lohntütenball ist ein weiteres Thema, bei dem geradezu liebevoll die Karriere eines Mannes beschrieben wird, der als Bruder von Möbelpackern Einbrecher, Schmuggler, Rauf- und Trunkenbold war und dann schließlich durch eine nette Frau *solide* wurde. Auch in den übrigen noch folgenden Erzählungen werden uns meisterlich Einblicke in das Alltagsleben von Kölner Menschen gewährt, die irgendwie am Rande des *gewöhnlichen Lebens* sich eine Existenz eingerichtet haben.« *Roland Girtler, Wien*

Broschur, 30 Photos, 168 Seiten, ISBN 3-924491-17-8, 19,80 DM

Köln-Roman

Die neue Reihe im Emons Verlag bietet auch den Lesern gute Unterhaltung aus Köln, die keine Krimis mögen: hier geht es um Liebe und Haß, Versöhnung und Streit, Spiel und Ernst – mitreißend erzählt und verpackt in echte Kölner Atmosphäre.

GEFUNDENES FRESSEN
Roman von Klas Ewert Everwyn
Eine Liebesgeschichte aus der Südstadt, in der es – natürlich – um Liebe geht, aber auch um Eifersucht und Enttäuschung, Intrigen und Verrat. Irene ist das *Gefundene Fressen* für die Männer. Aber sie gerät immer wieder an den Falschen. Bis im »Veedel« Franz Koether auftaucht, genannt *Bello Guitar* oder *Jittamann*, und Irene glaubt an die große Liebe. Doch die setzt sie auf's Spiel, als sie seinen Freund Pico kennenlernt. Und plötzlich steht sie wieder allein da ...
Broschur, 208 Seiten, ISBN 3-924491-52-6, 14,80 DM

Die Hörspielfassung des Romans (mit Samy Orfgen, Frank Hocker, Gerd Köster) wurde am 15. Oktober 1994 im WDR gesendet und erreichte beim bundesweiten Wettbewerb »Regionales Hörspiel« den dritten Platz.

Ein etwas anderer Krimi

PATT
Roman von Hans Schefczyk

Der Tod eines Polizeispitzels sorgt für Unruhe im Milieu. Als ein zweiter Mann stirbt, macht sich dessen Freund Trümper, ein Berufsverbrecher, auf eigene Faust auf die Suche nach den Hintermännern. Aber auch die ehrgeizige Kommissarin Schulze-Leschek ermittelt in der Sache und stößt in ein Wespennest.

»Sie wechselten einige belanglose Worte, die sie zu belanglosen Sätzen reihten, bis Trümper mitten aus aller Belanglosigkeit heraus eine rechte Gerade schlug, die ihre geballte Energie auf dem Wangenknochen seines Gesprächspartners entlud. 'Vorbei', stellte Trümper fest, als er das Knacken des Jochbeins hört, denn er hatte zum Kinn gezielt. Nur Straßenschläger schlagen gegen das Auge. *Soll er sehen, was ihm geschieht!* Oder auf die Nase, wo das Blut spritzt. *Schmerzen soll es! Recht geschieht ihm, eine Lehre soll es sein* – aber es soll ihm nicht wirklich etwas geschehen. Kein Schläger will seinen Gegner wirklich verletzen. Er will nicht vernichten. Trümper hatte ein Ziel.«

Broschur, 216 Seiten, ISBN 3-926994-20-0, 19,80 DM